2014年第一季度
Quarter One, 2014

中国货币政策执行报告
CHINA MONETARY POLICY REPORT

中国人民银行货币政策分析小组
Monetary Policy Analysis Group of
the People's Bank of China

中国金融出版社
China Financial Publishing House

责任编辑：吕冠华
责任校对：潘　洁
责任印制：裴　刚

图书在版编目(CIP)数据

2014年第一季度中国货币政策执行报告(2014 nian Diyi Jidu Zhongguo Huobi Zhengce Zhixing Baogao)/中国人民银行货币政策分析小组编.—北京：中国金融出版社，2014.8
ISBN 978-7-5049-7596-6

I.①2… II.①中… III.①货币政策—工作报告—中国—2014 IV.①F822.0

中国版本图书馆CIP数据核字(2014)第156505号

出版发行 中国金融出版社
社址 北京市丰台区益泽路2号
市场开发部 (010)63266347，63805472，63439533 (传真)
网 上 书 店 http://www.chinafph.com
(010)63286832，63365686 (传真)
读者服务部 (010)66070833，62568380
邮编 100071
经销 新华书店
印刷 北京侨友印刷有限公司
装订 平阳装订厂
尺寸 210毫米×285毫米
印张 11.5
字数 240千
版次 2014年8月第1版
印次 2014年8月第1次印刷
定价 98.00元
ISBN 978-7-5049-7596-6/F. 7156
如出现印装错误本社负责调换 联系电话 (010)63263947

本书执笔人

总　　纂：张晓慧　张翠微

审　　稿：李　波　纪志宏　宣昌能　盛松成　张正鑫　易　诚　刘　薇

统　　稿：李　斌　张　蓓　管　化

执　　笔：

第一部分：周铁海　曾冬青　陈文弢

第二部分：赵　婷　王文静　穆争社　杨　璐

第三部分：胡新杰　宋玮玮　林　毅

第四部分：徐　昕　刘　西　马志扬　车士义　杨　娉

第五部分：李文喆　刘　琨

附录整理：林振辉　段　炼等

提供材料的还有：郑志丹　付竞卉　李亚奇　胡　婧　罗　瑜　史蓉菊　程艳芬　彭立峰　曾圆圆　曹红钢　黄明皓　康健卓　马添翼　姜　涛　于洋慧　陈建新　陈　勉　陈　敏　岳　栋　马晓栋　刘　晔　徐彩霞　樊石磊

英文总纂：宋湘燕

英文统稿：曹志鸿

英文翻译：曹志鸿　刘文中　齐　璠

英文审校：Nancy Hearst（美国哈佛大学费正清东亚研究中心）

Contributors to This Report

CHIEF EDITORS:

ZHANG Xiaohui ZHANG Cuiwei

READERS:

LI Bo JI Zhihong XUAN Changneng SHENG Songcheng ZHANG Zhengxin YI Cheng Liu Wei

EDITORS:

LI Bin ZHANG Bei GUAN Hua

AUTHORS:

PART ONE: ZHOU Yihai ZENG Dongqing CHEN Wentao

PART TWO: ZHAO Ting WANG Wenjing MU Zhengshe YANG Lu

PART THREE: HU Xinjie SONG Weiwei LIN Yi

PART FOUR: XU Xin LIU Xi MA Zhiyang CHE Shiyi YANG Ping

PART FIVE: LI Wenzhe LIU Kun

APPENDIX: LIN Zhenhui DUAN Lian et al.

OTHER CONTRIBUTORS: ZHENG Zhidan FU Jinghui LI Yaqi HU Jing LUO Yu SHI Rongju CHENG Yanfen PENG Lifeng ZENG Yuanyuan CAO Honggang HUANG Minghao KANG Jianzhou MA Tianyi JIANG Tao YU Yanghui CHEN Jianxin CHEN Mian CHEN Min YUE Dong MA Xiaodong LIU Ye XU Caixia FAN Shilei

ENGLISH EDITION

CHIEF EDITOR: SONG Xiangyan

EDITOR: CAO Zhihong

TRANSLATORS: CAO Zhihong LIU Wenzhong QI Fan

PROOFREADER:

Nancy Hearst (Fairbank Center for East Asian Research, Harvard University)

内容摘要

2014年第一季度，中国经济开局平稳，经济结构呈现积极变化。居民收入较快增长，消费拉动作用增强，投资实际增速有所回升，贸易顺差收窄；农业生产形势稳定，第三产业增长持续快于第二产业；消费价格基本稳定，就业形势较好。第一季度，实现国内生产总值（GDP）12.8万亿元，同比增长7.4%，居民消费价格（CPI）同比上涨2.3%。经济运行速度保持在合理区间，总体符合宏观调控和发展预期。

中国人民银行按照党中央、国务院的统一部署，保持调控定力，继续实施稳健的货币政策，适时适度预调微调。根据国际收支和流动性供需形势，合理运用工具组合，管理和调节好银行体系流动性。开展分支行常备借贷便利操作试点，为中小金融机构提供短期流动性支持。进一步优化金融资源配置，用好增量、盘活存量，发挥差别准备金动态调整机制的逆周期调节功能，发挥信贷政策支持再贷款促进优化信贷结构的作用，鼓励和引导金融机构更多地将信贷资源配置到“三农”、小微企业等重点领域和薄弱环节。进一步完善人民币汇率形成机制，加大市场决定汇率的力度，自3月17日起将银行间即期外汇市场人民币兑美元交易价浮动幅度由1%扩大至2%。加快推进利率市场化改革，于3月1日在上海自贸区先行取消小额外币存款利率上限。继续深化金融机构和外汇管理体制改革。

总体看，银行体系流动性合理适度，货币信贷和社会融资规模增长基本平稳，贷款结构有所改善。2014年3月末，广义货币供应量M2同比增长12.1%。人民币贷款余额同比增长13.9%，比年初增加3.01万亿元，同比多增2592亿元。小微企业和涉农贷款增速均高于各项贷款增速，服务业中长期贷款增速回升，产能过剩行业中长期贷款增速回落。第一季度社会融资规模为5.60万亿元，比上年同期少5612亿元。金融机构存贷款利率总体平稳，3月非金融企业及其他部门贷款加权平均利率为7.18%，比上年12月下降0.02个百分点。货币市场利率、债券收益率、信托产品收益率、民间融资利率等均有不同程度的下降。3月末，人民币对美元汇率中间价为6.1521元，比上年年末贬值0.9%。

当前中国经济正处在增速换挡和转变发展方式的阶段，既有结构调整的阵痛，也渐显调整和改革所激发的活力。综合增长潜力和动能等各方面因素看，未来一段时期中国经济有望继续保持平稳运行。但也要看到，全球经济复苏进程中仍有风险和不确定性，中国经济内生增长动力尚待增强，部分行业产能过剩问题依然严重，资源环境约束进一步突显，潜在风险需要高度关注，结构调整和转变发展方式的任务还很艰巨。

中国人民银行将按照党中央、国务院的战略部署，坚持稳中求进、改革创新，继续实施稳健的货币政策，保持政策的连续性和稳定性，坚持“总量稳定、结构优化”的取向，保持定力，主动作为，适时适度预调微调，增强调控的预见性、针对性、有效性，统筹稳增长、促改革、调结构、惠民生和防风险，继续为结构调整和转型升级创造稳定的货币金融环境。综合运用数量、价格等多种货币政策工具组合，健全宏观审慎政策框架，保持适度流动性，实现货币信贷及社会融资规模合理增长。盘活存量，优化增量，改善融资结构和信贷结构。同时，寓改革于调控之中，把货币政策调控与深化改革紧密结合起来，更充分地发挥市场在资源配置中的决定性作用。针对金融深化和创新发展，进一步完善调控模式，疏通传导机制，通过增加供给和竞争改善金融服务，提高金融运行效率和服务实体经济的能力。采取综合措施维护金融稳定，守住不发生系统性、区域性金融风险的底线。

Executive Summary

In Q1 2014 growth of the Chinese economy was stable and the economic structure experienced positive changes. Household income grew fairly rapidly and consumption became a stronger driver of GDP growth. Real growth of investment recovered while the trade surplus narrowed. Performance of the agricultural sector was stable. Tertiary industry expanded faster than secondary industry; consumer prices were generally stable, and the employment situation was good. In Q1 the GDP reached RMB12.8 trillion yuan, up 7.4 percent year on year and the Consumer Price Index was up 2.3 percent year on year. Growth of GDP remained within a reasonable range and was consistent with anticipation of the goals of macroeconomic management and economic development.

In accordance with the decisions of the State Council, the PBC remained focused on the goals of macroeconomic management, continued its sound monetary policy, and conducted fine-tuning and preemptive adjustments when necessary. In view of the BOP and the liquidity supply and demand situation, the PBC used a combination of instruments to manage and adjust liquidity in the banking system. Branch offices of the PBC conducted pilot Standing Lending Facility (SLF) operations to provide short-term liquidity support to small- and medium-sized financial institutions. The allocation of financial resources was further optimized as measures were taken to make good use of new loans, to revitalize the stock of credit assets, to tap into the counter-cyclical role of the differentiated reserve requirement dynamic adjustment mechanism, to use credit policy and the central bank lending policy to facilitate improvements in the credit structure, and to encourage financial institutions to allocate more resources to key areas and weak links, including the agricultural sector, rural areas, farmers, and micro and small enterprises. The RMB exchange-rate regime was improved further, with the market playing a larger role in determining the exchange rate. Effective from March 17, 2014, the floating band of the RMB against the US dollar on the inter-bank spot foreign exchange market was widened from 1 percent to 2 percent. The market-based interest-rate reform was accelerated. On March 1, the ceiling of deposit interest rates for small-value foreign currency–denominated deposits was abolished in the China (Shanghai) Pilot Free Trade Zone. The foreign exchange administration system reform and the financial institution reform were deepened.

In general, liquidity in the banking system was at a proper level, growth of money, credit and all-system financing aggregates was generally stable, and the loan structure improved. At end-March 2014, broad money M2 was up 12.1 percent year on year; outstanding RMB loans were up 13.9 percent year on year, an increase of RMB3.01 trillion yuan from the beginning of 2014 and RMB259.2 billion yuan more than the growth registered in Q1 2013. The growth of loans to micro and small enterprises and agro-related loans both exceeded the average growth of total lending, the growth of medium and long-term loans to the service sector recovered whereas the growth of medium and long-term loans to industries with excess capacity declined. In Q1, all-system financing aggregates totaled RMB5.60 trillion yuan, a reduction of RMB561.2 billion yuan year on year. Lending and deposit interest rates offered by financial institutions were generally stable. In March, the weighted average lending rate offered to non-financial enterprises and other sectors was 7.18 percent, a reduction of 0.02 percentage point from December 2013. Money-market interest rates, bond yields, trust products yields, and interest rates for financing in the non-financial sector all declined to varying degrees. At end-March, the central parity of the RMB against the US dollar was RMB6.1521 yuan per dollar, a depreciation of 0.9 percent from end-2013.

With economic growth changing gear and continuation of the transformation of the growth pattern, we will feel both the pains of the structural adjustments and the vitality released by the adjustment and reform measures. Looking at the growth potentials and dynamics, we expect that stable economic growth will be maintained in the near future. However, given the risks and uncertainties in terms of the global recovery, the domestic factors of the yet-to-be enhanced endogenous drivers, excess capacity in some industries, and stronger resource and environmental constraints, we need to pay special attention to potential risks. The tasks of structural adjustments and transformation of the growth pattern remain arduous.

The PBC will follow the strategic arrangements of the Party Central Committee and the State Council, continue to make progress while maintaining stability, further reform and carry out innovations, continue the sound monetary policy, maintain policy stability and continuity, and promote the stance of keeping aggregates at stable levels and optimizing the structure. We will remain focused on macroeconomic management, adopt self-initiated measures, conduct fine-tuning and take preemptive adjustments when necessary, make the adjustment measures more forward-looking, targeted, and effective, strike a balance among preserving stable economic growth, promoting reforms, adjusting the economic structure, improving people's welfare, and preventing risks, and continue to provide a stable monetary and financial environment for the structural adjustments and the transformation and upgrading of the economic structure.

A combination of both quantity and price-based monetary policy instruments will be used, and the macro-prudential policy framework will be improved to keep liquidity at a reasonable volume and to realize opportune growth of money, credit, and all-system financing aggregates. There will be continued efforts to mobilize the stock of credit assets, optimize the structure of new loans, and improve the financing and credit structures. Moreover, the reform will be integrated with the adjustment policies so that monetary policy will work closely with the reform measures to further tap into the decisive role of the market in terms of resource allocations. In light of the financial deepening and innovation, the mode of macroeconomic management will be improved and transmission mechanisms will be regulated. The quality of financial services will be improved by increasing supply and enhancing competition to improve the efficiency of the financial sector and its capacity to serve the real sector. A comprehensive set of measures will be taken to safeguard the bottom line of not allowing the emergence of either systemic financial risks or regional financial risks.

目 录

图

①数据来源：中国人民银行、国家统计局、商务部、海关总署、国家外汇管理局、世界银行、国际货币基金组织、世界贸易组织、联合国贸易和发展会议等。

②数据来源：相关中央银行、国家统计机构、世界银行、国际货币基金组织等。

Contents

Tables

Figures

1. Source: The People's Bank of China, National Bureau of Statistics, Ministry of Commerce, General Administration of Customs, State Administration of Foreign Exchange, World Bank, International Monetary Fund, World Trade Organization, and United Nations Conference on Trade and Development, etc..

1. Source : Central banks, national statistical agencies in relevant countries, The World Bank, IMF, etc..

第一部分 货币信贷概况

2014年第一季度，银行体系流动性合理适度，货币信贷和社会融资平稳增长，货币金融环境基本稳定。

一、货币总量增速略有回落

2014年3月末，广义货币供应量M2余额为116.1万亿元，同比增长12.1%。狭义货币供应量M1余额为32.8万亿元，同比增长5.4%。流通中货币M0余额为5.8万亿元，同比增长5.2%。第一季度现金净回笼242亿元，同比多回笼1 043亿元。

3月末M2增速比上年年末低1.5个百分点，主要是由于上年同期货币增长过快造成基数较高。2013年M2增长呈明显的前高后低特征，第一季度末增速达到15.7%。此外，也与外汇占款同比少增、商业银行同业业务扩张相对有所放缓、金融债券发行量增大有关。2014年第一季度M2新增5.4万亿元，虽然比增长偏快的上年同期有所减少，但按全年增长13%的预期目标估算，进度仍快于往年正常水平。

3月末，基础货币余额为27.5万亿元，同比增长8.3%，比年初增加3 721亿元。货币乘数为4.22，比上年年末高0.14。金融机构超额准备金率为1.8%。其中，农村信用社为3.6%。

二、金融机构存款增长有所放缓

3月末，全部金融机构（含外资金融机构，下同）本外币各项存款余额为112.2万亿元，同比增长11.5%，增速比上年年末低2.0个百分点，比年初增加5.0万亿元，同比少增1.3万亿元。人民币各项存款余额为109.1万亿元，同比增长11.4%，增速比上年年末低2.4个百分点，比年初增加4.7万亿元，同比少增1.4万亿元。外币存款余额为5 074亿美元，同比增长14.9%，比年初增加423亿美元，同比多增109亿美元。

从人民币存款部门分布看，住户存款和非金融企业存款增长有所放缓，非存款类金融机构存款增长加快。3月末，金融机构住户存款余额为49.4万亿元，同比增长11.4%，比年初增加3.3万亿元，同比少增4 030亿元。非金融企业存款余额为36.2万亿元，同比增长5.6%，比年初增加3 199亿元，同比少增1.3万亿元。财政存款余额为3.1万亿元，比年初增加930亿元，同比少增19亿元。非存款类金融机构存款余额为7.0万亿元，比年初增加1.1万亿元，同比多增1万亿元，主要是受商业银行表外理财、货币市场基金发展较快和证券及交易结算类金融机构、保险公司存款同比多增较多影响。

三、金融机构贷款增长平稳

3月末，全部金融机构本外币贷款余额为80.1万亿元，同比增长13.7%，比年初增加3.5万亿元，同比多增2 966亿元。3月末，人民币贷款余额为74.9万亿元，同比增长13.9%，比年初增加3.0万亿元，同比多增2 592亿元。

中长期贷款比重提高。人民币住户贷款保持较快增长，3月末余额为20.8万亿元，同比增长21.4%，比年初增加9 293亿元，同比

表1　2014年第一季度分机构人民币贷款情况

单位：亿元

	2014年第一季度		2013年第一季度	
	新增额	同比多增	新增额	同比多增
中资全国性大型银行①	13 443	608	12 835	783
中资全国性中小型银行②	8 844	1 617	7 227	1 259
中资区域性中小型银行③	4 653	248	4 405	1 129
小型农村金融机构④	1 597	-471	2 068	-1 384
外资金融机构	250	181	69	-84

注：①中资全国性大型银行是指本外币资产总量大于等于2万亿元的银行（以2008年年末各金融机构本外币资产总额为参考标准）。

②中资全国性中小型银行是指本外币资产总量小于2万亿元且跨省经营的银行。

③中资区域性中小型银行是指本外币资产总量小于2万亿元且不跨省经营的银行。

④小型农村金融机构包括农村商业银行、农村合作银行、农村信用社。

数据来源：中国人民银行。

少增459亿元。其中，个人住房贷款比年初增加4 500亿元，同比多增338亿元，3月末增速为20.4%，已连续11个月超过20%，房贷需求依然不弱。非金融企业及其他部门贷款余额为53.9万亿元，同比增长11.3%，自上年第二季度以来增速较为平稳，比年初增加2.1万亿元，同比多增3 061亿元。从期限看，中长期贷款比年初增加1.8万亿元，同比多增3 296亿元，增量占比为58.2%，比上年同期提高6.5个百分点。包含票据融资在内的短期贷款比年初增加1.2万亿元，同比多增1 065亿元。分机构看，中资全国性中小型银行和外资金融机构贷款同比多增较多。

外币贷款平稳增长。3月末，金融机构外币贷款余额为8 464亿美元，同比增长12.2%，比年初增加695亿美元，同比略少增14亿美元。从投向看，贸易融资增加324亿美元，在全部外币贷款增量中占比为47%；境外贷款与中长期贷款增加137亿美元，在全部外币贷款增量中占比为20%。

四、社会融资规模为季度历史次高水平

初步统计，2014年第一季度社会融资规

表2　2014年第一季度社会融资规模

单位：亿元

时期	社会融资规模①	其中：						
		人民币贷款③	外币贷款(折合人民币)	委托贷款	信托贷款	未贴现银行承兑汇票	企业债券	非金融企业境内股票融资
2013年第一季度	61 654	27 547	4 453	5 235	8 244	6 706	7 573	617
2014年第一季度	56 042	30 139	4 253	7 153	2 802	5 592	3 846	975

注：①社会融资规模是指一定时期内实体经济从金融体系获得的资金总额，是增量概念。

②当期数据为初步统计数。

③表中的人民币贷款为历史公布数。

数据来源：中国人民银行、国家发展和改革委员会、中国证券监督管理委员会、中国保险监督管理委员会、中央国债登记结算有限责任公司和中国银行间市场交易商协会等。

表3　2014年1～3月金融机构人民币贷款各利率区间占比

单位：%

月份	下浮	基准	上浮					
			小计	(1.0，1.1]	(1.1，1.3]	(1.3，1.5]	(1.5，2.0]	2.0以上
1月	8.20	22.81	68.99	17.90	27.39	11.00	9.78	2.92
2月	7.56	24.96	67.48	20.61	26.09	10.13	8.05	2.60
3月	8.35	21.40	70.25	18.81	27.69	11.17	9.56	3.02

数据来源：中国人民银行。

模为5.60万亿元，比上年同期少5 612亿元，为季度历史次高水平（季度历史最高水平为2013年第一季度的6.17万亿元）。

从结构看：人民币贷款和委托贷款增加较多，而企业债券、未贴现银行承兑汇票和信托贷款融资活跃度相对较低。一是人民币贷款在社会融资规模中的占比明显上升。当季人民币贷款占同期社会融资规模的53.8%，比上年同期高9.1个百分点。二是外币贷款增加额与上年同期基本相当。三是企业债券融资额逐月回升，股票融资活跃度有所提升。企业债券1月、2月和3月分别融资371亿元、1 016亿元和2 459亿元。当季非金融企业境内股票融资975亿元，比上年同期多358亿元。四是金融机构表外融资尤其是信托贷款增长明显减缓，在社会融资规模中的占比显著下降。当季实体经济以委托贷款、信托贷款和未贴现的银行承兑汇票方式合计融资1.55万亿元，比上年同期少4 638亿元；占同期社会融资规模的27.8%，比上年同期低5.0个百分点。

五、金融机构存贷款利率小幅波动

3月，非金融企业及其他部门贷款加权平均利率为7.18%，比上年12月下降0.02个百分点。其中，一般贷款加权平均利率为7.37%，比上年12月上升0.23个百分点；票据融资加权平均利率为6.28%，比上年12月下降1.26个百分点。个人住房贷款利率小幅走高，3月加权平均利率为6.70%，比上年12月上升0.17个百分点。

从利率浮动情况看，执行下浮、基准利率的贷款占比有所下降，执行上浮利率的贷款占比上升。3月，一般贷款中执行下浮、基准利率的贷款占比分别为8.35%和21.40%，比上年12月分别下降4.12个和2.72个百分点；执行上浮利率的贷款占比为70.25%，比上年12月上升6.84个百分点。

外币存贷款利率在国际金融市场利率波动、境内外币资金供求变化等因素的综合作用下，总体较年初有所上升。3月，活期、3

表4　2014年1～3月大额美元存款与美元贷款平均利率

单位：%

月份	大额存款						贷款				
	活期	3个月以内	3(含3个月)～6个月	6(含6个月)～12个月	1年	1年以上	3个月以内	3(含3个月)～6个月	6(含6个月)～12个月	1年	1年以上
1月	0.21	2.41	3.43	3.48	3.54	2.68	2.82	2.90	3.14	2.88	3.56
2月	0.20	2.50	3.54	3.68	3.66	3.08	3.08	3.13	3.46	3.10	3.08
3月	0.25	2.60	3.68	3.63	3.85	2.72	3.08	3.20	3.35	3.30	3.16

数据来源：中国人民银行。

个月以内大额美元存款加权平均利率分别为0.25%和2.60%，比上年12月分别上升0.07个和0.62个百分点；3个月以内、3（含）~6个月美元贷款加权平均利率分别为3.08%和3.20%，比上年12月分别上升0.42个和0.38个百分点。

六、人民币汇率双向浮动弹性增强

2014年以来，人民币汇率小幅贬值，双向浮动特征明显，汇率弹性明显增强。3月末，人民币对美元汇率中间价为6.1521元，比上年年末贬值552个基点，贬值幅度为0.90%。根据国际清算银行的计算，2014年第一季度，人民币名义有效汇率贬值1.37%，实际有效汇率贬值1.09%。2005年人民币汇率形成机制改革以来至2014年3月末，人民币对美元汇率累计升值34.53%；人民币名义有效汇率升值30.23%，实际有效汇率升值40.59%。

第二部分 货币政策操作

2014年以来，中国人民银行根据党中央和国务院统一部署，坚持稳中求进的工作总基调，继续实施稳健的货币政策，创新调控思路和方式，保持定力，精准发力，不放松也不收紧银根，适时适度进行预调微调，为经济运行保持在合理区间发挥了重要作用。

一、灵活开展公开市场操作

灵活开展公开市场双向操作，合理调节流动性水平。中国人民银行加强对银行体系流动性供求影响因素和市场环境的分析监测，根据各阶段流动性供求特点合理把握公开市场操作方向、力度和节奏，搭配使用短期流动性调节工具（SLO）适时适度进行流动性双向调节，实现了银行体系流动性的平稳运行。针对春节前后现金大量投放回笼的季节性特征，适时优化公开市场操作期限品种，充分发挥公开市场操作的预调和微调作用。春节前合理安排21天期以内逆回购操作，有效应对季节性因素引起的短期流动性波动；春节后视现金回笼情况开展14天期和28天期正回购操作，促进银行体系流动性供求的适度均衡。第一季度累计开展逆回购操作5 250亿元、开展正回购操作8 700亿元、开展SLO操作1 000亿元。

保持公开市场操作利率基本稳定，有效引导市场预期。在外部环境复杂多变的情况下，加强对市场利率走势的分析监测，保持公开市场操作利率基本稳定，有效引导市场预期，促进货币市场利率平稳运行。3月末，14天期正回购操作利率为3.8%，28天期正回购操作利率为4.0%。

适时开展国库现金管理商业银行定期存款业务。第一季度，共开展3期国库现金管理商业银行定期存款业务，操作规模共计1 400亿元，其中3个月期400亿元、6个月期500亿元、9个月期500亿元。

二、适时开展常备借贷便利操作

为保持货币市场流动性合理适度，2014年春节前，中国人民银行总行通过常备借贷便利向符合条件的大型商业银行提供了短期流动性支持，在北京、江苏、山东、广东、河北、山西、浙江、吉林、河南、深圳10个试点地区的中国人民银行分支机构向符合条件的中小金融机构提供了短期流动性支持，稳定了市场预期，促进了货币市场平稳运行。春节后，随着现金逐步回笼，以及外汇流入形势的变化，根据银行体系流动性情况，人民银行全额收回了春节期间通过常备借贷便利提供的流动性。第一季度累计开展常备借贷便利3 400亿元，期末常备借贷便利余额为0。

三、继续发挥差别准备金动态调整机制的逆周期调节作用

继续运用差别准备金动态调整机制加强宏观审慎管理。根据国内外经济金融形势变化、金融机构稳健性状况和信贷政策执行情况，对差别准备金动态调整机制的有关参数

进行调整，鼓励和引导金融机构增加小微企业、“三农”及中西部欠发达地区的信贷投入。同时，将金融机构同业资产情况纳入了差别准备金动态调整机制的相关政策参数，防范同业业务过快扩张引发金融风险。

四、多措并举促进信贷结构优化

中国人民银行认真贯彻中央经济工作会议和国务院关于金融支持实体经济发展指导意见的有关精神，继续发挥再贷款、再贴现、存款准备金率在引导信贷结构优化方面的作用，加强货币信贷政策与产业、区域等政策的协调配合，提高金融服务实体经济的水平。

有效发挥信贷政策支持再贷款的引导作用，支持金融机构扩大“三农”和小微企业信贷投放。中国人民银行于2014年年初新设信贷政策支持再贷款，包括支农再贷款和支小再贷款，通过优惠利率降低实体经济融资成本，缓解“三农”、小微企业的“融资难、融资贵”问题。2014年以来，累计下达信贷政策支持再贷款额度1 000亿元，其中支农再贷款额度500亿元、支小再贷款额度500亿元。

积极丰富信贷政策操作手段，引导金融机构优化信贷结构。鼓励金融机构利用现代信息和管理技术，创新金融产品和服务，创新经营和考核机制，着力支持符合政策导向的重点领域和薄弱环节。加大对家庭农场等新型农业经营主体的金融支持力度。进一步发展消费金融。全面做好扶贫开发金融服务工作。继续完善民生金融和区域经济协调发展的金融服务工作。加大对有市场发展前景的先进制造业、战略性新兴产业、现代信息技术产业和信息消费、劳动密集型产业、服务业、传统产业改造升级以及绿色环保等领域的资金支持力度。保证在建续建工程和项目的合理资金需求，积极支持铁路等重大基础设施、城市基础设施、棚户区改造等民生工程建设。严格控制对“两高一剩”行业的贷款，支持对整合过剩产能的企业定向开展并购贷款，促进产能过剩矛盾化解。扎实推进扩大信贷资产证券化试点，发挥其盘活存量信贷资产的作用。

信贷结构进一步优化，服务业中长期贷款增速回升，产能过剩行业中长期贷款增速回落，小微企业和“三农”信贷支持力度较大。3月末，服务业（第三产业剔除基础设施和房地产业）中长期贷款余额为3.74万亿元，同比增长15.6%，增速较上年年末回升1.9个百分点。其中，文化产业中长期贷款余额为1 698亿元，同比增长39.3%。产能过剩行业中长期贷款余额2.08万亿元，同比增长6.0%，增速较上年年末回落1.5个百分点。3月末，小微企业人民币贷款同比增长16.3%，比各项贷款增速高2.4个百分点。本外币涉农贷款同比增长17.7%，比各项贷款增速高4.0个百分点。

五、进一步完善人民币汇率形成机制

继续按主动性、可控性和渐进性原则，进一步完善人民币汇率市场化形成机制，进一步发挥市场在人民币汇率形成中的作用，增强汇率双向浮动弹性，保持人民币汇率在合理均衡水平上的基本稳定。2014年3月15日，为顺应市场发展的要求，加大市场决定汇率的力度，建立以市场供求为基础、有管理的浮动汇率制度，中国人民银行决定自2014年3月17日起将银行间即期外汇市场人民币兑美元交易价浮动幅度由1%扩大至2%。

表5　2014年第一季度银行间外汇即期市场人民币对各币种交易量

单位：亿元人民币

币种	美元	欧元	日元	港币	英镑	澳元	新西兰元	加元	林吉特	卢布	泰铢
交易量	126 553.4	689.1	1 303.8	590.7	32.7	427.5	29.7	1.4	2.3	38.5	0.45

数据来源：中国外汇交易中心。

第一季度，人民币对美元汇率中间价最高为6.1521元，最低为6.0930元，58个交易日中22个交易日升值、36个交易日贬值。最大单日升值幅度为0.17%（101点），最大单日贬值幅度为0.18%（111点）。

人民币对欧元、日元等其他国际主要货币汇率双向波动。3月末，人民币对欧元、日元汇率中间价分别为1欧元兑8.4607元人民币、100日元兑5.9920元人民币，分别较2013年末贬值0.49%和3.59%。2005年人民币汇率形成机制改革以来至2014年3月末，人民币对欧元汇率累计升值18.36%，对日元汇率累计升值21.93%。

为促进中国与新西兰双边贸易和投资，自2014年3月19日起在银行间外汇市场推出人民币对新西兰元直接交易，形成人民币对新西兰元直接汇率。直接交易推出以来，人民币对新西兰元报价成交活跃，买卖价差收窄，降低了微观经济主体的汇兑成本，促进了人民币和新西兰元在双边贸易和投资中的使用。

第一季度，在中国人民银行与境外货币当局签署的双边本币互换协议下，境外货币当局共开展交易2 270亿元人民币，对促进双边贸易投资发挥了作用。

专栏1　人民币汇率浮动幅度扩大

党的十八届三中全会提出，要发挥市场在资源配置中的决定性作用。汇率作为要素市场的重要价格，是有效配置国内、国际资源的决定性因素之一，扩大人民币汇率浮动幅度有利于增强人民币汇率浮动弹性，不断优化资金配置效率，进一步增强市场配置资源的决定性作用，加快推进经济发展方式转变和结构调整。近年来，中国外汇市场发育进一步成熟，交易量持续增长，交易品种不断增加，企业管理汇率风险的手段更加丰富，交易主体控制风险的能力逐步提高，自主定价的意愿日渐增强，也需要更大的波幅区间，以适应外汇市场的进一步发展。

人民币汇率形成机制改革遵循了主动性、可控性和渐进性原则，也充分考虑经济主体的适应能力。从汇率改革进程看，人民币汇率浮动幅度是逐步扩大的。1994年人民币汇率浮动幅度是0.3%，2007年扩大至0.5%，2012年扩大至1%，截至2014年3月这一浮动幅度已保持了两年左右，再次扩大幅度体现了渐进稳妥的改革安排。基于上述考虑，中国人民银行于2014年3月15日宣布，自3月17日起银行间即期外汇市场人民币对美元交易价浮动幅度由1%扩大至2%，银行柜台汇率报价区间由

2%扩大至3%。

国内外对此次扩大汇率浮动幅度普遍给予了积极和正面的评价，认为扩大汇率浮动幅度时机选择恰当，不仅有利于改变单边升值预期，抑制境外投机资金流入，也有利于为推动其他金融改革创造条件，是中国市场化浮动汇率制度建设的重要一步，未来人民币将与国际主要货币一样，有充分弹性的双向波动将会成为常态。

扩大汇率浮动幅度以来，外汇市场运行总体平稳，汇率双向浮动弹性有所增强，市场参与者反应积极。一是汇率波动加大，消化和吸收供求变化的能力增强。3月17日至4月30日，银行间外汇市场收盘汇率较中间价的平均波动幅度为1.1%，其中最大波幅为1 024个基点，幅度为1.66%，为2005年汇改以来新高。二是境内外汇率点差收窄。3月17日至4月30日，香港市场人民币对美元汇率（CNH）较境内银行间市场人民币对美元汇率收盘价的点差日均为59个基点，较2014年以来至扩大浮动区间前日均161个基点的水平显著收窄。三是银行柜台净结汇有所下降，外汇市场供求更趋均衡。同时各银行柜台美元现汇买卖牌价点差仍基本维持在250个基点左右，与前期持平。四是人民币汇率预期分化，对企业影响更趋中性。人民银行第一季度对2 999家外向型工业企业进行的问卷调查显示，企业对人民币汇率升值预期减弱，33.1%的企业预期未来半年人民币将“贬值”，较上季度大幅上升25.3个百分点，66.9%的企业预期“升值”；41.7%的企业认为近期汇率走势对生产经营有正面影响，24.6%的企业认为有负面影响，33.7%的企业认为不明显；企业对人民币汇率波动的接受程度大幅提高，92.5%的企业认为目前汇率波动在“可接受”范围之内，仅7.5%的企业认为“不能接受”，为2011年有调查以来的最低值。

未来，人民币汇率形成机制改革会继续朝着市场化方向迈进，加大市场决定汇率的力度，促进国际收支平衡。同时，发展外汇市场，丰富外汇产品，扩展外汇市场的广度和深度，更好地满足企业和居民的需求。根据外汇市场发育状况和经济金融形势，增强人民币汇率双向浮动弹性，央行基本退出常态式外汇干预。保持人民币汇率在合理均衡水平上的基本稳定。

六、跨境人民币业务保持较快增长

跨境贸易和投资人民币结算业务保持较快增长。初步统计，第一季度，银行累计办理跨境贸易人民币结算业务1.65万亿元，同比增长64%。其中，货物贸易结算金额为1.09万亿元，服务贸易及其他经常项目结算金额5 613亿元。跨境贸易人民币结算业务实收5 415.9亿元，实付1.1万亿元，收付比为1：2。直接投资方面，银行累计办理人民币跨境直接投资结算业务1 930.9亿元，其中，对外直接投资结算金额为278.2亿元，同比增长2.5倍；外商直接投资结算金额为1 652.7亿元，同比增长1.1倍。

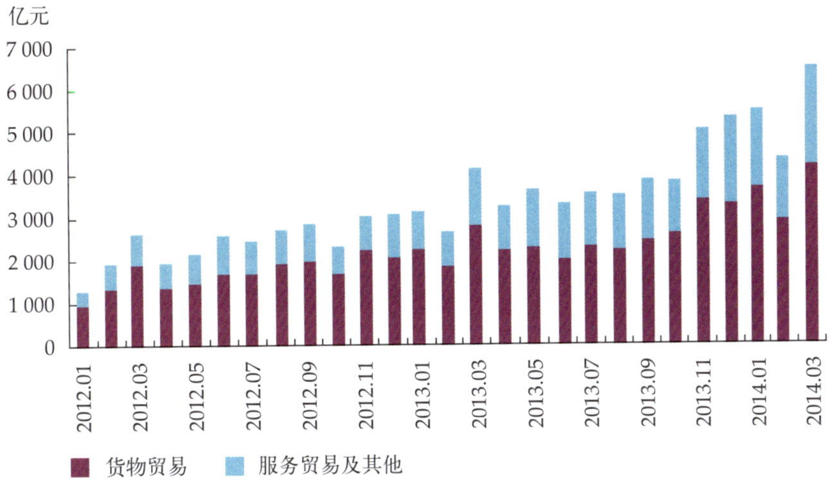

数据来源：中国人民银行。

图1　跨境贸易人民币结算情况

为支持上海自贸区建设，服务实体经济发展、促进贸易投资自由化和便利化，自2014年2月开始，在上海自贸区内开展各项跨境人民币业务创新试点，鼓励和扩大人民币跨境使用。

七、深入推进金融机构改革

大型商业银行改革继续深化。中国工商银行、中国农业银行、中国银行、中国建设银行和交通银行通过不断深化改革，现代金融企业制度日益完善，服务实体经济的质量和水平不断增强。大型商业银行积极应对利率市场化进程加快、金融监管要求日益提高等多重挑战，通过不断提升自主定价和风险管控能力，各项业务保持了稳健发展，并保持了较高的盈利水平和较强的抗风险能力。

农村信用社改革取得重要成果。一是资产质量改善。3月末，全国农村信用社不良贷款余额为3 789.7亿元，不良贷款比例为3.9%，比上年年末下降0.2个百分点；资本充足率为10.2%。二是涉农信贷投放增长。3月末，全国农村信用社的各项贷款余额为9.7万亿元，比上年年末增长5.4%。涉农贷款余额和农户贷款余额分别为6.5万亿元和3.2万亿

表6　2013年年末五家大型商业银行主要经营指标

单位：亿元、%

	资本充足率	不良贷款率	净利润	
			净利润额	同比增长
中国工商银行	13.12	0.94	2 629.65	10.17
中国农业银行	11.86	1.22	1 662.11	14.52
中国银行	12.46	0.96	1 637.41	12.35
中国建设银行	13.34	0.99	2 151.22	11.12
交通银行	12.08	1.05	624.61	6.82

数据来源：五家大型商业银行2013年年报。

元，比上年年末分别增长3.9%和4.5%。三是法人治理取得初步成效。全国农村信用社基本构建了股东代表大会、理（董）事会、监事会和高级管理层的法人治理组织架构并开始运行，内部管理有所加强。产权组织形式实现多元化，截至3月末，全国共组建以县（市）为单位的统一法人农村信用社1 672 家，农村商业银行492 家，农村合作银行115家。

专栏2　农村信用社改革试点资金支持政策全面落实到位

2003年6月，国务院下发《关于深化农村信用社改革试点方案的通知》，在全国范围内开展深化农村信用社改革工作，中国人民银行负责制定和实施农村信用社改革试点资金支持政策（以下简称资金支持政策）。自2004年第一季度考核以来，共完成专项票据发行、兑付考核32期，对2 408个县（市）农村信用社发行、兑付票据1 699亿元，对新疆、吉林、黑龙江3省（区）发放专项借款14亿元，目前资金支持政策已全面落实到位，实现了“花钱买机制”的政策目标。

中国人民银行按照因地制宜、分类指导，防范道德风险，持续正向激励的原则，制定并实施资金支持政策，引导农村信用社逐步“上台阶”。以2002年年末实际资不抵债额的50%核定农村信用社票据额度，对农村信用社提高资本充足率和降低不良贷款比例计划审核合规（第一个“台阶”）的省级政府出具票据发行承诺书；对资本充足率真实合规、达标（第二个“台阶”）的农村信用社发行票据；对明晰产权关系、完善法人治理、加强内部管理取得实质成效（第三个“台阶”）的农村信用社兑付票据资金；为推动已兑付票据农村信用社进一步深化改革，自2011年开始按年实施票据兑付后续监测考核，依据考核结果实施正向激励，累计安排支农再贷款850亿元，2014年以来将考核方式常态化（第四个“台阶”）。

在实施资金支持政策的过程中，着重采取了以下措施：一是强化持续正向激励。坚持资金支持进度与农村信用社改革成效挂钩，重点考核健全内控制度、转换经营机制、完善法人治理的成效。二是切实增强政策合力。加强对地方政府支持改革，省联社有效履职等的考核。在票据兑付后期，按照“一社一策”原则，商请地方政府加大政策支持力度，有效解决了一批“老大难”农村信用社票据兑付问题。三是适度加大对老少边穷地区的支持力度。对全国老少边穷地区616个县（市）共调增资金支持额度33亿元。

“花钱买机制”的政策目标基本实现。一是各项扶持政策落实到位，历史包袱有效化解。改革以来，中国人民银行对农村信用社安排资金支持1 713亿元，加上财政、税收支持，中央的资金支持共计2 600多亿元，帮助农村信用社有效化解了历史包袱，共消化历年亏损挂账1 125亿元，降幅达到86%，累计实现盈利8 863亿元。二是法人治理取得初步成效，可持续发展机制基本建立。农村信用社产权关系趋于明晰，股东作用开始增强，“三会一层”

的法人治理结构初步运行，资金实力显著提高。2013年年末，农村信用社各项存贷款余额分别为14.3万亿元和9.2万亿元，比2002年年末增长6.2倍和5.6倍。三是省级政府的依法管理和金融风险处置责任初步落实，省联社履行行业管理、指导、协调、服务职能取得一定成效。四是资产质量明显改善，金融风险有效控制。按照贷款五级分类口径统计，2013年年末，农村信用社不良贷款余额和比例分别为3 723亿元和4.1%，比2007年年末分别下降2 873亿元和16.9个百分点；资本充足率为12.5%，比2007年年末提高12.6个百分点。五是涉农信贷投放显著增加，农村金融服务进一步改善。2013年年末，农村信用社涉农贷款和农户贷款余额分别为6.2万亿元和3.0万亿元，比2007年年末分别增长3倍和2.6倍。

下一阶段，将继续强化农村信用社服务“三农”宗旨，按照市场化原则，分类推进农村信用社深化改革，积极引进民营资本，完善可持续发展机制。完善政策扶持与涉农信贷投放挂钩的激励约束机制，继续发挥准备金率、支农再贷款、再贴现等的积极作用，创新政策工具，加大对农村信用社等农村金融机构的支持力度，引导其不断改善农村金融服务。

八、深化外汇管理体制改革

着力提高贸易投资便利化。继续深化货物贸易外汇管理制度改革和推进服务贸易外汇管理制度改革。扩大支付机构跨境电子商务外汇支付业务试点。改进边境贸易外汇管理，规范和便利边境贸易代理出口收汇和外币现钞结算。进一步推进简政放权和政府职能转变，在取消大部分前置性审批的基础上，再取消非贸易购付汇、外汇资金境内划转等4项外汇管理行政许可项目。

扎实推进资本项目可兑换。第一季度，共批准合格境外机构投资者（QFII）额度40.7亿美元、人民币合格境外机构投资者（RQFII）额度430亿元人民币、合格境内机构投资者（QDII）额度23.6亿美元。放宽境外直接投资前期费用管理，简化外债转贷款外汇管理。进一步扩大跨国公司外汇资金集中运营试点范围。

加强跨境收支监测管理体系建设。进一步加强跨境资金流入和流出双向监测。推进系统整合和数据共享，提升事后监测分析和非现场监管能力。加强对异常资金流入的检查。

第三部分　金融市场分析

2014年第一季度，金融市场保持健康平稳运行。货币市场交易量增长放缓，市场利率明显回落；债券交易量同比下降，债券发行规模扩大；股票市场沪深指数震荡走低，成交量小幅增加。

一、金融市场运行

（一）货币市场交易量增长放缓，市场利率明显回落

银行间回购交易量增长放缓，拆借交易量同比下降。2014年第一季度，银行间市场债券回购累计成交38.8万亿元，日均成交6 474亿元，同比增长2.7%，增速继续放缓；同业拆借累计成交7.1万亿元，日均成交1 189亿元，同比下降30.6%。从期限结构看，市场交易仍主要集中于隔夜品种，但隔夜品种的占比有所下降，第一季度回购和拆借隔夜品种的成交量分别占各自总量的78.1%和79.0%，同比分别下降4.1个和6.2个百分点。交易所债券回购累计成交19.1万亿元，同比增长62.2%，呈现快速扩大态势。

从融资主体结构看，主要呈现以下特点：一是大型银行仍是市场资金的主要供给方，但资金融出量同比明显减少。二是证券及基金公司、中小型银行仍是市场资金的主要需求方，且资金融入量同比增加较多，其中证券及基金公司表现得尤为突出。三是其他金融机构及产品、保险公司的资金需求同比大幅减少。

人民币利率互换交易活跃度有所上升。第一季度，人民币利率互换市场交易名义本金总额为8 067.3亿元，同比增长9.4%。从期限结构来看，1年及1年期以下交易最为活跃，其名义本金总额6 461.7亿元，占总量的

表7　2014年第一季度金融机构回购、同业拆借资金净融出、净融入情况

单位：亿元

	回购		同业拆借	
	2014年第一季度	2013年第一季度	2014年第一季度	2013年第一季度
中资大型银行①	-114 857	-127 464	-12 716	-19 508
中资中小型银行②	32 693	27 354	-7 179	-6 580
证券及基金公司	48 336	38 383	14 147	12 690
保险公司	11 762	18 544	35	0
外资金融机构	1 589	5 903	-2 147	3 311
其他金融机构及产品③	20 478	37 280	7 860	10 087

注：①中资大型银行包括中国工商银行、中国农业银行、中国银行、中国建设银行、国家开发银行、交通银行、中国邮政储蓄银行。

②中资中小型银行包括招商银行等17家中型银行、小型城市商业银行、农村商业银行、农村合作银行、村镇银行。

③其他金融机构及产品包括城市信用社、农村信用社、财务公司、信托投资公司、金融租赁公司、资产管理公司、社保基金、投资公司、企业年金、其他投资产品等，其中部分金融机构和产品未参与同业拆借市场。

④负号表示净融出，正号表示净融入。

数据来源：中国外汇交易中心。

表8 2014年第一季度利率衍生产品交易情况

	利率互换		债券远期		远期利率协议	
	交易笔数(笔)	名义本金额(亿元)	交易笔数(笔)	交易量(亿元)	交易笔数(笔)	名义本金额(亿元)
2013年第一季度	5 533	7 375.8	1	1.0	—	—
2014年第一季度	8 878	8 067.3	—	—	—	—

数据来源：中国外汇交易中心。

80.1%。从参考利率来看，人民币利率互换交易的浮动端参考利率主要包括7天回购定盘利率和Shibor，与之挂钩的利率互换交易名义本金占比分别为83.9%和15.0%。

货币市场利率春节前后有所波动，之后平稳下行。第一季度，外汇占款增加较多，财政存款释放资金有所扩大，央行在公开市场上适时开展正、逆回购和SLO操作，扩大SLF范围，稳定市场预期，市场资金供应适度稳定，春节前后货币市场利率波动幅度较往年明显减小。3月质押式债券回购和同业拆借月加权平均利率分别为2.48%和2.49%，分别比上年12月回落1.80个和1.67个百分点，与上年同期水平基本持平。3月末，隔夜和1周Shibor为2.80%和4.18%，分别较上年年末下降35个和107个基点；3个月Shibor为5.50%，下降6个基点，1年期Shibor上升4个基点至5.00%。

专栏3 银行间市场同业存单的发行与交易

随着利率市场化稳步推进，金融市场绝大部分资金价格已实现市场化定价，拆借、债券、商业票据及贷款利率均已放开，目前仅对金融机构存款利率上限实施管制。国际经验表明，通过发行大额存单（Certificate of Deposits，CDs）逐步扩大金融产品市场化定价范围是存款利率市场化的一条可行路径。大额存单是商业银行或存款类机构发行的市场化定价的存款单证。同业存单作为大额存单的一种，是存款类金融机构在银行间市场上面向金融同业机构发行的记账式定期存款凭证。近年来，同业融资业务发展迅速，利率已经实现市场化定价，为同业存单的发行与交易奠定了市场基础。

2013年12月，中国人民银行发布实施《同业存单管理暂行办法》。此后，中国银行、中国建设银行、国家开发银行等10家金融机构分别发行了首批同业存单产品，并陆续开展了二级市场交易，初步建立了同业存单双边报价做市制度。截至2014年3月末，银行间市场已陆续发行同业存单25只，累计发行金额为687.7亿元，二级市场交易共成交55.8亿元。同业存单市场初具规模，市场影响力逐步扩大。

同业存单作为存款类金融机构以规范的市场化方式进行同业间融资的金融工具，是货币市场上重要的交易品种，具有以下几个特点：一是投资和交易主体均为银行间市场成员。同业存单的发行主体为银行业存款类金融机构，投资和交易对象为银行间拆借市场成员、基金管理公司及基金类产品。二是市场化的定价原则。同业存单的发行价格以市场化方式来确定，利率参考Shibor或以Shibor为浮动利率计息基准确定。三是发行方式标准化、透明化。同业存单发行采取电子化的方式，在银行间市场上公开或定向发行。年度发行计划、发行公告等相关信息均通过中国货币网和上海清算所官方网站予以披露。四是具有较好的二级市场流动性。公开发行的同业存单可进行交易流通，并可作为回购交易的标的物。

作为大额存单的先行探索，推出同业存单有利于进一步拓宽银行业存款类金融机构的融资渠道，改善金融机构的流动性管理；有利于提高同业业务定价透明度，引导和规范同业业务发展，促进银行间市场平稳运行；有利于扩大Shibor运用的市场基础，支持和验证中长端Shibor的基准性，进一步健全金融市场基准利率体系。随着金融机构市场利率定价自律机制不断发展完善，将吸纳符合审慎评估要求的更多金融机构作为自律机制基础成员，在进行相关信息披露后可在银行间市场发行同业存单。下一步在总结相关经验的基础上，将逐步推出面向企业、个人的大额可转让存单，进一步扩大商业银行负债类产品市场化定价范围，有序推进存款利率市场化改革。

（二）债券交易量同比下降，债券发行规模扩大

银行间债券市场现券交易量同比下降。第一季度累计成交7.1万亿元，日均成交1 182亿元，同比下降67.3%。从交易主体看，中资大型银行由长期以来的净买入方转为净卖出方，第一季度净卖出现券806亿元，中资中小型银行和证券及基金公司分别净卖出2 155亿元和155亿元；其他金融机构及产品、外资金融机构和保险公司是银行间现券市场上的主要净买入方，分别净买入现券1 985亿元、887亿元和245亿元。交易所国债现券成交292亿元，同比多成交87亿元。

债券指数有所上升。中债综合净价指数由1月初的96.03点上升至3月末的97.37点，升幅为1.40%；中债综合全价指数由1月初的107.44点上升至3月末的109.20点，升幅为1.64%。交易所国债指数由1月初的139.62点升至3月末的140.54点，升幅为0.66%。

银行间市场国债收益率曲线有所陡峭化。3月末，国债0.5年期、1年期、5年期和7年期的收益率水平分别比1月初低69个、52个、6个和11个基点，而10年期以上的收益率基本与1月初的收益率持平，呈现短端下移、中长期持平的状态。

债券发行规模扩大。第一季度，累计发行各类债券（含中央银行票据）2.12万亿元，比上年同期多发行1 680亿元。其中，金融债券发行同比增加较多，国债、公司信用类债券发行同比有所下降。公司信用类债券中，非金融企业债务融资工具发行继续扩大。3月末，国内各类债券余额为30.9万亿元，同比增长12.3%。

国债发行利率上升，公司信用类债券发行利率回落。3月发行的10年期国债利率为4.42%，比上年11月发行的同期限国债利率高

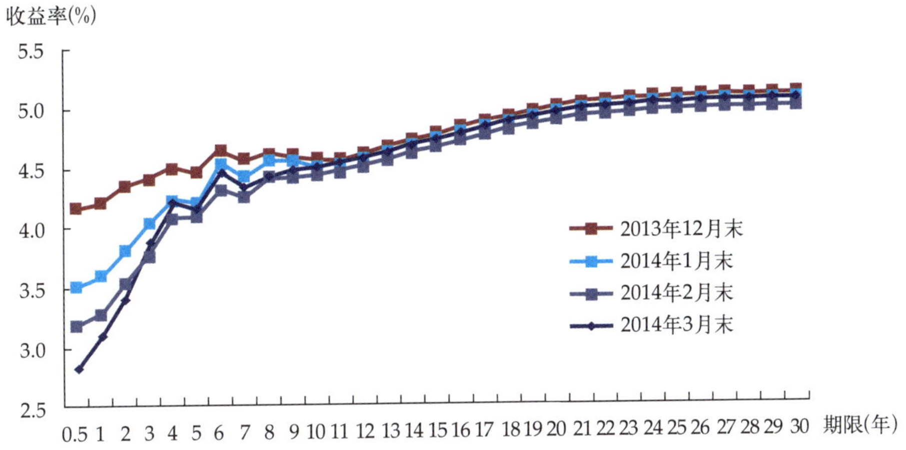

数据来源：中央国债登记结算有限责任公司。

图2　银行间市场国债收益率曲线变化情况

表9　2014年第一季度各类债券发行情况

债券品种	发行额(亿元)	比上年增减(亿元)
国债[①]	2 140	-493
中央银行票据	0	0
金融债券[②]	8 684	2 296
其中：国家开发银行及政策性金融债	6 630	1 734
公司信用类债券[③]	10 423	-194
其中：非金融企业债务融资工具	8 475	997
企业债券	1 705	-456
公司债	169	-670
合计	21 247	1 680

注：①国债含财政部代理发行的地方政府债券。
②金融债券包括国家开发银行金融债、政策性金融债、商业银行普通债、商业银行次级债、商业银行资本混合债、证券公司债券等。
③公司信用类债券包括非金融企业债务融资工具、企业债券以及公司债、可转债、可分离债、中小企业私募债等。
数据来源：中国人民银行、国家发展和改革委员会、中国证券监督管理委员会、中央国债登记结算有限责任公司。

34个基点。3月国家开发银行发行的10期债券利率为5.90%，比上年12月发行的同期限债券利率高86个基点。3月主体评级AAA的企业发行的短期融资券（债项评级A-1）利率在5.15%至6.20%之间，低于上年12月6.25%至6.80%的区间；主体评级AA的企业发行的7年期企业债券（债项评级AAA）利率在7.00%至7.18%之间，低于上年12月7.90%至8.00%的区间。Shibor对债券产品定价基准作用不断提升。发行固定利率企业债144支，发行总量为1 695亿元，全部参照Shibor定价；发行参照Shibor定价的固定利率短期融资券2 304亿元，占发行总量的96%。

（三）票据融资有所下降，利率呈下降态势

票据承兑业务小幅增长。第一季度，企业累计签发商业汇票5.7万亿元，同比增长4.5%；期末商业汇票未到期余额为9.5万亿元，较年初增加4 498亿元，同比增长2.6%。从行业结构看，企业签发的银行承兑汇票余额集中在制造业、批发和零售业。从企业结构看，由中小型企业签发的银行承兑汇票约占三分之二。

票据融资余额有所下降，票据市场利率呈下降趋势。第一季度，金融机构累计贴现10.8万亿元，同比增长13.7%；期末贴现余额为1.9万亿元，同比下降12.5%。3月末，票据融资余额比年初减少756亿元，同比少增1 785亿元；占各项贷款的比重为2.5%，同比下降0.8个百分点。第一季度银行体系流动性总体充裕，货币市场利率呈下行走势，在票据市场供求较为均衡的情况下，票据市场利率呈现下降趋势。

（四）股票市场沪深指数下跌，成交量小幅增加

股票市场沪深指数下跌，创业板指数继续上升。3月末，上证综合指数和深证综合指数分别收于2 033点和1 040点，比上年年末分别下跌3.9%和1.7%；创业板指数收于1 328点，比上年年末上涨1.8%。沪市A股加权平均市盈率从上年年末的11.0倍下降至10.7倍，深市A股加权平均市盈率从上年年末的28倍下降至25.6倍。

股票市场成交量有所增加。第一季度，沪、深股市累计成交12.2万亿元，同比增长8.7%，日均成交2 102亿元，比上季度增长4.1%。其中，创业板累计成交1.9万亿元，比上季度增长15.8%。3月末，沪、深股市流通市值为19.7万亿元，比上年年末下降1.3%；创业板流通市值为9 266亿元，比上年年末增长12.7%。

股票市场筹资额同比增加。第一季度，各类企业和金融机构在境内外股票市场上通过发行、增发、配股、权证行权等方式累计筹资1 344亿元，同比多筹资261亿元。其中，A股筹资1 165亿元，同比多筹资311亿元。

（五）保险业投资类资产占比继续提高

第一季度，保险业累计实现保费收入7 000亿元，同比增长35.9%；累计赔款、给付1 859亿元，同比增长25.0%，其中，财产险赔付同比增长14.3%，人身险赔付同比增长35.2%。

保险业资产增速回升，投资类资产占比继续提高。3月末，保险业总资产8.9万亿元，同比增长16.7%，增速比上年年末高4个百分点。其中，银行存款同比增长4.3%，投资类

表10　2014年3月末主要保险资金运用余额及占比情况

单位：亿元、%

	余额		占资产总额比重	
	2014年3月末	2013年3月末	2014年3月末	2013年3月末
资产总额	89 459	76 686	100.0	100.0
其中：银行存款	25 031	23 992	28.0	31.3
投资	57 197	46 875	63.9	61.1

数据来源：中国保险监督管理委员会。

资产同比增长22.0%。

（六）外汇掉期交易保持快速增长

第一季度，人民币外汇即期成交11 056亿美元，同比增长21.2%；人民币外汇掉期交易累计成交金额折合10 020亿美元，同比增长38.2%，其中，隔夜美元掉期成交4 599亿美元，占掉期总成交额的45.9%；人民币外汇远期市场累计成交136亿美元，同比增长548.3%。“外币对”累计成交金额折合156亿美元，同比下降11.3%，其中成交最多的产品为欧元对美元，占比为44.3%，同比下降20个百分点。

外汇市场交易主体进一步扩展。截至3月末，共有即期市场会员420家，远期、外汇掉期、货币掉期和期权市场会员各90家、89家、81家和33家，即期市场做市商31家，远掉期市场做市商27家。

（七）黄金价格整体呈现反弹行情

黄金市场价格企稳反弹，后有所回落。国际黄金价格最高为1 385.0美元/盎司，最低为1 221.0美元/盎司，3月末收于1 291.8美元/盎司，较上年年末上涨90.3美元/盎司，涨幅为7.5%。国内金价与国际金价走势总体保持一致，上海黄金交易所AU9999最高价为273.6元/克，最低价为238.9元/克，3月末收于257.8元/克，较上年年末上涨21.3元/克，涨幅达9.0%。第一季度加权平均价为255.2元/克。

上海黄金交易所交易规模持续增长。第一季度，黄金累计成交3 402吨，同比增长76.1%；成交金额为87 171亿元，同比增长37.7%。白银累计成交93 687吨，同比增长72.9%；成交金额为3 908亿元，同比增长16.3%。铂金累计成交20吨，同比增长37.3%；成交金额为59亿元，同比增长20.8%。

二、金融市场制度性建设

（一）规范发展银行间债券市场

稳步推进银行间债券市场基础设施建设。2014年1月28日发布《中国人民银行关于建立场外金融衍生产品集中清算机制及开展人民币利率互换集中清算业务有关事宜的通知》（银发〔2014〕29号），建立了场外金融衍生产品集中清算机制，对促进场外金融衍生品市场安全高效运行和健康发展具有积极意义。

规范商业银行理财产品投资银行间债券市场行为，明确了在银行间债券市场申请开立债券账户的理财产品、债券账户管理人、托管人应符合的条件以及入市流程等事宜。

（二）完善证券市场基础性制度建设

继续推动优先股试点。3月21日，证监会发布《优先股试点管理办法》，规定上市公司与非上市公众公司均可以发行优先股。其中，上市公司主要包括三类情形：一是普通股为上证50指数成份股；二是发行优先股作为支付手段收购或吸收合并其他上市公司；三是以减少注册资本为目的回购普通股的，可以公开发行优先股作为支付手段。非上市公众公司则仅能向合格投资者非公开发行优先股，每次发行对象不得超过200人，且相同条款的优先股的发行对象累计不得超过200人。开展优先股试点，有利于加快发展直接融资，支持企业兼并重组，丰富证券品种，为投资者提供多元化投资渠道。

稳步推进创业板市场改革。适当降低创

业板首发财务准入指标，简化发行条件；拓展市场服务覆盖面，创业板申报企业不再限于九大行业；建立符合创业板特点的再融资制度；完善创业板并购重组制度；完善首发信息披露规则；严格执行退市制度，保护投资者的合法权益。

进一步放宽QFII和RQFII投资范围。3月19日，上交所发布《合格境外机构投资者和人民币合格境外机构投资者证券交易实施细则》，规定QFII和RQFII可投资于上交所的交易品种，除股票、债券、基金、权证外，新增了优先股、政策性金融债、资产支持证券等新品种，并将所有境外投资者对单个上市公司A股的持股限制由20%提高至30%。

4月10日，内地和香港证券监管部门发布《联合公告》，原则批准开展沪港股票市场交易互联互通机制（简称沪港通）试点。上交所和港交所将允许两地投资者通过当地证券公司（或经纪商）买卖规定范围内的对方交易所上市的股票。沪港通有利于加强两地资本市场联系，对内地和香港资本市场的发展、人民币国际化进程都将起到积极推动作用。

（三）完善保险市场基础性制度建设

进一步规范保险业务。规范商业银行代理保险业务销售行为，要求保险公司和商业银行将合适的产品卖给合适的人，保护低收入居民、老年人等特定群体，并鼓励银行代理销售风险保障型产品和长期储蓄型产品。规范高现金价值产品，明确了高现金价值产品的定义、产品规模、保险公司销售资格、销售费用上限等，要求销售高现金价值产品的保险公司偿付能力充足率不低于150%。

加快保险资金市场化改革。将保险投资资产划分为流动性资产、固定收益类资产、权益类资产、不动产类资产和其他金融资产五大类，取消了一些具体投资品种比例限制，设立风险集中度要求，加强对资产流动性等项目的监测，并建立动态调整机制，初步形成了多层次比例监管框架。此外，保监会允许保险资金投资创业板上市公司股票，开展历史存量保单资金投资蓝筹股试点。

强化保险公司声誉风险管理。明确规定保险公司应将声誉风险管理纳入其全面风险管理体系，建立相关制度和机制，防范和识别声誉风险，应对和处置声誉事件，保险公司董事会承担声誉风险管理的最终责任。同时，保险公司声誉风险监管也被纳入偿付能力监管制度体系整体框架。

（四）稳步推动黄金市场和外汇市场创新发展

进一步完善黄金市场制度体系，根据市场需求积极推进黄金市场产品创新。上海黄金交易所制定并发布了《上海黄金交易所黄金租借业务总协议（2013年版）》，推动黄金租借业务发展。上海黄金交易所推出交易单位为100克的迷你黄金延期交收合约，同时将现有AU99.99黄金实盘合约的交易单位由100克/手调整为10克/手，进一步满足投资者的需求。

完善外汇市场基础设施建设，推出货币经纪公司外汇期权经纪业务。

第四部分 宏观经济分析

一、世界经济金融形势

世界经济复苏形势继续向好。美国经济稳定复苏，恶劣天气的短期干扰逐渐消退。欧元区经济微弱复苏，通缩风险上升。日本经济增长放缓，连续21个月出现贸易逆差，财政压力加大。新兴市场经济体经济下行压力加大，部分国家政局不稳，金融市场动荡，风险上升。地缘政治博弈激化成为全球经济的风险之一。

（一）主要经济体经济形势

美国经济稳定复苏。主要受恶劣天气影响，2014年第一季度GDP增速（环比折年率）放缓至0.1%。工业生产好转，制造业和服务业扩张加快，供应管理协会（ISM）公布的制造业和非制造业PMI指数3月分别升至53.7和53.1。3月失业率维持在6.7%，通胀维持低位。短期财政风险有所缓解。截至3月末，联邦政府2014财年财政赤字为4 133亿美元，较上年同期减少1 870亿美元。

欧元区经济继续微弱复苏。2013年全年GDP萎缩0.4%，其中第四季度GDP环比增长0.3%，连续第三个季度正增长。2014年3月，欧元区经济景气指数上升至102.5，创2011年8月以来最高水平；综合PMI达到53.1，连续9个月位于50荣枯线以上。但失业率仍居高不下，通胀依然维持低位。3月，失业率维持在11.8%，综合物价指数（HICP）同比增长

表11 主要经济体宏观经济金融指标

国别	指标	2013年第一季度			2013年第二季度			2013年第三季度			2013年第四季度			2014年第一季度		
		1月	2月	3月	4月	5月	6月	7月	8月	9月	10月	11月	12月	1月	2月	3月
美国	实际GDP增速(环比折年率，%)	1.1			2.5			4.1			2.6			0.1		
	失业率(%)	7.9	7.7	7.5	7.5	7.5	7.5	7.3	7.2	7.2	7.2	7.0	6.7	6.6	6.7	6.7
	CPI(同比，%)	1.6	2.0	1.5	1.1	1.4	1.8	2.0	1.5	1.2	1.0	1.2	1.5	1.6	1.1	1.5
	道琼斯工业平均指数(期末)	13 861	14 054	14 579	14 840	15 116	14 910	15 500	14 810	15 192	15 237	16 086	16 577	15 699	16 322	16 458
欧元区	实际GDP增速(环比，%)	-0.2			0.3			0.1			0.2					
	失业率(%)	12.0	12.0	12.0	12.0	12.0	12.0	12.0	12.0	12.0	11.9	11.9	11.8	11.8	11.8	11.8
	HICP综合物价指数(同比，%)	2.0	1.8	1.7	1.2	1.4	1.6	1.6	1.3	1.1	0.7	0.9	0.8	0.8	0.7	0.5
	EURO STOXX 50(期末)	2 703	2 634	2 624	2 712	2 770	2 603	2 768	2 721	2 893	3 068	3 087	3 109	3 014	3 149	3 162
日本	实际GDP增速(环比折年率，%)	4.5			4.1			0.9			0.7					
	失业率(%)	4.2	4.3	4.1	4.1	4.1	3.9	3.9	4.1	4.0	4.0	3.9	3.7	3.7	3.6	3.6
	核心CPI(同比，%)	-0.2	-0.3	-0.5	-0.4	0.0	0.4	0.7	0.8	0.7	0.9	1.2	1.3	1.3	1.3	1.3
	日经225指数(期末)	11 139	11 559	12 398	13 861	13 775	13 677	13 668	13 389	14 456	14 328	15 662	16 291	14 915	14 841	14 828

数据来源：各经济体相关统计部门及中央银行。

0.5%。

日本经济增速减缓，但通缩局面有所改善。2013年全年GDP增长1.5%，其中第四季度增长0.7%，较上半年明显减弱。受消费税调高影响，消费者信心指数2013年11月以来持续下滑，2014年3月降至37.5，为2011年9月以来的最低水平。日元贬值导致进口成本上升，3月贸易逆差1.4万亿日元，已连续21个月出现贸易逆差。1～3月核心CPI同比涨幅均为1.3%，为五年来新高。3月失业率降至3.6%，就业形势稳定。

部分新兴市场经济体爆发金融动荡。2014年1月美联储开始启动退出量化宽松政策，阿根廷等部分新兴市场经济体爆发金融动荡，跨境资本大规模流出，汇率大幅贬值。3月以来，新兴市场经济体金融市场总体上已趋于平静，个别国家由于经济基本面恶化、国内政局严重动荡、地缘政治博弈激化短期内仍可能面临较大困难。整体上看，新兴市场经济体经济基本面仍相对稳健，汇率贬值和利率调整有利于应对冲击，一些新兴市场经济体已通过政策调整和结构改革增强抗风险能力，爆发全面危机、经济增速大幅下滑的可能性不大。

（二）国际金融市场概况

美国、英国等主要发达经济体金融市场表现稳定，国债收益率下行。部分新兴市场经济体爆发金融市场动荡，汇率大幅贬值，国债收益率攀升，股指下挫。

欧元、英镑和日元对美元小幅升值，部分新兴市场经济体货币对美元大幅贬值。3月31日，欧元、英镑和日元对美元汇率分别收于1.38美元/欧元、1.67美元/英镑和103.20日元/美元，分别较上年年末升值0.2%、0.6%和2.0%。同期，部分新兴市场经济体货币对美元汇率出现大幅贬值，乌克兰格里夫尼亚、阿根廷比索和俄罗斯卢布的贬值幅度分别达到22.3%、18.5%和6.1%。

伦敦同业拆借市场美元Libor和欧元区同业拆借利率Euribor保持低位波动。3月31日，1年期Libor为0.5581%，较上年年末下降2.5个基点；1年期Euribor为0.59%，较上年年末上升3.4个基点。

发达经济体国债收益率下行，部分新兴市场经济体国债收益率攀升。3月31日，美国、德国和日本10年期国债收益率分别收于2.72%、1.57%和0.65%，分别较上年年末下降了28个、37个和9个基点。同期，部分新兴市场经济体国债收益率快速攀升，乌克兰、阿根廷2年期国债收益率和俄罗斯10年期国债收益率分别上升300个、99个和122个基点。

美、欧股市小幅震荡，日本和部分新兴市场经济体股市下挫。3月31日，道琼斯工业平均指数、欧元区STOXX50指数分别收于16 458和3 162，与上年年末基本持平。同期，日经225指数下跌9.0%，俄罗斯、墨西哥和巴西股指分别下跌15.0%、5.3%和2.1%。

（三）主要经济体货币政策

美联储逐步退出量化宽松货币政策，部分发达经济体央行继续实施量化宽松政策。美联储1月、3月和4月例会后进一步缩减资产购买规模各100亿美元，3月例会后还调整了利率前瞻性指引，取消了6.5%的失业率门槛值和2.5%的通胀率（未来一至两年）门槛值，将参考一系列更广泛指标来决定升息时间。欧央行在4月例会后将基准利率维持在0.25%，并预计未来一段时间内将继续维持现有利率水平或调降利率。日本银行继续将基础货币作为货币政策操作的目标，以每年60万亿～70万亿日元的速度增加基础货币，实施“量化和质化宽松货币政策”，以期在两年内实现2%的通胀目标。日本银行2月例会后决定将刺激银行信贷工具、支持增长工具以及灾区金融机构支持工具的期限延长一年，并将前两项工具的规模增加一倍，显示出进一步宽松姿态。英格兰银行维持0.5%的基准利率和3 750亿英镑的资产购买规模不变。由于失业率逼近7%的临界点，英格兰银行在2月例会后对“前瞻性货币政策指引”进行调整，不再将利率与失业率单独挂钩，而是将其与一系列经济指标相联系。

部分新兴市场经济体迫于货币贬值和资本流出压力持续加息。1月15日、2月26日和4月2日，巴西央行三次上调指标利率共100个基点至11%。1月24日和2月6日，阿根廷央行两次上调央行短期票据利率共930个基点至28.8%。1月28日，土耳其将隔夜贷款利率提升425个基点至12%，隔夜借款利率提升450个基点至8%，7天回购利率提升550个基点至10%。1月28日，印度央行上调基准利率25个基点至8.00%。3月3日，俄罗斯央行将基准利率从5.5%上调150个基点至7%，4月25日进一步上调至7.5%。南非央行1月29日宣布，将基准利率从5.0%提升至5.5%。

（四）国际经济展望及面临的主要风险

总体看，2014年全球经济复苏形势向好，经济增长将有所加快。主要原因有：一是发达经济体经济增长动力增强，财政整顿和金融条件将支持经济更快增长。二是新兴市场经济体基本面总体尚好，经济增长不会出现大幅下滑。三是WTO多哈谈判取得进展，全球贸易和投资环境将进一步改善。四是国际经济合作进一步加强。

展望未来，全球经济仍可能面临以下风险：

一是美国退出量化宽松货币政策可能影响美国和全球经济复苏及金融市场稳定。量化宽松政策退出的步伐仍存较大不确定性，影响金融市场的稳定和企业的生产投资行为。量化宽松货币政策退出触发的部分新兴市场经济体金融动荡也可能对美国产生负面影响。

二是欧元区面临低通胀或通缩风险。2013年第四季度以来欧元区通胀率跌至1%以下，一些经济较弱国家甚至接近于零。如果通胀水平持续低于目标值，欧元区长期通胀预期可能下行，容易引发通缩风险，可能抑制欧元区经济增长，并拖累全球经济复苏。

三是日本经济下行压力增加。2014年4月1日消费税由5%上调至8%，对消费和内需的影响还需观察。日元贬值直接增加了进口压力，但对出口的刺激作用并不明显；同时受部分新兴市场经济体经济增长放缓等因素影响，日本贸易赤字有进一步扩大的可能。日本政府还将长期面临削减债务和刺激经济增长的两难境地。

四是部分新兴市场经济体短期内面临风险加剧的可能。全球经济复苏仍较缓慢，难为新兴市场经济体提供强大的外部需求，美联储退出量化宽松政策步伐的不确定性以及投资者对于新兴市场经济体基本面的担忧可能引发金融市场动荡、资本外流和汇率无序调整，加之国际金融危机以来，部分新兴市场经济体出现私人和公共部门杠杆率攀升、银行信贷规模过快扩张、宏观经济失衡加剧等问题，在外部环境趋紧的背景下，将使其承受更大压力。

此外，地缘政治博弈也可能对全球经济产生负面影响。乌克兰政治危机短期内难以解决，未来走向不确定性较大，可能对欧洲能源供给和经济复苏产生影响。

在2014年4月更新的《世界经济展望》中，国际货币基金组织（IMF）将2014年全球经济增速下调0.1个百分点至3.6%。其中，美国经济增速维持2.8%不变、欧元区经济增速上调0.1个百分点至1.2%、日本经济增速下调0.3个百分点至1.4%、新兴市场及发展中经济体经济增速下调0.2个百分点至4.9%。

二、中国宏观经济运行

2014年第一季度，中国经济运行整体平稳，经济结构呈现积极变化。居民收入增长较快，消费平稳增长，投资实际增速有所回升，贸易顺差收窄。农业生产形势稳定，第三产业增长持续快于第二产业。消费价格涨幅温和，就业形势较好。第一季度，实现国内生产总值（GDP）12.8万亿元，同比增长7.4%，增速比上年同期低0.3个百分点。居民消费价格（CPI）同比上涨2.3%，涨幅比上年同期低0.1个百分点。贸易顺差为167.4亿美元，比上年同期少252.8亿美元。

（一）消费平稳增长，投资实际增速有所回升，贸易顺差收窄

城乡居民收入增长较快，消费需求平稳增长。第一季度，城镇居民人均可支配收入8 155元，同比增长9.8%，扣除价格因素实际增长7.2%；农村居民人均现金收入3 224元，同比增长12.3%，扣除价格因素实际增长10.1%。第一季度城镇储户问卷调查结果显示，居民当期收入感受指数为50.7%，较上季度提高0.4个百分点。社会消费品零售总额为6.2万亿元，同比增长12%，扣除价格因素，实际增长10.9%，比上年同期加快0.1个百分点。分城乡看，城镇消费品零售额5.4万亿元，增长11.8%；乡村消费品零售额8 528亿元，增长12.8%。

固定资产投资实际增速高于上季度，民间投资占比继续上升。第一季度，固定资产投资（不含农户）完成6.8万亿元，同比增长17.6%，比上年同期和上年全年低3.3个和2.0个百分点。扣除价格因素，实际增长16.3%，比上季度高1.7个百分点。其中，民间投资4.4万亿元，增长20.9%，占全部投资的比重为64.8%，占比较上年同期提高1.5个百分点。分地区看，中西部投资增速继续快于东部，东、中、西部地区固定资产投资比上年分别增长16.4%、20.2%和19.1%。分产业看，三次产业投资比上年分别增长25.8%、14.7%和19.6%。

外贸进出口运行处于合理区间，贸易顺差收窄。第一季度，进出口总额为9 658.8亿美元，同比下降1%；其中出口4 913.1亿美元，同比下降3.4%；进口4 745.7亿美元，同比增长1.6%；贸易顺差167.4亿美元，较上年同期减少253亿美元。如果扣除去年同期存在的一些特别因素，以及大宗商品价格下跌等影响，外贸进出口仍然运行在一个基本合理的区间。第一季度，进出口货运量同比增长8.1%，快于上年同期。按贸易方式来看，一般贸易进出口金额同比增长9.4%，也快于上年同期。从区域结构看，对欧盟、美国、日本、东盟贸易保持增长态势。从产品结构看，机电产品和劳动密集型产品出口同比放缓，农产品、铁矿砂、原油等大宗商品进口量快速增长。第一季度实际使用外商直接投

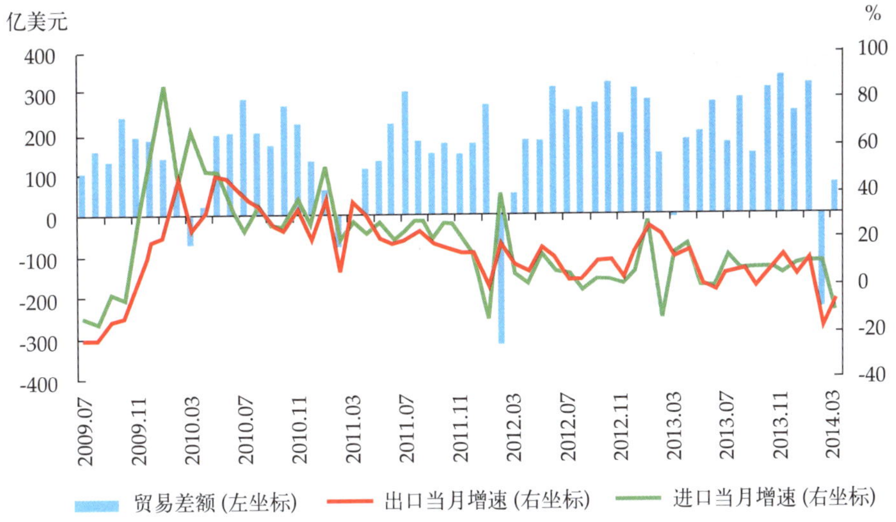

数据来源：海关总署、中国人民银行。

图3　进出口增速与贸易差额

资315.5亿美元，同比增长5.5%；境内投资者共对全球137个国家和地区的1 875家境外企业进行了直接投资，累计实现非金融类直接投资199亿美元。

（二）农业生产形势稳定，工业生产增速有所回落

第三产业增加值增长快于第二产业。第一季度，第一产业增加值7 776亿元，同比增长3.5%；第二产业增加值57 587亿元，同比增长7.3%；第三产业增加值62 850亿元，同比增长7.8%。三次产业增加值占GDP比重分别为6.1%、44.9%和49%。第三产业占比较上年同期提高1.1个百分点。

农业生产形势稳定。根据全国11万多户农户种植意向调查，2014年全国稻谷意向种植面积增长0.15%，小麦减少0.56%，玉米增长1.75%，棉花减少6.77%。第一季度，猪牛羊禽肉产量2 347万吨，增长2%。

工业生产增速有所回落。第一季度全国规模以上工业增加值同比增长8.7%，增速较上年同期低0.8个百分点。全国规模以上工业企业实现利润总额12 942.4亿元，同比增长10.1%。其中，主营活动利润为12 238.5亿元，增长9.4%，规模以上工业企业主营业务收入利润率为5.4%，比上年同期高0.1个百分点。规模以上工业企业产销率为97.1%，比上年同期低0.1个百分点。第一季度中国人民银行5 000户工业企业调查显示，企业生产经营下滑，设备利用水平降低，但企业家信心有所增强。企业经营景气指数为55.3%，较上季度下降2.8个百分点；企业平均设备利用率为77.9%，较上季度下降1.7个百分点；企业盈利指数为50.9%，较上季度下降6.7个百分点；企业家信心指数为67%，较上季度上升1.1个百分点。

专栏4　关于中国经济潜在增速的讨论

经济潜在增速是指一国或地区在各种资源得到充分配置条件下，所能达到的最大经济增长速度，一般认为应与充分就业和物价稳定相匹配。分析和判断经济潜在增长速度，对于研判实际经济运行态势，合理制定经济发展战略和把握宏观政策力度具有重要意义。测算经济潜在增速主要有两类方法。一类是统计学方法，也就是从历史数据中找规律，比如从经济运行的时间序列数据中提取趋势项作为潜在产出的估算值，如趋势法和各种滤波方法（如HP滤波、Kalman滤波等）；另一类是经济学方法，即从经济理论出发构建模型，比如采用生产函数，通过测算劳动力、资本存量及全要素生产率变化来估计潜在产出水平。这些测算方法各有利弊，前者对历史数据依赖较大，后者则需要对生产函数中主要变量的变化趋势进行假设。现实中往往需要根据多种方法进行综合判断。

近年来，随着中国经济增长出现一定放缓，关于中国经济潜在增速的讨论有所升温，也存在一些争议。当经济处在结构调整和转型过程时，会增大判断经济潜在增速的难度。部分经济学家认为中国经济潜在增速会出现一定程度下降，其主要依据：一是从人口等宏观和结构性因素进行分析。部分学者认为中国已接近或越过人口红利高点，且人口老龄化也会降低储蓄率，推升利率，抑制投资增长和经济潜力。房地产、出口等既有增长动能趋缓，而经过多年高速发展，资源、环境对传统增长模式的承载力也在下降。二是从国别经验中寻找规律。有研究认为，人均GDP在达到一定水平后经济往往会从高增长阶段过渡到中速增长阶段，增长率会有较为明显的下降。还有研究发现城市化率与投资率之间存在倒U形关系。在城市化达到一定水平后，投资率将可能随城市化率的提高而下降。也有学者指出，中国已经历长达十多年的投资率持续上升阶段，未来投资增长有可能逐步向常态水平回归，这会使经济增长速度回落。还有研究认为，随着产业结构从制造业向服务业转移，全社会整体劳动生产率增速会出现下降，进而影响潜在产出水平，但由于服务业就业吸纳能力较强，劳动力市场仍将保持稳定，收入分配结构更趋优化。

另一部分经济学家则认为中国经济仍将保持持续较快增长，其主要逻辑：一是对比经济体发展历史。例如，与中国大陆目前人均GDP所处的发展阶段对比，日本、韩国、新加坡和中国台湾地区等在此之后均经历了较长时间的高速增长，若能够消除结构性缺陷，中国经济仍有持续较快增长的较大空间。且与发达经济体相比，中国人均资本存量还比较低，尤其是基本建设投资和区域协调发展还有较大空间。二是强调了劳动生产率可能发生的变化。一些学者认为，随着教育投入增大，人力资本不断提高、持续积累，有助于抵消劳动力数量下降和投资增长放缓可能带来的影响。而劳动生产率的提升才是经济增长不竭的动力来源。

相比较而言，在上述关于潜在增长水平的讨论中，前者主要强调了人口、资本和环境等约束性因素，后者则强调了发展潜力以及劳动生产率可能的提升空间。实际上，潜在增长速度的确是可以改变的，取决于上述因素的交互影响和最终均衡，而改革是释放潜力和延展发展空间的关键性因素之一。从近几十年的经验看，改革开放的持续推进对中国潜在增长水平产生了巨大影响。受劳动力供给趋紧、经济发展方式转变等影响，潜在增长速度有可能会呈现阶段性放缓态势，此时保持经济平稳较快发展关键是要提升生产效率和经济活力，通过向改革要动力，向结构调整要动力，向改善民生要动力，释放巨大的改革红利，促进经济持续健康发展。

（三）价格形势基本稳定

居民消费价格涨幅温和。第一季度，居民消费价格（CPI）同比上涨2.3%，比上季度回落0.6个百分点，各月涨幅分别为2.5%、2.0%和2.4%。食品价格上涨放缓是CPI涨幅回落的主要原因。第一季度，食品价格同比上涨3.5%，比上季度低2.0个百分点，拉动CPI上涨约1.2个百分点；非食品价格同比上涨1.7%，比上季度高0.1个百分点，拉动CPI上涨约1.1个百分点。消费品价格涨幅明显回落，服务价格涨幅基本稳定。第一季度，消费品价格同比上涨1.9%，涨幅比上季度低0.8个百分点；服务价格同比上涨3.1%，涨幅比上季度低0.1个百分点。

生产价格降幅有所扩大。第一季度，工业生产者出厂价格（PPI）同比下降2.0%，降幅比上季度扩大0.6个百分点，各月分别下降1.6%、2.0%和2.3%。其中，生活资料价格下降0.3%，影响PPI下降约0.1个百分点；生产资料价格下降2.5%，影响PPI下降约1.9个百分点。工业生产者购进价格同比下降2.1%，降幅比上季度扩大0.6个百分点。企业商品价格（CGPI）同比下降2.0%，降幅比上季度扩大1.5个百分点。农产品生产价格同比下降1.2%，农业生产资料价格同比下降0.6%。

受国际大宗商品价格下降影响，进口价格降幅扩大。第一季度，洲际交易所布伦特原油期货当季平均价格比上年同期下降4.2%，比上季度下降1.4%。伦敦金属交易所铜和铝现货当季平均价格分别比上年同期下降11.2%和14.7%，比上季度分别下降1.6%和3.4%。受此影响，进口价格同比下降5.0%，降幅比上季度扩大3.5个百分点。

GDP缩减指数回落。第一季度，GDP缩减指数（按当年价格计算的GDP与按固定价格计算的GDP的比率）变动率为0.4%，比上年同期回落1.3个百分点，比上年全年回落1.3个百分点。

价格改革继续推进。3月20日，国家发展改革委发布《关于建立健全居民生活用气阶梯价格制度的指导意见》，要求各地遵循保障居民基本生活用气需求与反映资源稀缺程度相结合、补偿成本与公平负担相结合等基本原则，因地制宜确定具体实施方案。3月25日，国家发展改革委等部门发出通知，非公立医疗机构提供的所有医疗服务价格实行市场调节，由非公立医疗机构按照公平、合法和诚实信用的原则合理制定。

（四）财政收支增速有所提高

第一季度，全国财政收入35 025.7亿元，同比增长9.3%，增速比上年同期高2.4个百分点；全国财政支出30 432.5亿元，同比增长12.6%，增速比上年同期高0.5个百分点。收支相抵，全国财政收支盈余为4 593.3亿元，比上年同期减少403.9亿元。

从结构上看，全国财政收入中，税收收入30 187.8亿元，同比增长10.2%；非税收入4 837.9亿元，同比增长4.4%。分税种看，国内增值税同比增长9.4%，国内消费税同比增长4.8%，营业税同比增长4.2%，企业所得税同比增长8.9%，进口货物增值税和消费税同比增长12.2%，个人所得税同比增长13.4%。从支出结构看，财政支出增长较快的有医疗卫生与计划生育支出、城乡社区支出、社会保障和就业支出、教育支出等，同比分别增长26.4%、17.7%、14.2%、14%。

（五）就业形势基本稳定

第一季度，城镇登记失业率为4.08%，比上季度提高0.03个百分点。中国人力资源市场信息监测中心对全国102个城市的公共就业服务机构市场供求信息进行的统计分析显示，劳动力市场供求总体平衡，需求略大于供给，求人倍率为1.11，较上季度和上年同期均上升0.01。分行业看，金融业、房地产业、交通运输、仓储和邮政业、信息传输、计算机服务和软件业等行业的用人需求均有较大幅度同比增长，而居民服务和其他服务业、租赁和商业服务业等行业用人需求同比下降。与上年同期相比，新成长失业青年的求职人数有所减少，就业转失业人员、本市农村人员和外埠人员的求职人数有所增长。52.8%的用人需求对技术等级或职称有明确要求，中、高级技能人员及高级专业人员需求缺口依然较大。

（六）经常项目顺差缩小

初步统计，2014年第一季度，经常项目顺差为72亿美元，比上年同期减少404亿美元；资本和金融项目顺差1 183亿美元，比上年同期增加282亿美元；外汇储备资产增加1 258亿美元，比上年同期减少313亿美元。

外债总规模继续上升。截至2013年年末，外债余额为8 632亿美元，同比增长17.1%。其中，登记外债余额为5 267亿美元，同比增长18.2%，占外债余额的61%；短期外债余额为6 766亿美元，同比增长25.1%，占外债余额的78.4%。

（七）行业分析

工业利润增速回落。第一季度，全国规模以上工业企业利润总额同比增长10.1%。在41个工业大类行业中，33个行业利润总额同比增长。电力热力生产和供应业、汽车制造业、电气机械和器材制造业、非金属矿物制品业利润总额增长较快，增速分别为32.3%、29.8%、28.2%、26.7%。因需求不足、价格下降，主要采矿及原材料行业利润明显下降。煤电油运生产小幅增长。第一季度，全国原煤产量8.58亿吨，同比增长0.0%；发电量12 719.4亿千瓦时，同比增长5.8%；天然原油产量5 133.7万吨，同比增长0.2%；全社会货运量105.5亿吨，同比增长7.4%。

1. 房地产行业

第一季度，全国商品房成交量下降，房价环比上涨城市个数减少，房地产开发投资增速放缓，房地产贷款增速略有回落。

房价环比上涨的城市个数减少。2014年

3月，全国70个大中城市中，新建商品住宅价格同比上涨的城市有69个，与上年12月持平；新建商品住宅价格环比上涨的城市有56个，比上年12月减少9个。二手住宅价格同比上涨的城市有68个，比上年12月减少1个；二手住宅价格环比上涨的城市个数有42个，比上年12月减少22个。

商品房销售面积和销售额同比下降。第一季度，全国商品房销售面积为2亿平方米，同比下降3.8%，降幅比1～2月扩大3.7个百分点，而上年全年为增长17.3%。商品房销售额为13 263亿元，同比下降5.2%，降幅比1～2月扩大1.5个百分点，而上年全年为增长26.3%。其中，商品住宅的销售面积和销售额分别占商品房销售面积和销售额的88.6%和83.5%。

房地产开发投资增速放缓。第一季度，全国完成房地产开发投资15 339亿元，同比增长16.8%，增速比1～2月回落2.5个百分点，比上年全年回落3个百分点。其中，住宅投资10 530亿元，占房地产开发投资的比重为68.7%。全国房屋新开工面积为2.9亿平方米，同比下降25.2%，而上年全年为同比增长13.5%。全国房屋施工面积为54.7亿平方米，同比增长14.2%，增速比上年全年回落1.9个百分点。全国房屋竣工面积1.9亿平方米，同比下降4.9%，而上年全年为同比增长2%。

房地产贷款增速小幅回落。截至3月末，主要金融机构（含外资）房地产贷款余额为15.4万亿元，同比增长18.8%，增速比上年年末回落0.3个百分点。房地产贷款余额占各项贷款余额的20.6%，比上年年末低0.4个百分点。其中，个人住房贷款余额为9.5万亿元，同比增长20.2%，增速比上年年末低0.8个百分点；住房开发贷款余额为2.8万亿元，同比增长19.3%，增速比上年年末高3.5个百分点；地产开发贷款余额为1.1万亿元，同比增长7.6%，比上年年末低2.2个百分点。第一季度，新增房地产贷款7 971亿元，占各项贷款新增额的26.4%，比上年全年低1.7个百分点。

2014年《政府工作报告》提出，要加大保障性安居工程建设力度，全年新开工700万套以上，其中各类棚户区470万套以上。截至3月末，全国保障性住房开发贷款余额为7 783亿元，同比增长26.7%，增速比房产开发贷款高8.4个百分点。此外，利用住房公积金贷款支持保障性住房建设试点工作稳步推进，截至3月末，已按进度发放住房公积金贷款669亿元，支持了76个城市的316个保障房建设项目，收回贷款本金170亿元。

2. 光伏产业

光伏产业是中国具有国际竞争优势的战略性新兴产业。随着全球能源短缺和环境污染等问题日益突出，太阳能光伏发电因其清洁、安全、便利、高效等特点，已成为世界各国普遍关注和重点发展的高技术产业。发展光伏产业对实现工业转型升级、调整能源结构、发展社会经济、推进节能减排具有重要意义。

光伏产业起步晚、发展快。2012年以来，随着全球光伏市场发展重心转移，中国光伏产业加快崛起。截至2012年年末，中国已具备投产能力的多晶硅企业达到50家以上，产能达到19万吨，居全球首位，产量达到7.1万吨；太阳能光伏电池核组件产能超过4 000万千瓦，电池片产量2 100万千瓦，组件产量2 300万千瓦，约占全球总产量的63%。与此同时，中国还是全球最大的光伏应用市场。2013年，全球光伏发电行业新增装机容量3 700万千瓦，其中中国新增装机容量1 130万千瓦，成为全球光伏装机量增长的主要动力。

然而，光伏产业目前仍处于明显的产能过剩和大面积亏损之中，发展形势严峻。一方面，受2011年产能极度扩张的影响，主要产品价格快速下跌，上下游库存攀升，2012年下半年全行业生产成本与售价倒挂，生产经营困难。2013年以来，行业基本面虽有所改善，但整体杠杆率过高和偿债压力问题仍然严重。另一方面，在欧美市场需求放缓及美国、欧盟、印度等主要出口目的地贸易壁垒日益严重的背景下，对外依存度过高导致光伏企业出口不确定性增大。

应该认识到，光伏产业遇到的问题和困难，既是产业发展面临的挑战，也是促进转型升级的契机，应坚定信心，抓住全球大力发展新能源的战略机遇，在发展中解决问题。一是统筹规划，促进光伏产业转型升级。着力推动关键技术创新、提升生产工艺水平、突破装备研发瓶颈。利用“市场倒逼”机制，鼓励企业兼并重组，加快关停淘汰落后光伏产能，遏制低水平重复建设，提高资源配置效率和产业生产集中度，推动资源整合。二是积极应对国际产业竞争，调整光伏产品市场布局。把扩大国内市场作为促进光伏产业持续健康发展的基本立足点，同时积极拓展国际市场，保持合理份额。三是尝试建立国内支持光伏应用的政策体系和促进光伏发电持续发展的长效互动机制。统筹制定产业、财税、金融、人才等扶持政策，推动产品检测认证、监测制度建设，加强政策的协调配合和行业自律，加快建立市场化的节能减排机制，形成有利于产业持续健康发展的法规、政策、标准体系和市场环境。

第五部分 货币政策趋势

一、中国宏观经济展望

当前中国经济正处在增速换挡和转变发展方式的阶段，既有结构调整的阵痛，也渐显调整和改革所激发的活力。从综合增长潜力和动能等各方面因素看，未来一段时期中国经济有望保持平稳运行。从基础条件看，中国经济体量较大，协同推进新型工业化、信息化、城镇化、农业现代化的回旋余地很大，市场空间广阔。城乡之间、区域之间仍有较大差距，产业结构仍不尽合理，调整优化城乡结构、区域结构、产业结构将带来巨大的增长潜力。从政策环境看，宏观调控方式创新，经验更加丰富，在保持经济运行在合理区间的同时，加快推出的一系列促改革、调结构、惠民生的政策措施，有利于更充分地发挥市场在资源配置中的决定性作用，提升要素生产效率，将对经济增长形成有力支撑。虽然工业和投资增速相对放缓，但经济运行释放出服务业增速不减、投资结构有所改善、就业形势较好、收入平稳增长等积极信号。第三产业的多数行业，如批发和零售、交通运输、信息技术服务、租赁和商务服务业等投资增速均有加快态势。一批新技术产业、新商业模式发展势头较好，一些积极推进转型升级和自主创新的产业和企业呈现出较强的抗风险能力和发展活力。民众的创业热情进一步激发，一些地区新登记企业数增长较快。随着经济结构调整和服务业发展加快，单位GDP增长对就业的吸纳能力也在增强。中国人民银行2014年第一季度城镇储户问卷调查显示，居民就业感受指数为40.6%，较上季度回升1.8个百分点。居民未来就业预期指数为49.9%，较上季度回升0.2个百分点。从外部环境看，全球经济持续复苏的稳定性有所增强，外需有望继续改善。国际货币基金组织4月预计全球经济增长将从2013年的3%上升到2014年的3.6%和2015年的3.9%。

但也要看到，经济的内生增长动力仍待增强，结构调整和改革的任务还十分艰巨。部分行业产能过剩问题依然严重，一些低效率企业大量占用资源，受增速换挡和结构调整过程中资金周转速度放慢、使用效率不高等影响，全社会债务规模继续较快积累，但债务扩张对经济增长的推动作用下降。在外需和房地产等既有增长动能减弱的情况下，新的强劲增长引擎尚待形成，潜在风险需要高度关注，调整转型的一些关键难点有待进一步取得突破。同时，资源环境约束进一步突显，空气污染、水污染等问题严重，也显示原有发展模式迫切面临调整转型。全球经济复苏进程中仍面临一些风险。美国政策调整的步伐存在不确定性，可能对全球资本流动和资金成本产生较大影响，欧元区面临一定通缩风险，日本连续出现贸易逆差，经济长期增长和债务可持续性存在挑战，新兴市场动荡也可能对外需环境造成一定影响。总体看，面对当前复杂形势，既要把握总量平衡，更要着眼结构优化，通过深化改革解决经济运行中存在的深层次结构性问题，激发经济活力和竞争力。

价格形势基本稳定。价格变化反映了经济总供给与总需求的匹配关系，与内外部经济形势变化紧密相关。当前外部环境相对平稳，国内经济运行在合理区间，货币环境相对稳定，工业生产能力较为充足，加之基数因素的影响与上年大体持平，都有利于CPI继续保持基本稳定。中国人民银行2014年第一季度城镇储户问卷调查显示，居民未来物价预期指数为63.9%，比上季度下降8.3个百分点；55.8%的居民认为物价“高，难以接受”，比上季度下降5.8个百分点。当然也要看到，当前农产品、服务业等领域的潜在价格上行压力依然存在，价格改革也可能会增加上行压力，居民对房价变化和通胀的预期还不够稳定。PPI较长时间维持在负值区间运行，反映出产能过剩问题较为严重，同时也与国际大宗商品价格下降等有关。未来PPI变化很大程度上取决于经济动能恢复和去产能进展等因素。考虑到内外部需求和供给变化仍有一定的不确定性，需动态关注未来价格走势。

二、下一阶段主要政策思路

中国人民银行将按照党中央、国务院的战略部署，贯彻落实党的十八大、十八届三中全会、中央经济工作会议和《政府工作报告》精神，坚持稳中求进、改革创新，继续实施稳健的货币政策，保持政策的连续性和稳定性。坚持“总量稳定、结构优化”的取向，保持定力，主动作为，适时适度预调微调，增强调控的预见性、针对性和有效性，统筹稳增长、促改革、调结构、惠民生和防风险的关系，继续为经济结构调整与转型升级营造稳定的货币金融环境。同时，寓改革于调控之中，把货币政策调控与深化改革紧密结合起来，更充分地发挥市场在资源配置中的决定性作用。针对金融深化和创新发展，进一步完善调控模式，疏通传导机制，通过增加供给和竞争改善金融服务，提高金融运行效率和服务实体经济的能力。

一是综合运用数量、价格等多种货币政策工具组合，健全宏观审慎政策框架，保持适度流动性，实现货币信贷和社会融资规模合理增长。根据经济金融形势变化以及金融创新对银行体系流动性的影响，灵活运用公开市场操作、存款准备金率、再贷款、再贴现、常备借贷便利、短期流动性调节等工具，完善中央银行抵押品管理框架，调节好流动性总闸门，保持货币市场稳定。同时，引导商业银行加强流动性和资产负债管理，做好各时点的流动性安排，合理安排资产负债总量和期限结构，提高流动性风险管理水平。继续发挥宏观审慎政策的逆周期调节作用，根据经济景气变化、金融机构稳健状况和信贷政策执行情况等对有关参数进行适度调整，引导金融机构更有针对性地支持实体经济发展。

二是盘活存量、优化增量，支持经济结构调整和转型升级。优化流动性的投向和结构，着力降低棚户区改造等重点领域和“三农”、小微企业等薄弱环节的融资成本。积极运用信贷政策支持再贷款等工具，继续开展信贷政策导向效果评估，引导金融机构优化信贷结构。鼓励金融机构创新组织、机制、产品和服务模式，支持农业适度规模经营和新型农业经营主体发展。加大对科技、文化、信息消费、战略性新兴产业等国民经济重点领域的金融支持力度；不断改进信贷政策实施方式，进一步加大对扶贫、就业、助学、少数民族、农民工、大学生村官等

“民生”领域的金融支持和服务。保证在建续建工程和项目的合理资金需求，积极支持铁路等重大基础设施、城市基础设施、保障性安居工程等民生工程建设。严格控制对高耗能、高排放行业和产能过剩行业的贷款，促进产能过剩矛盾化解。建立和完善绿色信贷机制，不断提升对节能环保、循环经济、防治大气污染领域的金融服务水平，加大对相关领域技术改造等方面的信贷支持。落实好差别化住房信贷政策，支持保障性住房、中小套型普通商品住房建设和居民首套自住普通商品房消费，坚决抑制投机投资性购房需求。进一步发挥开发性金融作用，支持棚户区改造。

三是进一步推进利率市场化和人民币汇率形成机制改革，提高金融资源配置效率，完善金融调控机制。进一步健全市场利率定价自律机制，提高金融机构自主定价能力。继续推进同业存单发行和交易，探索发行面向企业及个人的大额存单，逐步扩大金融机构负债产品市场化定价范围。继续培育上海银行间同业拆借利率（Shibor）和贷款基础利率（LPR），建设较为完善的市场利率体系。建立健全中央银行的利率调控框架，强化价格型调控和传导机制。进一步完善人民币汇率市场化形成机制，加大市场决定汇率的力度，增强人民币汇率双向浮动弹性，保持人民币汇率在合理、均衡水平上的基本稳定。加快发展外汇市场，坚持金融服务实体经济的原则，为基于实需原则的进出口企业提供汇率风险管理服务。支持人民币在跨境贸易和投资中的使用，稳步拓宽人民币流出和回流渠道。推动人民币对其他货币直接交易市场发展，更好地为跨境贸易人民币结算业务发展服务。密切关注国际形势变化对资本流动的影响，加强对跨境资本的有效监控。

专栏5 利率市场化与货币政策调控框架

利率市场化既是逐步放开对利率的直接管制，由市场主体和资金供求决定价格的过程，同时也是央行逐步强化价格型调控和传导机制的过程。利率市场化往往发生在金融创新加速的时期，而金融创新和市场发展也是推动货币政策框架转型的重要动力。因此，从国际经验看，利率市场化进程基本都伴随着货币政策调控框架的逐步转型。20世纪70～80年代主要经济体利率市场化步伐加快，在此期间及之后的20世纪90年代货币政策框架也逐步从数量型向价格型转变。从经济理论的角度看，货币政策选择数量还是价格作为政策工具和目标，取决于经济扰动的性质。当不确定性（随机冲击）主要来自商品市场，那么选择货币供应量作为中介目标较为合适；若不确定性主要来自货币市场，那么选择利率作为中介目标较为合适。经典的IS-LM模型表明，随着金融创新和金融深化，数量型指标的指示意义会受到影响，在货币需求函数稳定性下降的情况下，继续以数量作为目标，就可能促使价格波动，进而影响产出稳定。这些都是推动货币政策调控框架逐步转型和优化的内生力量。

随着利率市场化逐步推进，多数中央银行建立了能有效引导和调控市场利率的政策操作框架。其核心是通过宣布和调节政策利率和利率走廊，并运用公开市场操作等使市场利率围绕政策利率变化，来稳定预期，并向其他品种和期限的利率传导，进而影响全社会投资、消费行为，达到稳定经济和物价的目的。从国际上看，美联储以联邦基金利率作为其政策利率，欧央行的政策利率为公开市场主要再融资利率，一些新兴经济体也以公开市场操作利率作为其政策利率。同时，不少经济体央行还建立起了利率走廊机制，使利率在走廊范围内变化。当经济偏热或有通胀风险时，央行可以宣布调高政策利率，并在市场上收紧流动性，进而推动整体利率水平上升，抑制需求扩张，稳定经济和物价水平。反之则可做反向的操作。由于流动性“量”的收紧与“价”的上升是同步的，因此可以传导至各类金融产品，进而对经济主体行为产生影响。20世纪80年代以后，主要经济体央行也开始强调政策的规则性和透明度，更加注重稳定预期在政策调控中的作用，其核心就是建立起对货币政策的信心和公信力。在有效引导预期的情况下，货币政策可能会达到事半功倍的效果，从而显著改善政策传导，提高政策的有效性。而实施价格型调控的一个优势，也在于其透明度相对更高，有利于稳定市场预期。

当然，货币政策以“价”作为主要调节手段和传导机制，就需要有较为完善的金融市场、利率敏感的微观主体和充分弹性的汇率机制。一般而言，基础货币的数量与价格之间存在联动关系，但对于经历了较长时期资本大量流入的新兴市场经济体而言，由于过剩流动性的存在，量与价之间的联动并不明显。随着国际收支日趋平衡，基础货币的量与价之间的联系日益紧密，就有可能越来越接近数量型工具和价格型工具可以切换的阶段。向价格型调控为主转型一般都会经历一个逐步完善和效果强化的过程。在此同时，数量和宏观审慎政策手段仍将发挥重要作用，这可使价和量相互协助，共同实现宏观调控目标。使利率调控与宏观审慎政策有效配合起来，也是主要经济体和国际组织反思国际金融危机教训基础上形成的共识。

四是完善金融市场体系，切实发挥好金融市场在稳定经济增长、推动经济结构调整和转型升级、深化改革开放和防范金融风险方面的作用。鼓励创新，丰富债券市场产品和层次。完善体制机制、加强制度建设，强化监督管理。培育多元化的参与主体，强化市场化约束和风险分担机制建设。加强市场基础设施建设。积极稳妥地推进对外开放。大力发展直接融资，加快多层次资本市场建设，丰富融资工具和交易品种，增强服务中小企业的能力。充分发挥公司信用类债券部际协调机制的作用，加强监管协调。

五是深化金融机构改革，通过增加供给和竞争改善金融服务。继续深化大型商业银行和其他大型金融企业改革，完善公司治理，形成有效的决策、执行、制衡机制，把公司治理的要求真正落实到日常经营管理和风险控制之中。扎实推进中国农业银行“三农金融事业部”改革，探索商业性金融服务“三农”的可持续模式，提升“三农”和县域金融服务水平。加快推进中国进出口银行和中国农业发展银行改革，强化政策性职能定位，坚持以政策性业务为主体，审慎发展自营性业务；对政策性业务和自营性业务实施分账管理、分类核算；科学建立资本约束机制，健全治理结构，完善财税扶持政策，构建符合中国特色、能更好地为经济发展服务、可持续运营的政策性金融机构及其政策环境。继续推动资产管理公司商业化转型。在加强监管前提下，鼓励各类型金融机构和金融服务组织、中介机构有序发展，形成各种市场主体共同参与竞争的金融生态。当前基于互联网的创新金融发展迅速，与传统金融互相补充和融合，有利于促进竞争、发展普惠金融、增加居民收入、提高资源配置效率。但创新过程中也存在监管套利、增大市场流动性风险等问题。应进一步完善相关标准和制度，促进公平竞争，加强行业自律，提升风险防控能力，切实维护投资者权益，促进互联网金融健康发展。

六是有效防范系统性金融风险，切实维护金融体系稳定。加强宏观审慎管理，引导金融机构稳健经营，督促金融机构加强流动性、内控和风险管理。在支持金融创新的同时，加强对同业业务和理财业务发展潜在风险的监测与防范。加强对地方政府性债务和偿债能力的跟踪监测，着力防控债务风险，探索以市场化机制化解地方政府债务问题。健全系统性金融风险的防范预警和评估体系，加强对地方政府融资平台、产能过剩行业和房地产行业贷款信用违约风险的监测，防范部分地区、行业、企业风险及非正规金融风险向金融体系传导。充分发挥金融监管协调部际联席会议制度的作用，强化交叉性、跨市场金融产品的风险监测和监管协调，促进各类金融市场、各类金融工具的协调发展，建立健全金融综合统计体系和信息共享机制。构建危机管理和风险处置框架，推进存款保险制度建设。采取综合措施维护金融稳定，守住不发生系统性、区域性金融风险的底线。

PART 1 Monetary and Credit Performance

In the first quarter of 2014 liquidity in the banking system was appropriate, money, credit, and all-system financing aggregates grew in a stable manner, and the monetary and financial situations were basically stable.

I. The growth of money supply decelerated

At end-March 2014, outstanding broad money (M2) stood at RMB116.1 trillion yuan, up 12.1 percent year on year; outstanding narrow money (M1) stood at RMB32.8 trillion yuan, up 5.4 percent year on year; and currency in circulation (M0) stood at RMB5.8 trillion yuan, up 5.2 percent year on year. In the first quarter of 2014, cash withdrawals from circulation amounted to RMB24.2 billion yuan, RMB104.3 billion yuan more than that during the corresponding period of the last year.

The deceleration of M2 at end-March from the end of last year by 1.5 percentage points was mainly due to a high base effect caused by the rapid growth of money during the corresponding period of the last year. The growth of M2 in 2013 showed a notable trend of acceleration followed by a deceleration, and at end-March 2013 the growth of outstanding M2 reached 15.7 percent. In addition, this was also related to deceleration of the RMB equivalent of official foreign exchange holdings, the moderate growth in the inter-bank business of commercial banks, and the increased issuance of financial bonds. In the first quarter of 2014, M2 registered an increase of RMB5.4 trillion yuan, with growth lower than that during the corresponding period of the last year. However, measured against the annual growth target of 13 percent, this progress was still faster than the normal level in past years.

At end-March, outstanding base money posted RMB27.5 trillion yuan, up 8.3 percent year on year and RMB372.1 billion yuan more than that at the beginning of the year. The money multiplier stood at 4.22, which was 0.14 higher than that at the end of 2013. The excess reserve ratio of financial institutions was 1.8 percent and that of rural cooperatives was 3.6 percent.

II. Growth of deposits in financial institutions slowed down

At end-March, outstanding deposits of domestic and foreign currencies in all financial institutions (including foreign-funded financial institutions, the same hereafter) posted RMB112.2 trillion yuan, up 11.5 percent year on year. This was RMB5.0 trillion yuan more than that at the beginning of the year, a deceleration of 2.0 percentage points from the end of the last year and a deceleration of RMB1.3 trillion yuan year on year. Outstanding RMB deposits posted RMB109.1 trillion yuan, up 11.4 percent year on year and a deceleration of 2.4 percentage points over end-2013. This was RMB4.7 trillion yuan more than that at the beginning of the year and a deceleration of RMB1.4 trillion yuan year on year. Outstanding deposits in foreign currencies posted USD507.4 billion, up 14.9 percent year on year. This was USD42.3 billion more than that at the beginning of the year and an acceleration of USD10.9 billion year on year.

Broken down by sectors, growth of household and non-financial business deposits moderated, while growth of deposits of non-deposit-taking financial institutions accelerated. At end-March, outstanding household deposits in financial institutions posted RMB49.4 trillion yuan, up 11.4 percent year on year. This was RMB3.3 trillion yuan more than that at the beginning of the year and a deceleration of RMB403 billion yuan year on year. Outstanding deposits in the non-financial corporate sector registered RMB36.2 trillion yuan, up 5.6 percent year on year. This was RMB319.9 billion yuan more than that at the beginning of the year and a deceleration of RMB1.3 trillion yuan year on year. Outstanding fiscal deposits posted RMB3.1 trillion yuan, representing an increase of RMB93 billion yuan from the beginning of the year and a deceleration of RMB1.9 billion yuan year on year. Outstanding deposits of non-deposit-taking financial institutions posted RMB7.0 trillion yuan, representing an increase of RMB1.1 trillion yuan from the beginning of the year and an acceleration of RMB1 trillion yuan year on year. This was mainly due to the rapid development of the off-balance-sheet wealth management business of commercial banks and money-market funds, as well as a larger year-on-year growth of deposits of financial institutions, such as securities firms, trading and clearing firms, and insurance companies.

III. New loans of financial institutions grew in a stable manner

At end-March, outstanding loans in domestic and foreign currencies by all financial institutions registered RMB80.1 trillion yuan, up 13.7 percent year on year. This was RMB3.5 trillion yuan more than that at the beginning of the year and an acceleration of RMB296.6 billion yuan year on year. Outstanding RMB loans stood at RMB74.9 trillion yuan, up 13.9 percent year on year. This was RMB3.0 trillion yuan more than that at the beginning of the year and an acceleration of RMB259.2 billion yuan year on year.

The share of medium- and long-term loans picked up. RMB loans to the household sector continued to grow rapidly. At end-March, outstanding loans to the household sector posted RMB20.8 trillion yuan, up 21.4 percent year on year. This was RMB929.3 billion yuan more than that at the beginning of the year and a deceleration of RMB45.9 billion yuan year on year. In particular, individual home mortgage loans increased by RMB450 billion yuan from the beginning of the year, representing an acceleration of RMB33.8 billion yuan year on year. The growth of home mortgage loans registered 20.4 percent at end-March, surpassing 20 percent for 11 months in succession and indicating that the demand for mortgages was not weak. Outstanding loans to non-financial enterprises and other sectors posted RMB53.9 trillion yuan, up 11.3 percent year on year, thus continuing the steady growth since the second quarter of 2013; this was also RMB2.1 trillion yuan more than that at the beginning of the year and an acceleration of RMB306.1 billion yuan year on year. In terms of the loan structure, compared with the beginning of the year outstanding medium- and long-term loans increased by RMB1.8 trillion yuan, representing an acceleration of RMB329.6 billion yuan year on year, with incremental loans accounting for 58.2 percent of the total new loans, up 6.5 percentage points year on year. Short-term loans, including bill financing, increased RMB1.2 trillion yuan from the beginning of the year, an acceleration of RMB106.5 billion yuan year on year. Among the different types of financial institutions, loans by Chinese-funded small- and medium-sized national banks and foreign-funded financial institutions registered larger year-on-year growth.

Foreign currency–denominated loans grew in a stable manner. At end-March, outstanding foreign currency loans of financial institutions posted USD846.4 billion, up 12.2 percent year on year. This was USD69.5 billion more than that at the beginning of the year and a deceleration of less than USD1.4 billion. In terms of the loan structure, trade financing increased by USD32.4 billion, accounting for 47 percent of the total new foreign currency–denominated loans; outward lending and medium- and long-term domestic loans increased by USD13.7 billion, accounting for 20 percent of the total new foreign currency–denominated loans.

IV. The amount of all-system financing aggregates hit a second quarterly high

According to preliminary statistics, in the first quarter of 2014 all-system financing aggregates reached RMB5.60 trillion yuan, representing a decline of RMB561.2 billion yuan year on year and hitting a second historical quarterly high (the highest was registered in Q1 2013, posting RMB6.17 trillion yuan).

Table 1 RMB Loans of Financial Institutions, Q1 2014

Unit: RMB100 million yuan

	Q1 2014		Q1 2013	
	New loans	Acceleration	New loans	Acceleration
Chinese-funded large-sized national banks [1]	13,443	608	12,835	783
Chinese-funded small- and medium-sized national banks[2]	8,844	1,617	7,227	1,259
Chinese-funded small- and medium-sized local banks[3]	4,653	248	4,405	1,129
Small-sized rural financial institutions[4]	1,597	-471	2,068	-1,384
Foreign-funded financial institutions	250	181	69	-84

Notes: 1. Chinese-funded large-sized national banks refer to banks with assets denominated in domestic and foreign currencies equivalent to no less than RMB2 trillion yuan (according to the amount of total assets in both domestic and foreign currencies at end-2008).
2. Chinese-funded small- and medium-sized national banks refer to banks operating across provinces with assets of less than RMB2 trillion yuan denominated in domestic and foreign currencies.
3. Chinese-funded small- and medium-sized local banks refer to banks within a single province with total assets of less than RMB2 trillion yuan denominated in domestic and foreign currencies.
4. Small-sized rural financial institutions include rural commercial banks, rural cooperative banks, and rural credit cooperatives.
Source: The People's Bank of China.

Table 2 All-system Financing Aggregates, Q1 2014

Unit: RMB100 million yuan

	All-system financing aggregates[1]	Of which:						
		RMB loans[3]	Foreign currency-denominated loans (RMB equivalent)	Entrusted loans	Trust loans	Undiscounted bankers' acceptances	Enterprise bonds	Financing by non-financial enterprises via the domestic stock market
Q1 2013	61,654	27,547	4,453	5,235	8,244	6,706	7,573	617
Q1 2014	56,042	30,139	4,253	7,153	2,802	5,592	3,846	975

Notes: 1. All-system financing aggregates refer to the total volume of funds by the financial system to the real economy during a certain period of time. It is a flow rather than a stock value.

2. Data for the current period are preliminary.

3. Data for RMB loans are the historical numbers that were released in the past.

Sources: The People's Bank of China, National Development and Reform Commission, China Securities Regulatory Commission, China Insurance Regulatory Commission, China Government Securities Depository Trust & Clearing Co., Ltd., National Association of Financial Market Institutional Investors, and so forth.

In terms of the financing structure, RMB loans and entrusted loans registered larger growth, while the growth of enterprise bonds, undiscounted bankers' acceptances, and trust loans was muted. First, the share of new RMB loans among all-system financing aggregates rose notably. New RMB loans accounted for 53.8 percent of all-system financing aggregates during the same period, up 9.1 percentage points from the same period of the last year. Second, foreign currency–denominated loans increased by roughly the same amount as during the corresponding period of the last year. Third, the amount of bond financing by enterprises increased month by month, and equity financing activities became somewhat more brisk. The amount of bond financing by enterprises in the first three months posted RMB37.1 billion yuan, RMB101.6 billion yuan, and RMB245.9 billion yuan respectively, and the amount of equity financing by non-financial firms in the first quarter posted RMB97.5 billion yuan, RMB35.8 billion yuan more than that during the same period of the last year. Fourth, the growth of off-balance-sheet financing by financial institutions, trust loans in particular, moderated, accounting for a much smaller share of the all-system financing aggregates. In the first quarter of 2014, the aggregate amount of financing by the real sector via entrusted loans, trust loans, and undiscounted bankers' acceptances posted RMB1.55 trillion yuan, RMB463.8 billion yuan less than that during the same period of the last year and accounting for 27.8 percent of all-system financing aggregates during the same period, down 5.0 percentage points year on year.

V. Deposit and lending rates of financial institutions fluctuated within small margins

In March the weighted average lending rate offered to non-financial institutions and other sectors was 7.18 percent, down 0.02 percentage point from December 2013. In particular, the weighted average interest rate of loans was 7.37 percent, up 0.23 percentage point from December 2013; the weighted average bill financing rate was 6.28 percent, down 1.26 percentage points from December 2013. Home mortgage interest rates rose appreciably. In March, the weighted average home mortgage

Table 3 Shares of Loans with Rates at Various Ranges of the Benchmark Rate, January through March 2014

Unit:%

Month	Lower than the benchmark	At the benchmark	Higher than the benchmark					
			Sub-total	(1.0,1.1]	(1.1,1.3]	(1.3,1.5]	(1.5,2.0]	Above 2.0
January	8.20	22.81	68.99	17.90	27.39	11.00	9.78	2.92
February	7.56	24.96	67.48	20.61	26.09	10.13	8.05	2.60
March	8.35	21.40	70.25	18.81	27.69	11.17	9.56	3.02

Source: The People's Bank of China.

Table 4 Average Interest Rates for Large-value Deposits and Loans Denominated in US Dollars, January through March 2014

Unit:%

Month	Large-value deposits						Loans				
	Demand deposits	Within 3 months	3-6 months (including 3 months)	6-12 months (including 6 months)	1 year	Over 1 year	Within 3 months	3-6 months (including 3 months)	6-12 months (including 6 months)	1 year	Over 1 year
January	0.21	2.41	3.43	3.48	3.54	2.68	2.82	2.90	3.14	2.88	3.56
February	0.20	2.50	3.54	3.68	3.66	3.08	3.08	3.13	3.46	3.10	3.08
March	0.25	2.60	3.68	3.63	3.85	2.72	3.08	3.20	3.35	3.30	3.16

Source: The People's Bank of China.

interest rate was 6.70 percent, up 0.17 percentage point from December 2013.

The shares of loans with interest rates lower or flat with the benchmark rates declined, whereas the shares of loans with interest rates higher than the benchmark rates rose. In March, the shares of loans with interest rates lower than or flat with the benchmark rates were 8.35 percent and 21.40 percent respectively, down 4.12 and 2.72 percentage points from December 2013, and the shares of loans with interest rates higher than the benchmark rates were 70.25 percent, up 6.84 percentage points from December 2013.

Due to the interest-rate movements on international markets and changes in the supply and demand for foreign exchange in China, the deposit and lending rates of foreign currencies at the end of the quarter were generally higher than those at the beginning of the year. In March, the weighted average interest rates of large-value US dollar demand deposits and US dollar deposits with a maturity within 3 months were 0.25 percent and 2.60 percent respectively, up 0.07 and 0.62 percentage point from December 2013. The weighted average interest rates of US dollar loans with a maturity within 3 months and within 3~6 months (including 3 months) were 3.08 percent and 3.20 percent respectively, up 0.42 and 0.38 percentage point from December 2013.

VI. The flexibility of the RMB exchange rate was strengthened in both directions

Since the beginning of 2014, the RMB exchange rate has registered a mild depreciation but has moved in both directions with much stronger flexibility. At end-March, the central parity of the RMB against the US dollar was RMB6.1521 yuan per US dollar, representing a depreciation of 552 basis points, or 0.90 percent, from end-2013. According to calculations by the BIS, in the first quarter of 2014 the NEER and REER of the RMB depreciated by 1.37 percent and 1.09 percent respectively. From the RMB exchange-rate regime reform in 2005 to end-March 2014, the RMB to dollar exchange rate appreciated 30.23 percent, while the RMB nominal effective exchange rate appreciated by 30.23 percent and the RMB real effective exchange rate appreciated by 40.59 percent.

PART 2 Monetary Policy Operations

Since the beginning of 2014, in accordance with the overall arrangements of the State Council, the PBC followed the principle of seeking progress while maintaining stability, continued its sound monetary policy, and made innovations in the conduct of macroeconomic management. The PBC remained sober-minded, maintained a focus on policy measures, neither loosening nor tightening the supply of money, and when necessary conducted fine-tunings and preemptive measures with proper strength. These operations have played an important role in keeping economic growth within an appropriate range.

I. Flexible open market operations

Open market operations were conducted in both directions and in a flexible way to adjust the level of liquidity in the banking system. The PBC strengthened its analysis and monitoring of factors influencing the demand and supply of liquidity in the banking system and the market environment, properly managed the direction, intensity and the pace of open market operations in view of the supply and demand for liquidity in each period, and, combined with the use of short-term liquidity operations (SLOs), adjusted liquidity in both directions when necessary and with proper strength, and guided smooth liquidity flows in the banking system. In response to seasonal features such as large cash deposits and withdrawals around the Spring Festival, the PBC optimized the maturity varieties of open market operations in a timely manner to realize its role in fine-tunings and preemptive measures. Prior to the Spring Festival, the PBC conducted 21-day reversed repo operations to iron out the short-term liquidity volatility caused by seasonal factors; after the Spring Festival, the PBC conducted 14-day and 28-day repo operations based on the cash withdrawal situation to keep the liquidity supply and demand in the banking system balanced. In the first quarter of 2014, a total of RMB525 billion yuan of reversed repo operations was conducted, and the volume of repo operations amounted to RMB870 billion yuan, while the amount SLO operations amounted to RMB100 billion yuan.

The interest rates of open market operations were kept at generally stable levels to guide market expectations. Against the background of a complex and volatile external environment, the PBC strengthened analysis and monitoring of market interest-rate movements and kept interest rates of open market operations at basically stable levels to guide market expectations and promote the stable movement of market interest rates. At end-March, interest rates of 14-day and 28-day repo operations were 3.8 percent and 4.0 percent respectively.

The PBC managed state treasury cash by making time-deposits with commercial banks. In the first quarter of 2014, a total of RMB140 billion yuan of state treasury funds was deposited with commercial banks in three separate operations, including RMB40 billion yuan in three-month time-deposits, RMB50 billion yuan in six-month time-deposits, and RMB50 billion yuan in nine-month time-deposits.

II. Standing Lending Facility (SLF) operations were conducted in an appropriate manner

In the run-up to the 2014 Spring Festival, the PBC provided short-term liquidity support to qualified large commercial banks via the Standing Lending Facility (SLF) to keep money-market liquidity at an appropriate volume, and PBC branch offices in 10 pilot areas, i.e., Beijing. Jiangsu, Shandong, Guangdong, Hebei, Shanxi, Zhejiang, Jilin, Henan, and Shenzhen, provided short-term liquidity support to qualified small- and medium-sized financial institutions, thus helping to stabilize market expectations and promote smooth operations of the money market. After the Spring Festival, as cash gradually returned to the banking system and the situation regarding foreign exchange inflows changed, the PBC, in line with the liquidity situation in the banking system, fully withdrew the liquidity provided via the SLFs during the Spring Festival. In the first quarter of 2014, a total of RMB340 billion yuan of SLF operations was conducted; the outstanding balance at end-March was zero.

III. The dynamic adjustment of the differentiated reserve requirement continued to play a role in counter-cyclical management

The PBC continued to use the dynamic adjustment mechanism of the differentiated reserve requirement as a way to strengthen macro-prudential management. Based on domestic and global economic and financial developments, the soundness of the financial institutions, and implementation of the credit policy, the PBC recalibrated the parameters of the differentiated reserve requirement to guide and encourage financial institutions to beef up credit support to small and micro enterprises, the agricultural sector, rural areas and farmers, and under-developed areas in central and western China. In addition, the inter-bank holding position of financial institutions was factored into the policy parameters of the dynamic adjustment of the differentiated reserve requirement so as to prevent financial risks arising from an excessive expansion of the inter-bank business

IV. A mix of measures was taken to optimize the credit structure

The PBC followed the overall arrangements of the Central Economic Work Conference and the State Council to step up financial services to the real economy, continued to use central bank loans and discounts and the reserve requirement ratio to guide credit structural improvements, enhance coordination between monetary and credit policy and industrial policy and regional development policy, and strengthen the financial sector's capacity to serve the real economy.

The PBC brought into play the role of central bank credit policy lending to ratchet up credit support to the agricultural sector, rural areas and farmers, and small and micro enterprises. In early 2014, the PBC launched new credit policy lending tools, including central bank agro-linked loans and small enterprise–linked loans with preferential lending rates to ease financing difficulties and to reduce high financing costs. Since the beginning of 2014, an aggregate quota of RMB100 billion yuan in central bank credit policy loans was issued, including RMB50 billion yuan of agro-linked loans and RMB50 billion yuan of small enterprise–linked loans.

The toolkit of credit policy operations was enriched to guide financial institutions to optimize the credit structure. The PBC encouraged financial institutions to make use of modern information technologies and management to make innovations in financial products and services and to evaluate the operational performance to support key areas and weak links in the economy in accordance with the policy guidance. Efforts were made to beef up financial support to new types of agricultural entities such as family farms. Consumer finance was further developed. Financial services were improved to promote poverty alleviation and economic development. Financial services were enhanced to improve people's livelihood and to balance regional development. Credit inputs were enhanced to advanced manufacturing industries with a good market outlook, strategic emerging industries, modern IT industries for information utilization, labor-intensive industries, the services sector, transformation and upgrading of traditional industries, green and environment-friendly areas, and so forth. Reasonable funding needs of key ongoing and follow-up projects were guaranteed and efforts were made to support key livelihood projects, such as major infrastructure programs, including railway construction, urban infrastructure, and renovations of shanty dwellings. Lending to heavy energy-consuming, highly polluting industries, and those burdened with overcapacity was strictly controlled. For those enterprises that wanted to consolidate their excess capacity, targeted credit support was provided to support mergers and acquisitions and to address the overcapacity problems. The pilot program of credit asset securitization was expanded to better manage the stock of credit assets.

The credit structure was further optimized. Growth of long- and medium-term loans to the services industry picked up, whereas growth of long- and medium-term loans to industries with overcapacity decelerated. Meanwhile, the strength of credit support for small and micro enterprises and the agricultural sector, rural areas, and farmers was maintained. At end-March, outstanding long- and medium-term loans to the services industry (the tertiary industry, excluding infrastructure and the real-estate sector) posted RMB3.74 trillion yuan, up 15.6 percent year on year, representing an acceleration of 1.9 percentage points over the end of 2013. Specifically, outstanding long- and medium-term loans to the cultural industry posted RMB169.8 billion yuan, up 39.3 percent year on year. Outstanding long- and medium-term loans to industries with an overcapacity stood at RMB2.08 trillion yuan, up 6.0 percent year on year, representing a reduction of 1.5 percentage points from the end of 2013, and outstanding RMB loans to small and micro enterprises grew 16.3 percent year on year, outpacing the growth of total loans by 2.4 percentage points. At end-March, outstanding RMB and foreign currency–denominated agro-linked loans increased 17.7 percent year on year, outpacing the growth of total loans by 4.0 percentage points.

V. Further improvements in the RMB exchange-rate regime

The RMB exchange-rate regime reform was further improved in a self-initiated, controllable, and gradual manner. The market played a greater role in the formation of the RMB exchange rate to enhance two-way flexibility of the RMB exchange rate and to keep the exchange rate basically stable at an adaptive and equilibrium level. On March 15, 2014, in view of the development of the market, to give the market a greater role in exchange-rate pricing and to build a managed floating exchange-rate regime based on market supply and demand, the PBC decided to enlarge the floating band of the exchange rate of the RMB against the US dollar on the inter-bank spot exchange-rate market from 1 percent to 2 percent, effective from March 17, 2014.

In the first quarter of 2014, the central parity of the RMB against the US dollar peaked at RMB6.1521 yuan per dollar and reached a trough of RMB6.0930 yuan per dollar. It appreciated on 22 out of 58 trading days and depreciated on the remaining 36 days, with the largest day-to-day appreciation at 0.17 percent (or 101 points) and the sharpest day-to-day depreciation at 0.18 percent (or 111 points).

The RMB exchange rate moved in both directions against the euro, the Japanese yen, and other major international currencies. At end-March, the central parity of the RMB against the euro and the Japanese yen registered RMB8.4607 yuan per euro and RMB5.9920 yuan per 100 yen, representing a depreciation of 0.49 percent and 3.59 percent respectively from the end of 2013. Beginning from the reform of the RMB exchange- rate regime reform in 2005 to end-March 2014, on a cumulative basis the RMB appreciated 18.36 percent and 21.93 percent against the euro and Japanese yen respectively.

To facilitate bilateral trade and investment between China and New Zealand, on March 19, 2014, direct trading between the RMB and the New Zealand dollar (NZD) was launched on the inter-bank foreign exchange market, and the two currencies began to have a direct exchange rate. Since the launch of direct trading, quotes and trading between the RMB and the NZD were brisk, with narrowed trading spreads. This move helped lower the currency swap costs for economic entities and facilitated the use of the RMB and the NZD in bilateral trade and investment.

Table 5 Trading Volume of the RMB against Other Currencies on the Interbank Foreign-Exchange Spot Market, Q1 2014

Unit: RMB100 million yuan

Currency	USD	Euro	Japanese Yen	HKD	GBP	Australian Dollar	New Zealand Dollar	Canadian Dollar	Malaysian Ringgit	Russian Ruble	Thai Baht
Trading volume	126,553.4	689.1	1,303.8	590.7	32.7	427.5	29.7	1.4	2.4	38.5	0.45

Source: China Foreign Exchange Trade System.

In the first quarter of 2014, based on the local currency swap agreements signed with the PBC, a total of RMB227 billion yuan of currency swap transactions were conducted with overseas monetary authorities. These played an active role in promoting bilateral trade and investment.

Box 1 The Floating Band of the RMB Exchange Rate Was Widened

The Third Plenum of 18th CPC Central Committee called for the decisive role of the market in resource allocations. As the exchange rate is an important factor price and one of the decisive factors in efficiently allocating domestic and international resources, enlarging the floating band of the RMB exchange rate is conducive to enhancing the flexibility of the RMB exchange rate, optimizing the efficiency of capital allocations, further bringing into the decisive role of the market in resource allocations, and accelerating transformation of the growth pattern and making structural adjustments. In recent years, with the development of China's foreign exchange market due to the growing trading volume and the richer variety of products, the means for the corporate sector to manage exchange risks became more abundant, the capacity of market participants to control risks gradually improved, and market participants were more willing to set the trading prices on their own. Therefore, a wider floating band is needed for the further development of the foreign exchange market.

The reform of the RMB exchange–rate regime was conducted in a self-initiated, controllable, and gradual manner, and took into full consideration the economic agents' ability to cope with the reform. In the process of the RMB exchange–rate regime reform, the floating band of the RMB exchange rate was expanded in a gradual manner. The floating band of the RMB exchange rate was 0.3 percent in 1994, 0.5 percent in 2007, and 1 percent in 2012, which was then maintained for about two years until March 2014. The further widening of the RMB floating band reflected gradual and sound reform principles. Based on the above considerations, the People's Bank of China announced on March 15, 2014, that it would expand the floating band of the RMB exchange rate from 1 percent to 2 percent, and the spread between the RMB/USD purchasing and selling prices offered by the designated foreign exchange banks to their clients would be expanded from 2 percent to 3 percent of the published central parity of the US dollar on that day, effective from March 17, 2014.

The widening of the floating band of the RMB exchange rate was well received both at home and abroad. The latest move was seen as a step at an opportune time, which will help curb expectations of a one-way appreciation, restrain inflows of speculative capital, and create conditions for furthering other financial reforms. This is a significant step in the establishment of a market-based floating exchange-rate regime in China. Going ahead, the RMB exchange rate will have sufficient two-way flexibility and will move in both directions, just like other major international currencies.

Since the expansion of RMB exchange–rate

floating band, the foreign exchange market has functioned in a stable manner and the flexibility of the RMB exchange rate has been enhanced in two ways, with the market providing positive feedback. First, the RMB exchange rate fluctuated at a wider margin and its capacity to respond to supply and demand in the foreign exchange market was strengthened. From March 17 to April 30, the average fluctuation between the closing RMB exchange rate and the central parity posted 1.1 percent, with the largest fluctuation at 1,024 basis points, or 1.66 percent, the highest seen since the reform of the RMB exchange-rate regime in 2005. Second, the difference between the exchange rates in the domestic and overseas markets narrowed. From March 17 to April 30, the daily average spread between the RMB/USD exchange rate (CNH) in the Hong Kong market and the closing RMB/USD price in the domestic inter-bank market was 59 basis points, significantly narrower than the daily average of 161 basis points from the beginning of 2014 to the expansion of the RMB exchange–rate floating band. Third, net over-the-counter purchases by commercial banks declined somewhat and supply and demand in the foreign exchange market become more balanced. Meanwhile, the spread between spot US dollar purchasing and selling quotation prices over the commercial banks' counters remained at about 250 basis points, flat with that during the previous periods. Fourth, expectations regarding the RMB exchange rate diverged, thus having a more neutral impact on the corporate sector. The PBC's survey of 2,999 export-oriented enterprises in the first quarter of 2014 showed that enterprises had weaker expectations of a RMB exchange–rate appreciation; 33.1 percent of the enterprises expected the RMB would "depreciate" in the next half-year, up 25.3 percentage points from the previous quarter, whereas 66.9 percent of enterprises expected the RMB would "appreciate"; 41.7 percent of enterprises believed that the recent exchange–rate movement had a positive impact on their operations, 24.6 percent believed it had a negative impact, while 33.7 percent of enterprises thought it was not obvious; there was a substantial increase in acceptance of RMB exchange-rate fluctuations by enterprises as 92.5 percent of enterprises believed that the current fluctuations were within an "acceptable" range, while 7.5 percent of enterprises considered the fluctuations to be "unacceptable," the lowest figure since the survey was first conducted.

Going forward, the reform of the RMB exchange-rate regime will become more market-oriented and the market will play a greater role in determining the RMB exchange rate so as to promote a balanced balance of payments. In the meantime, efforts will be made to develop the foreign exchange market, enrich the varieties of products traded on the market, and expand the width and depth of the market so as to better meet the demands of the corporate sector and residents. In line with the development of the foreign exchange market and the economic and financial market situations, the flexibility of the RMB exchange rate in both directions will be enhanced. The PBC will withdraw from routine interventions in the foreign exchange market and the RMB exchange rate will be kept basically stable at an equilibrium level.

VI. Cross-border RMB business maintained steady growth

The volume of settlements of cross-border trade and investments continued to increase rapidly. According to preliminary statistics, in the first quarter commercial banks processed RMB1.65 trillion yuan of RMB settlements of cross-border trade, up 64 percent year on year. In particular, settlements of trade in goods registered RMB1.09 trillion yuan and settlements in services and other items under the current account registered RMB561.3 billion yuan. Actual RMB receipts and payments in cross-border trade registered RMB541.59 billion yuan and RMB1.1 trillion yuan respectively, resulting in a receipt–payment ratio of 1:2. Bank settlements of cross-border RMB direct investments reached RMB193.09 billion yuan. In particular, outward direct investments settled in RMB totaled RMB27.82 billion, an increase of 2.5 times from the previous year, and foreign direct investments settled in RMB totaled RMB165.27 billion yuan, an increase of 1.1 times from the previous year.

To support the development of the China (Shanghai) Pilot Free Trade Zone, to serve the real economy, and to facilitate trade and investment, starting from February 2014 a number of cross-border RMB business innovations were launched in the China (Shanghai) Pilot Free Trade Zone to encourage cross-border use of RMB.

VII. Deepening the reform of financial institutions

The reform of large commercial banks was deepened. Through continuous reform, the Industrial and Commercial Bank of China (ICBC), the Agricultural Bank of China (ABC), the Bank of China (BOC), the China Construction Bank (CCB), and the Bank of Communications (BOCOM) increasingly improved their modern financial enterprise systems and provided better services to the real economy. Large commercial banks actively

Figure 1 RMB Settlements of Cross-border Trade

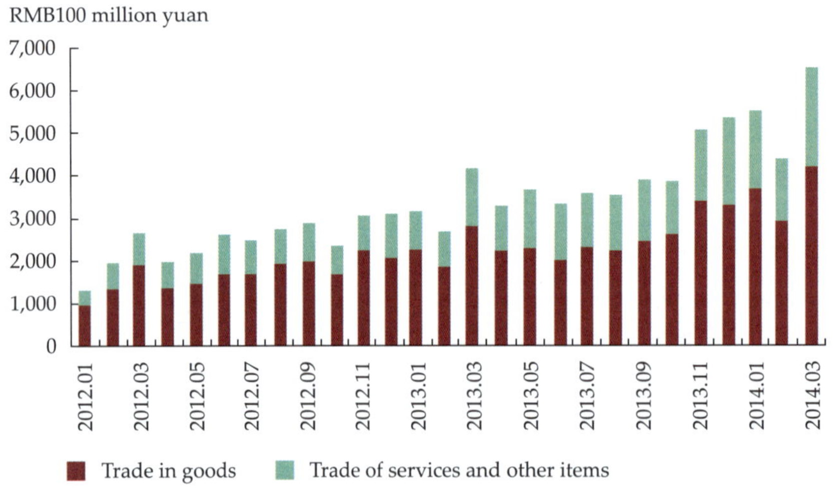

Source: The People's Bank of China.

Table 6 Major Indicators of Performance of Five Large Commercial Banks, End-2013

Unit: RMB100 million yuan, %

	CAR	NPL	Net profits	Net Profits Year-on-year Growth
ICBC	13.12	0.94	2,629.65	10.17
ABC	11.86	1.22	1,662.11	14.52
BOC	12.46	0.96	1,637.41	12.35
CCB	13.34	0.99	2,151.22	11.12
BOCOM	12.08	1.05	624.61	6.82

Source: Annual reports of the ICBC, ABC, BOC, CCB, and BOCOM.

responded to a multiple of challenges, such as the accelerated process of the market-based interest–rate reform and the higher regulatory requirements. By improving the independent pricing and risk management capability, the business of large commercial banks continued its steady growth and their profitability and risk-prevention capability remained elevated.

The reform of the rural credit cooperatives (RCCs) produced remarkable results. First, the quality of assets was improved. At end-March, outstanding NPLs and the NPL ratio of the RCCs were RMB378.97 billion yuan and 3.9 percent respectively, down 0.2 percentage point from the end of 2013; their capital adequacy ratio stood at 10.2 percent. Second, agro-linked loans by RCCs witnessed year-on-year growth. At end-March, outstanding loans of RCCs stood at RMB9.7 trillion yuan, up 5.4 percent from the end of 2013. In particular, outstanding agro-linked loans and lending to rural households stood at RMB6.5 trillion yuan and RMB3.2 trillion yuan respectively, up 3.9 percent and 4.5 percent over the end of 2013. Third, corporate governance of the RCCs made progress. The structure of corporate governance of the RCCs, comprised of a shareholders' representative assembly, a board of trustees (directors), a board of supervisors, and senior management, was in place in the RCCs throughout the country and internal management was strengthened. The property rights of the RCCs were diversified. At end-March, there were 1,672 RCCs, 492 rural commercial banks, and 115 rural cooperative banks with legal-person status at the county (city) level.

Box 2 Financial Support for the Pilot Reform of Rural Credit Cooperatives

In June 2003, the State Council released the Notice on Deepening the Pilot Reform of Rural Credit Cooperatives to deepen the reform of the rural credit cooperatives (hereafter referred to as RCCs) throughout the country. The PBC was responsible for developing and implementing a financial support policy for the pilot scheme (hereafter referred to as the "financial support policy"). After a review was conducted in the first quarter of 2004, a total of 32 batches of special notes was issued, subsequent redemptions and reviews were completed, and an aggregate amount of RMB169.9 billion yuan of such notes was redeemed from the RCCs in 2,408 counties (cities). In addition, a total of RMB1.4 billion yuan in special loans was extended to the RCCs in Xinjiang, Jilin, and Heilongjiang. Thus far, the financial support policy has been fully put into place and the policy goal of "spending some money to introduce a good mechanism" has been basically realized.

The PBC, in line with the principle of taking into account local specificities, providing categorized guidance, preventing moral hazards, and providing ongoing positive incentives, has promulgated and implemented financial support policies and has guided RCCs to gradually upgrade to "higher levels." The size of the issues of the special notes was determined based on 50 percent of the actual insolvent amount of the RCCs at the end of 2002, and the PBC promised it would issue special notes to those provinces where the RCCs had complied with the plans to raise the capital adequacy ratio and to reduce the NPL ratio (the "first level"); special notes were issued to those RCCs that met the compliance and qualification requirements (the "second level"); special notes were redeemed from those RCCs that made substantive progress in having a clear ownership, improved corporate governance, and strengthened internal management (the "third level"). To deepen the reform of the RCCs whose special notes had been redeemed, since 2011 a follow-up monitoring mechanism has been put into place and has been carried out in each year. Based on the results of an examination as part of the positive incentive mechanism, a total of RMB85 billion yuan of central bank agricultural loans was extended. Since 2014 assessment work has been conducted on a regular basis (the "fourth level").

In implementing the financial support polices, the focus is on the following measures: The first is to strengthen the ongoing mechanism for positive incentives. The pace of offering financial support is linked to the progress in the reform of the RCCs, and the focus is on assessing internal controls, transformation of operational management, and improvement in corporate governance. The second is to enhance the cohesion of the polices. Efforts were made to assess local governments in terms of their support to the RCC reforms and to assess the associations of the RCCs at the provincial level for effective performance of their duties. During the advanced stage of the special notes' redemption, the principle of "one set of specific policies for each RCC" was adopted, while local governments were required to step up policy support to effectively solve the redemption difficulties of some RCCs. The third is to reasonably increase financial support to those RCCs located in the old revolutionary base areas, areas inhabited by ethnic minorities, and border and poverty-stricken areas. A total of RMB3.3 billion yuan of the financial support quota was extended to 616 counties (cities) in the above-mentioned areas.

The policy goal of "spending some money to introduce a good mechanism" was basically achieved. First, a mix of policy measures has been put into place and the historical burdens have been effectively resolved. Since the reform of the RCCs, the PBC has provided a total of RMB171.3 billion yuan of financial support to the RCCs, which, together with other support provided by the fiscal and taxation departments, has resulted in a total amount of financial support of RMB260 billion yuan, helping the RCCs effectively resolve their historical burdens. A total of RMB112.5 billion yuan in losses was written off. The RCCs have seen their losses declining by 86 percent and have realized cumulative profits reaching RMB886.3 billion yuan. Second, corporate governance of the RCCs has made progress, and a sustainable development mechanism has been basically established. The property rights of the RCCs have been clarified, the role of shareholders has been enhanced, and a corporate governance structure comprised of the shareholders' representative assembly, the board of directors, the board of supervisors, was operating, with the financial strength of the RCCs improving significantly. At the end of 2013, outstanding deposits and loans of RCCs stood at RMB14.3 trillion yuan and RMB9.2 trillion yuan respectively, an increase of 6.2 times and 5.6 times over the end of 2002. Third, provincial governments assumed responsibilities to regulate the RCCs and to dispose of financial risks according to the law, while the associations of RCCs at the provincial level acted as self-regulatory organizations for the industry by carrying out self-discipline, guidance, coordination, and services. Fourth, the asset quality of the RCCs has seen significant improvements, while the financial risks are under effective control. According to the five-category asset classification approach, as of the end of 2013 outstanding NPLs and the NPL ratio of the RCCs stood at RMB372.3 billion yuan and 4.1 percent respectively, a reduction of RMB287.3 billion yuan and 16.9 percentage points from the end of 2007; the capital adequacy ratio of the RCCs was 12.5 percent, up 12.6 percentage points from the end of 2007. Fifth, the extension of agro-linked loans has increased rapidly and financial services in the rural areas have further improved. As of the end of 2013, RCC agro-linked loans and loans to farmers stood at RMB6.2 trillion yuan and RMB3.0 trillion yuan respectively, an increase of 3 times and 2.6 times over the end of 2007.

During the next stage, efforts will be made to continue to strengthen the role of the RCCs in serving the agricultural sector, rural areas, and farmers. Based on market-based principles, a category-specific approach will be adopted to advance the reform of the RCCs. Private investments will be encouraged to improve the RCCs' sustainable development. The positive incentive mechanism linking policy support and the extension of agro-linked loans will be improved. The reserve requirement ratio, central bank agro-linked loans, and central bank discount policies will continue to play a role, while innovations in policy instruments will be made to support the RCCs and other rural financial institutions and to guide them in improving rural financial services.

VIII. Deepening the reform of foreign exchange administration

Action was taken to facilitate trade and investment. The reform of foreign exchange administration under trade in goods was deepened, and the reform of foreign exchange administration under trade in services was advanced. The pilot program of foreign exchange payments for cross-border e-commerce by payment institutions was expanded. Foreign exchange administration for border trade was improved, and agency receipts of export payments in foreign currency and foreign currency cash settlements of border trade were regulated and facilitated. Continuous efforts were made to streamline administration and to delegate powers to lower-level governments. After abolishing most of the procedures for upfront reviews and approvals, 4 items previously subject to administrative review and approval under foreign exchange administration were abolished, including the purchase and payment of foreign exchange under non-trade items and domestic transfers of foreign exchange.

Steady efforts were made to promote RMB convertibility under the capital account. During the first quarter, a total of USD4.07 billion of the investment quota was approved under the QFII scheme, RMB43 billion yuan of the investment quota under the RQFII scheme, and USD2.36 billion of the investment quota under the QDII scheme. Upfront cost management of outward direct investments was relaxed, and foreign exchange administration for the transfer of foreign debts to loans was simplified. The pilot program of centralized operations of foreign exchange funds of multinational companies was further expanded.

The monitoring and management system for cross-border payments and receipts was strengthened. Monitoring of cross-border capital inflows and outflows was further strengthened. Efforts were made to promote system integration and data sharing and to enhance ex-post monitoring and analysis and off-site supervisory capacity. Reviews of abnormal capital inflows were strengthened.

PART 3 Financial Market Analysis

In Q1 2014 the performance of China's financial market was healthy and stable. Growth of transactions on the money market moderated and market rates declined considerably; the volume of bond transactions dropped year on year, while the volume of bond issuances increased; indices on the Shanghai and Shenzhen stock exchanges edged down amid fluctuations, and turnover on the stock markets increased slightly.

I. Financial Market Analysis

1. Growth in the volume of trading on the money market moderated and market interest rates declined considerably

Growth in the volume of bond repo moderated on the inter-bank market and turnover of inter-bank borrowings declined year on year. In the first quarter of 2014, the turnover of bond repos on the inter-bank market totaled RMB38.8 trillion yuan, with an average daily turnover of RMB647.4 billion yuan, an increase of 2.7 percent year on year, continuing a slowing-down trend. Turnover of inter-bank borrowings reached RMB7.1 trillion yuan, with an average daily turnover of RMB118.9 billion yuan, down 30.6 percent year on year. In terms of the maturity structure, overnight products still dominated bond repo and inter-bank borrowing transactions, though their share in the volume of total trading declined somewhat. In the first quarter of 2014, overnight bond repos and overnight inter-bank borrowings accounted for 78.1 percent and 79.0 percent of their total turnovers respectively, down 4.1 and 6.2 percentage points from the previous year. Total turnover of government securities repos on the stock exchanges soared 62.2 percent year on year to RMB19.1 trillion yuan, displaying a trend of rapid growth.

In terms of financing among financial institutions, the flow of funds had the following characteristics: first, although large banks remained net fund providers, the amount of their net lending declined notably; second, securities firms, fund management companies, and small- and medium-sized banks remained net fund borrowers, and their net borrowings registered large year-on-year growth, in particular that of securities firms and fund management companies; third, the demand for financing of other financial institutions and products and of insurance companies registered a large year-on-year decline.

Transactions of RMB interest-rate swaps became more brisk. In the first quarter of 2014, the aggregate notional principal of RMB interest-rate swaps amounted to RMB806.73 billion yuan, an increase of 9.4 percent year on year. In terms of the maturity structure, RMB interest-rate swaps with maturities within one year traded most briskly, and their aggregate notional principal amounted to RMB646.17 billion yuan, accounting for 80.1 percent of the total. In terms of the reference rate, the base rate of the floating end of the RMB interest-rate swaps mainly included the 7-day fixing

Table 7 Fund Flows among Financial Institutions, Q1 2014

Unit: RMB100 million yuan

	Repos		Inter-bank borrowing	
	Q1 2014	Q1 2013	Q1 2014	Q1 2013
Domestically-funded large banks[1]	-114,857	-127,464	-12,716	-19,508
Domestically-funded small- and medium-sized banks[2]	32,693	27,354	-7,179	-6,580
Securities and fund management companies	48,336	38,383	14,147	12,690
Insurance companies	11,762	18,544	35	0
Foreign-funded financial institutions	1,589	5,903	-2,147	3,311
Other financial institutions and vehicles[3]	20,478	37,280	7,860	10,087

Notes: 1. Domestically-funded large banks include the Industrial and Commercial Bank of China, the Agricultural Bank of China, the Bank of China, the China Construction Bank, the China Development Bank, the Bank of Communications, and the Postal Savings Bank of China.
2. Domestically-funded small- and medium-sized banks include the China Merchants Bank and sixteen other medium-sized banks, small-sized city commercial banks, rural commercial banks, rural cooperative banks, and village and township banks.
3. Other financial institutions and vehicles include urban credit cooperatives, rural credit cooperatives, finance companies, trust and investment companies, financial leasing companies, asset management companies, social security funds, investment companies, corporate annuities, and other investment vehicles. Some of these financial institutions and vehicles do not participate in the inter-bank funding market.
4. A negative sign indicates net lending and a positive sign indicates net borrowing.
Source: China Foreign Exchange Trade System.

Table 8 Transactions of Interest-Rate Derivatives, Q1 2014

	Interest-rate swaps		Bond forwards		Forward-rate agreements	
	Transactions (lots)	Amount of notional principal (RMB100 million yuan)	Transactions (lots)	Amount (RMB100 million yuan)	Transactions (lots)	Amount of notional principal (RMB100 million yuan)
Q1 2013	5,533	7,375.8	1	1.0	—	—
Q1 2014	8,878	8,067.3	—	—	—	—

Source: China Foreign Exchange Trade System.

repo rate and the Shibor, and their notional principals accounted for 83.9precent and 15.0 percent of the total respectively.

Money-market rates fluctuated before and after the Spring Festival and thereafter saw a steady downward trend. In the first quarter of 2014, as the RMB counterpart for holding foreign exchange reserves registered a large increase and fiscal deposits released more funds, the PBC carried out repo, reserve repo, and SLO operations on the open market and expanded the eligibility of the SLF operation in order to anchor market expectations. As a result, the supply of funds on the market was reasonably stable and the volatility of market interest rates around the Spring Festival was significantly lower than in past years. In March, the weighted average interest rate of bond-pledged repo and inter-bank borrowings posted 2.48 percent and 2.49 percent respectively, down 1.80 and 1.67 percentage points from December 2013 and at par with those during the same period of the last year. At end-March, overnight and 7-day Shibor rates posted 2.80 percent and 4.18 percent respectively, down 35 and 107 basis points from end-2013; 3-month and 1-year Shibor rates were 5.50 percent and 5.00 percent respectively, down 6 basis points and up 4 basis points from end-2013.

Box 3 Issuance and Trading of Certificates of Deposits on the Inter-bank Market

As the market-based interest-rate reform has been steadily advanced, most interest rates have been market-based, such as the inter-bank lending rate, the bond rate, the commercial paper rate, and the bank lending rates. The only control is over the ceiling of the deposit rates of financial institutions. International experience shows that issuing certificates of deposits (hereafter referred to as CDs) and gradually expanding the self-pricing range of financial products is a feasible way to realize market pricing of the deposit rate. CDs are certificates issued by commercial banks or by depository institutions for deposits. CDs, as one kind of certificate of deposits, are a book-entry time-deposit certificate issued by depository financial institutions to peer institutions in the inter-bank market. In recent years, with the rapid development in inter-bank financing, interest rates on the inter-bank market have been market-based, laying a solid foundation for the issuance of inter-bank certificates of deposits.

In December 2013, the PBC issued the Provisional Rules on the Management of Inter-bank Certificates of Deposits. Thereafter, ten financial institutions, including the Bank of China, the China Construction Bank, and the China Development Bank, issued the first batch of inter-bank CDs, and later on conducted transactions on the secondary market, supported by the two-way quotation and market-making system for inter-bank CDs. As of end-March 2014, a total of 25 CDs had been issued, with an aggregate amount of RMB68.77 billion yuan and a transaction volume of RMB5.58 billion yuan on the secondary market. The inter-bank CD market has assumed initial shape and its influence in the market has gradually expanded.

As an inter-bank financing instrument used by depository financial institutions in a market-based way, inter-bank CDs, an important instrument on the money market, have the following characteristics. First, they are issued and traded by members of the inter-bank market. Inter-bank CDs are issued by deposit-taking banking financial institutions and are traded among members of the inter-bank funding market, fund management companies, and fund products. Second, a market-based pricing principle has been adopted. The issue price of inter-bank CDs is market-determined and their interest rates are Shibor-based on fixed or floating rates. Third, the distribution of inter-bank CDs is standardized and transparent. Inter-bank CDs are issued electronically and are placed on the inter-bank market in a private or public way. The annual issuance plan, public announcement, and other relevant information are posted on www.chinamoney.com.cn and the official Web site of the Shanghai Clearing House. Fourth, inter-bank CDs are fairly liquid on the secondary market. CDs that are publicly placed are negotiable and can be used as underlying assets for repo transactions.

As a pilot program for large-value certificates of deposits, the launch of inter-bank CDs will help broaden the financing channels for deposit money banks, improve liquidity management of financial institutions, improve transparency in the pricing of inter-bank business, guide and regulate the development of inter-bank business, and promote the stable operation of the inter-bank market. In addition, it is conducive to expanding the market base of Shibor applications, to support the benchmark for medium- and long-term Shibor rates, and to further improve the financial market benchmark interest-rate mechanism. As the market-based interest-rate pricing self-disciplinary mechanism of financial institutions continuously improves, more financial institutions that comply with the prudential requirements will become members of the self-disciplinary mechanism and will be able to issue interbank CDs on the inter-bank market after making relevant information disclosures. During the next stage, after taking stock of the relevant experiences, CDs will be issued to enterprises and individuals in a gradual manner so as to further increase market-based pricing of the liability products of commercial banks and to promote market-based interest-rate reform of bank deposits.

2. Bond transactions saw a year-on-year decline whereas bond issuances continued to increase

The turnover of spot bond transactions on the inter-bank market declined year on year. In the first quarter of 2014, a total of RMB7.1 trillion yuan of bonds was traded, with a daily average of RMB118.2 billion yuan, down 67.3 percent year on year. In terms of trading entities, domestically-funded large banks changed from long-time net purchasers to net sellers, with net selling of RMB80.6 billion yuan in the first quarter of 2014; domestically-funded small- and medium-sized banks, and securities and fund management companies sold RMB215.5 billion yuan and RMB15.5 billion yuan respectively of bonds on a net basis; other financial institutions and products, foreign-funded financial institutions, and insurance companies were mainly net bond purchasers, with net purchases of RMB198.5 billion yuan, RMB88.7 billion yuan, and RMB24.5 billion yuan respectively. A total of RMB29.2 billion yuan of spot government securities was traded on the stock exchanges in the first quarter of 2014, RMB8.7 billion yuan more year on year.

Bond indices rose slightly. The China Bond Composite Index (net price) rose from 96.03 points in early January to 97.37 points at end-March, up 1.40 percent, whereas the China Bond Composite Index (full price) rose from 107.44 points to 109.20 points, up 1.64 percent. The Government Securities Index on the stock exchanges rose from 139.62 points in early January to 140.54 points at end-March, up 0.66 percent.

The yield curves of government securities on the inter-bank market became somewhat steeper. At end-March, the average yields of 6-month, 1-year, 5-year, and 7-year government securities were 69, 52, 6, and 11 basis points lower than those in early January respectively, whereas yields of government securities above 10 years were at par with those in early January and showed a trend of shifting downward at the short-ends and leveling off at the medium-

Figure 2 Yield Curves of Government Securities on the Interbank Bond Market

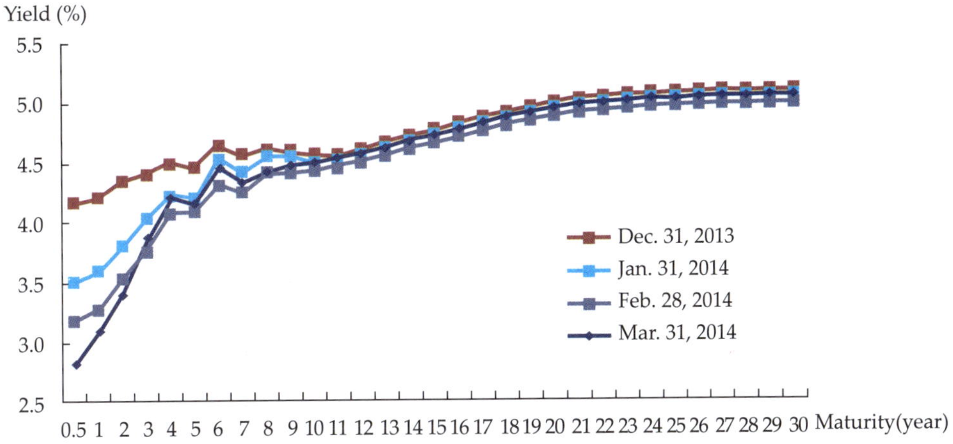

Source: China Government Securities Depository Trust and Clearing Co., Ltd..

and long-ends.

The volume of bond issuances expanded. In the first quarter of 2014, a total of RMB2.12 trillion yuan of bonds (including central bank bills) was issued, RMB168 billion yuan more than that issued during the same period of the last year. In particular, the issuance of financial bonds registered large year-on-year growth, whereas the issuance of government securities and corporate debenture bonds declined year on year. Among the corporate debenture bonds, the issuance of debt-financing instruments by the non-financial corporate sector continued to increase. At end-March, outstanding bonds posted RMB30.9 trillion yuan, an increase of 12.3 percent year on year.

The issuance rates of government securities picked up, whereas the issuance rates of corporate debenture bonds declined. The interest rate of 10-year government bonds issued in March 2014 was 4.42 percent, up 34 basis points from those of the same maturity issued in November 2013; the interest rate of the tenth batch of bonds issued by the China Development Bank in March 2014 was 5.90 percent, up 86 basis points from those of the same maturity issued in December 2013; the interest rate of short-term financing bills (rated A-1) issued by enterprises (rated AAA) in March 2014 was between 5.15 percent and 6.20 percent, lower than the range of 6.25 percent and 6.80 percent in December 2013; the interest rate of 7-year enterprise bonds (rated AAA) issued by enterprises (rated AA) was between 7.00 percent and 7.18 percent, lower than the range of 7.90 percent and 8.00 percent in December 2013. The Shibor played a greater role in bond pricing. In the first quarter of 2014, the 144 fixed-rate enterprise bonds were all based on the Shibor, with a gross issuance volume of RMB169.5 billion yuan; a total of RMB230.4 billion yuan of fixed-rate short-term financing bills was issued based on the Shibor, accounting for 96 percent of the total.

Table 9 Issuance of Major Bonds, Q1 2014

Type of bonds	Issuance (RMB100 million yuan)	Year-on-year growth (RMB100 million yuan)
Government securities[1]	2,140	-493
Central bank bills	0	0
Financial bonds[2]	8,684	2,296
Of which: Financial bonds issued by the China Development Bank and policy financial bonds	6,630	1,734
Corporate debenture bonds[3]	10,423	-194
Of which: Debt-financing instruments of non-financial enterprises	8,475	997
Enterprise bonds	1,705	-456
Corporate bonds	169	-670
Total	21,247	1,680

Notes: 1. Including municipal bonds issued by the Ministry of Finance on behalf of local governments.

2. Including financial bonds issued by the China Development Bank, policy financial bonds, ordinary bonds issued by commercial banks, subordinated bonds issued by commercial banks, hybrid bonds issued by commercial banks, bonds issued by securities firms, and so forth.

3. Including debt-financing instruments issued by non-financial enterprises, enterprise bonds, corporate bonds, convertible bonds, bonds with detachable warrants, privately placed SME bonds and so forth.

Sources: The People's Bank of China, National Development and Reform Commission, China Securities Regulatory Commission, and China Government Securities Depository Trust and Clearing Co., Ltd..

3. The volume of bill financing declined slightly and bill-financing rates showed a downward trend

The bill acceptance business grew appreciably. In the first quarter of 2014, commercial bills issued by enterprises totaled RMB5.7 trillion yuan, up 4.5 percent year on year; outstanding commercial bills posted RMB9.5 trillion yuan at end-March 2014, representing an increase of RMB449.8 billion yuan from the beginning of the year and up 2.6 percent year on year. In terms of the issuing entities, outstanding bankers' acceptance bills were mainly issued by enterprises in the manufacturing, wholesale, and retail industries, with small- and medium-sized enterprises issuing about two-thirds of the total.

The outstanding volume of bill financing declined, and the bill-financing rates showed a downward trend. In the first quarter of 2014, financial institutions discounted RMB10.8 trillion yuan of commercial bills on a cumulative basis, representing year-on-year growth of 13.7 percent; at end-March the outstanding balance of accepted drafts posted RMB1.9 trillion yuan, representing a decline of 12.5 percent year on year. At end-March, the outstanding balance of accepted drafts declined by RMB75.6 billion yuan from the beginning of the year, with a deceleration of RMB178.5 billion yuan year on year and accounting for 2.5 percent of all categories of loans, down 0.8 percentage point from the corresponding period during the last year. In the first quarter of 2014, liquidity in the banking system was generally abundant and money-market rates showed a downward trend. Due to balanced demand and supply in the bill market, bill-financing rates on the bill market moved downward.

4. Stock indices declined and turnover on the stock markets increased slightly

Stock indices declined while the Growth Enterprise Board Index continued to rise. At end-March, the Shanghai Stock Exchange Composite Index and the Shenzhen Stock Component Index closed at 2,033 and 1,040 points respectively, shedding 3.9 percent and 1.7 percent from end-2013. The Growth Enterprise Board (GEB) Index (Chinext Price Index) of the Shenzhen Stock Exchange closed at 1,328 points, gaining 1.8 percent from end-2013. The weighted average P/E ratio on the A-share market of the Shanghai Stock Exchange declined from 11.0 times at end-2013 to 10.7 times at end-March 2014, while that of the Shenzhen Stock Exchange plunged from 28 times to 25.6 times.

Trading volume on the stock markets increased somewhat. In the first quarter of 2014, turnover on the Shanghai and Shenzhen stock exchanges totaled RMB12.2 trillion yuan, up 8.7 percent year on year, and the daily turnover averaged RMB210.2 billion yuan, up 4.1 percent from the previous quarter. Among this total, the volume of transactions on the GEM Board amounted to RMB1.9 trillion yuan, representing an increase of 15.8 percent from the previous quarter. At end-March 2014, the combined market capitalization of the Shanghai and Shenzhen exchanges posted RMB19.7 trillion yuan, down 1.3 percent from end-2013; the market capitalization on the GEM Board amounted to RMB926.6 billion yuan, a hike of 12.7 percent from end-2013.

The amount of equity financing increased year on year. In the first quarter of 2014, a total of RMB134.4 billion yuan was raised by enterprises and financial institutions on domestic and overseas stock markets by way of IPOs, additional offerings, rights issuances, and warrant exercises, representing an increase of RMB26.1 billion yuan year on year. Among this total, RMB116.5 billion yuan was raised on the A-share market, RMB31.1 billion yuan more than that raised during the same period of the last year.

5. Investment assets accounted for a larger share of total insurance assets

In the first quarter of 2014, total premium income in the insurance industry amounted to RMB700 billion yuan, representing year-on-year growth of 35.9 percent, and total claim and benefit payments amounted to RMB185.9 billion yuan, representing year-on-year growth of 25.0 percent. Specifically, total claim and benefit payments in the property-insurance

Table 10 Use of Insurance Funds, End-March 2014

Unit: RMB100 million yuan, %

	Outstanding balance		As a share of total assets	
	End-March, 2014	End-March, 2013	End-March, 2014	End-March, 2013
Total assets	89,459	76,686	100.0	100.0
Of which: Bank deposits	25,031	23,992	28.0	31.3
Investments	57,197	46,875	63.9	61.1

Source: China Insurance Regulatory Commission.

sector increased 14.3 percent, while those in the life-insurance sector increased 35.2 percent.

Growth of insurance assets gained traction and the share of investment assets continued to rise. At end-March 2014, total assets in the insurance industry posted RMB8.9 trillion yuan, representing an increase of 16.7 percent year on year and an acceleration of 4 percentage points from end-2013. Among this total, bank deposits increased 4.3 percent year on year, while investment-linked assets increased 22.0 percent.

6. Swap transactions on the foreign exchange market increased rapidly

In the first quarter of 2014, the turnover of RMB/foreign exchange spot transactions totaled USD1,105.6 billion, representing an increase of 21.2 percent year on year. The turnover of RMB/foreign exchange swap transactions totaled USD1002 billion, representing an increase of 38.2 percent year on year. Among this total, overnight USD swap transactions amounted to USD459.9 billion, accounting for 45.9 percent of the total; the turnover in the RMB/foreign exchange forward market totaled USD13.6 billion, representing an increase of 548.3 percent year on year. The turnover of foreign-currency pair transactions amounted to USD15.6 billion, a decline of 11.3 percent year on year. In particular, the Euro/USD accounted for the lion's share, or 44.3 percent, down 20 percentage points from the same period of the last year.

The number of participants on the foreign exchange market increased further. At end-March 2014, there were 420 members on the foreign exchange spot market, 90 members on the foreign exchange forward market, 89 members on the foreign exchange swap market, 81 members on the currency swap market, and 33 members on the foreign exchange options market. In addition, there were 31 market-makers on the spot market and 27 market-makers on the forward and swap markets.

7. The price of gold rebounded

The price of gold stabilized and rebounded before dropping slightly. In the first quarter of 2014, the price of gold on the international market reached a peak of USD1,385.0 per ounce and a trough of USD1,221.0 per ounce, and it closed at USD1,291.8 per ounce at end-March, a rise of USD90.3 from the end of the last year, or up 7.5 percent. The movement in the price of domestic gold kept pace with that on the international market. The highest price (AU9999) on the Shanghai Gold Exchange was RMB273.6 yuan per gram, and the lowest price was RMB238.9 yuan per gram. At end-March, the price of gold on the domestic market closed at RMB257.8 yuan per gram, a rise of RMB21.3 yuan from the end of the last year, or up 9.0 percent. In the first quarter, the weighted price averaged RMB255.2 yuan per gram.

The volume of transactions on the Shanghai Gold Exchange increased steadily. In the first quarter of 2014, the trading volume of gold was 3,402 tons, an increase of 76.1 percent year on year, and the turnover posted RMB8,717.1 billion yuan, an increase of 37.7 percent year on year. The trading volume of silver was 93,687 tons, an increase of 72.9 percent year on year, and the turnover posted RMB390.8 billion yuan, an increase of 16.3 percent year on year. The trading volume of platinum was 20 tons, an increase of 37.3 percent year on year, and the turnover posted RMB5.9 billion yuan, an increase of 20.8 percent year on year.

II. Institutional building in the financial market

1. Promoting the sound development of the inter-bank bond market

Efforts were made to steadily promote infrastructural building on the inter-bank bond market. On January 28, 2014, the PBC issued the *Notice on the Establishment of an OTC Financial Derivatives Centralized Clearing Mechanism and Issues Related to the Centralized Clearing of the RMB Interest-Rate Swap Business* (PBC Document [2014] No.29). The establishment of the OTC derivatives centralized clearing mechanism was of great significance for safe and efficient operations and the sound development of the OTC financial derivatives market.

Commercial banks' investments of funds from the issuance of wealth management products on the inter-bank bond market were regulated. Both the conditions for commercial banks to open bond accounts in the inter-bank bond market with such funds and the requirements for managers and custodians of the bond accounts were clearly prescribed and market entry procedures were specified.

2. Improving institutional arrangements in the securities market

The pilot program of preferred stocks was promoted. On March 21, the CSRC issued the *Administrative Rules on the Pilot Program of Preferred Stocks*, specifying that both listed and non-listed companies can issue preferred stocks. In particular, eligible listed companies mainly include the following: first, the listed companies should have ordinary shares of the constituent stocks on the SSE 50 Index; second, the issuance of preferred stocks is intended as a means of payment to acquire or merge with another listed company; third, companies that wish to repurchase common stocks for the purpose of reducing registered capital can publicly issue preferred stocks as a means of payment. Non-listed public companies can only issue preferred stocks to eligible investors, and the number of subscribers to each issue is subject to a limit of 200, and the number of subscribers with the same terms and conditions should not exceed 200. The launch of the preferred stock program will help accelerate the development of direct financing, support M&A activities, increase the varieties of securities products, and provide investors with diversified investment channels.

Steadily promoting reform of the Growth Enterprise Board. The financial threshold for first-time issues on the Growth Enterprise Board was lowered, and the issue conditions were simplified; the coverage of market services was expanded, and enterprises that wish to be listed on the Growth Enterprise Board are no longer limited to 9 main industries; a refinancing system tailored to the characteristics of the Growth Enterprise Board was established; the system of mergers and acquisitions on the Growth Enterprise Board was improved; a refinancing system consistent with the characteristics of the Growth Enterprise Board was launched; the rules for information disclosure for initial offerings on the Growth Enterprise Board were improved; and market exit measures were strictly enforced to protect the legitimate rights and interests of investors.

The scope of investments for QFIIs and RQFIIs was further relaxed. On March 19, the Shanghai Stock Exchange issued the *Implementation Rules on Securities Transactions by Qualified Foreign Institutional Investors and RMB Qualified Foreign Institutional Investors*. According to the Rules, QFIIs and RQFIIs can invest in a number of new financial instruments, such as preferred stocks, policy financial bonds, and asset-backed securities, in addition to stocks, bonds, mutual funds, and warrants. Meanwhile, the ceiling of holdings by all overseas investors in a single listed company on the A-share market was relaxed from 20 percent to 30 percent.

On April 10, the China Securities Regulatory Commission and the Securities and Futures Commission of Hong Kong released a *Joint Announcement* to approve the launch of the Shanghai–Hong Kong Exchanges Connectivity Mechanism (SHSECM) pilot program. After the launch of the SHSECM pilot program, investors in mainland China and Hong Kong markets can entrust local securities companies (brokers) to trade eligible shares listed on the other's markets through an order-routing service provided by the Shanghai Stock Exchange and the Stock Exchange of Hong Kong Ltd. (SEHK). The pilot program of the Shanghai–Hong Kong stock exchanges connectivity mechanism will help strengthen the linkage of capital markets in mainland China and Hong Kong, further promote capital market development in mainland China and Hong Kong, and facilitate the process of RMB internationalization.

3. Improving institutional arrangements in the insurance market

The insurance business was further regulated. Commercial banks' agency sales of insurance products were regulated. Insurance companies and commercial banks are required to sell the right products to the right persons, so as to protect low-income people, the elderly, and other specific groups of people while banks are encouraged to sell risk-protection products and long-term savings products on an agent basis. High cash-value products were regulated. The definitions of high-value cash products, product size, sales qualifications of insurance companies, and the upper limit of sales costs, and so forth were specified; the solvency ratio of insurance companies that sell high-value cash products shall be no less than 150 percent.

The market-based reform of insurance fund investments was accelerated. Insurance investment assets were divided into five major categories, i.e., liquidity assets, fixed-income assets, equity assets, real-estate assets, and other financial assets. Restrictions on the shares of some specific products were lifted, and requirements for risk concentration were established, so as to enhance the monitoring of asset liquidity and other indicators. A dynamic adjustment mechanism was established and a multi-layer ratio supervisory framework was preliminarily put in place. In addition, the CIRC allowed insurance funds to be invested in shares of companies listed on the Growth Enterprise Board, and it launched a pilot program of allowing stocks of funds from previous insurance policies to be invested in blue-chip companies.

The reputation of the insurance company risk management was strengthened. It is clearly stipulated that reputational risk management should be integrated into the overall risk management system of insurance companies. Insurance companies shall establish the necessary systems and mechanisms to identify and address reputational risks and to deal with reputational events, and the board of directors of insurance companies should assume ultimate responsibility for reputational risk management. In the meantime, supervision of the reputational risk of insurance companies was also included in the overall solvency regulatory framework.

4. Steadily promoting innovation and development in the gold and foreign exchange markets

Continued efforts were made to improve the institutional arrangements and to promote product innovation in light of market demand on the gold market. The Shanghai Gold Exchange promulgated and released the *General Agreement on the Gold Leasing Business of the Shanghai Gold Exchange* (2013 version) to promote the gold leasing business. In addition, the Shanghai Gold Exchange launched the mini gold AU(T+D) contract with 100 grams per lot and adjusted the amount of the AU99.99 gold contract from 100 grams per lot to 10 grams per lot to further meet investor demands.

Institutional arrangements in the foreign exchange market were improved and a foreign exchange options brokerage business was launched for money brokerage companies.

PART 4 Macroeconomic Analysis

I. Global economic and financial developments

The global economy continues to improve. The U.S. economy is steadily recovering and the negative impact of the severe weather has gradually diminished. The euro area faces a weak recovery, while the risk of deflation is on the rise. Japanese economic growth has slowed down, with a trade deficit for 21 successive months and greater fiscal pressures. The emerging market economies are facing larger downward pressures, while some economies are experiencing political instability, financial market turmoil, and rising risks. Rising geopolitical risks have become a global economic challenge.

1. Economic development in the major economies

The U.S. economy is recovering stably. Mainly affected by the severe weather, the U.S. GDP growth rate (quarter on quarter and annualized) slowed to 0.1 percent. As industrial production turned for the better and expansion of the manufacturing and service sectors accelerated, the PMI index for the manufacturing and non-manufacturing sectors, released by the Institute for Supply Management (ISM), rose to 53.7 and 53.1, respectively, in March. The unemployment rate in March remained at 6.7 percent and the inflation rate was still at a low level. To some extent, short-term fiscal risks have eased. At the end of March 2014, the fiscal deficit of the federal government in fiscal year 2014 were USD413.3 billion, USD187.0 billion less than that during the same period of the last year.

The euro area continued its weak recovery. In 2013, GDP declined by 0.4 percent and the growth rate in the fourth quarter was 0.3 percent quarter on quarter, marking the third quarter of positive growth. In March 2014, the Euro Area Economic Sentiment Indicator rose to 102.5, the highest since August 2011; and the comprehensive Purchasing Managers Index (PMI) registered at 53.1, exceeding the 50-point threshold for nine successive months. The unemployment rate was still high and inflation remained low. In March, the unemployment rate was 11.8 percent, while the Harmonized Index of Consumer Prices (HICP) was up 0.5 percent year on year.

The Japanese economy slowed down, but deflation eased. The GDP growth rate was 1.5 percent in 2013, and in the fourth quarter it was 0.7 percent, an apparent decrease from the first half of the year. Influenced by the consumption tax hike, the Consumer Confidence Index began to slide in November 2013 and by March 2014 it had declined to 37.5, the lowest level since September 2011. The depreciation of the Japanese yen has pushed up import costs, and in March the trade deficit reached 1.4 trillion yen, the 21st successive month of a trade deficit. The core CPI in the first three months of the year registered 1.3 percent, which represented a record high in the recent five years. In March, the unemployment rate had decreased to

Table 11 Macroeconomic and Financial Indices in the Major Economies

Country	Index	2013 Q1			2013 Q2			2013 Q3			2013 Q4			2014 Q1		
		Jan.	Feb.	Mar.	Apr.	May	Jun.	Jul.	Aug.	Sept.	Oct.	Nov.	Dec.	Jan.	Feb.	Mar.
United States	Real GDP growth rate (annualized quarterly rate, YOY, %)	1.1			2.5			4.1			2.6			0.1		
	Unemployment rate (%)	7.9	7.7	7.5	7.5	7.5	7.5	7.3	7.2	7.2	7.2	7.0	6.7	6.6	6.7	6.7
	CPI (YOY, %)	1.6	2.0	1.5	1.1	1.4	1.8	2.0	1.5	1.2	1.0	1.2	1.5	1.6	1.1	1.5
	DJ industrial average(closing number)	13,861	14,054	14,579	14,840	15,116	14,910	15,500	14,810	15,192	15,237	16,086	16,577	15,699	16,322	16,458
Euro Area	Real GDP growth rate (annualized quarterly rate, YOY, %)	-0.2			0.3			0.1			0.2					
	Unemployment rate (%)	12.0	12.0	12.0	12.0	12.0	12.0	12.0	12.0	12.0	11.9	11.9	11.8	11.8	11.8	11.8
	HICP (YOY, %)	2.0	1.8	1.7	1.2	1.4	1.6	1.6	1.3	1.1	0.7	0.9	0.8	0.8	0.7	0.5
	EURO STOXX 50(closing number)	2,703	2,634	2,624	2,712	2,770	2,603	2,768	2,721	2,893	3,068	3,087	3,109	3,014	3,149	3,162
Japan	Real GDP growth rate (annualized quarterly rate, YOY, %)	4.5			4.1			0.9			0.7					
	Unemployment rate (%)	4.2	4.3	4.1	4.1	4.1	3.9	3.9	4.1	4.0	4.0	3.9	3.7	3.7	3.6	3.6
	Core CPI (YOY, %)	-0.2	-0.3	-0.5	-0.4	0.0	0.4	0.7	0.8	0.7	0.9	1.2	1.3	1.3	1.3	1.3
	Nikkei 225 (closing number)	11,139	11,559	12,398	13,861	13,775	13,677	13,668	13,389	14,456	14,328	15,662	16,291	14,915	14,841	14,828

Source: Statistical bureaus and central banks of the relevant economies.

3.6 percent, revealing a stable employment environment.

Some emerging market economies encountered financial market turmoil. In January 2014, the Federal Reserve started moderating the pace of asset purchases, Argentina and some other emerging market economies experienced financial turbulence, featuring capital outflows and a dramatic depreciation of the local currencies. Since March, the financial markets of the emerging market economies have calmed down, while some countries may still face difficulties due to deteriorating economic fundamentals, domestic political turbulence, and rising geopolitical risks. Overall, the economic fundamentals in the emerging market economies are still sound and the depreciation and interest-rate adjustments have been useful in absorbing shocks. Some emerging market economies improved their capability to deal with risks through policy adjustments and structural reforms, and there is a low probability that they will see a large drop in their economic growth rates or a full-blown crisis.

2. Developments in global financial markets

The financial markets of the major advanced economies, such as the U.S. and the U.K., were stable, and government bond yields declined. The financial markets of some emerging market economies experienced turbulence, with local currencies depreciating dramatically, government bond yields rising, and stock indices falling.

The euro, pound sterling, and yen appreciated slightly against the US dollar, while the currencies of some emerging market economies depreciated dramatically against the US dollar. On March 31, the euro, pound sterling, and yen closed at 1.38 dollar per euro, 1.67 dollar per pound sterling, and 103.20 yen per US dollar, up 0.2 percent, 0.6 percent, and 2.0 percent respectively compared with the end of the last year,. During the same period, the currencies of some emerging market economies depreciated dramatically against the US dollar, with the Ukrainian hryvnia, the Argentinian peso, and the in Russian ruble depreciating 22.3 percent, 18.5 percent, and 6.1 percent respectively.

The USD Libor and Euribor fluctuated at a subdued level. On March 31, the one-year Libor was 0.5581 percent, 2.5 basis points lower than that at the end of the last year; the one-year Euribor was 0.59 percent, up 3.4 basis points compared with the end of the last year.

Government bond yields in the advanced economies declined, while those in some of the emerging market economies rose. On March 31, 10-year government bond yields in the U.S., Germany, and Japan closed at 2.72 percent, 1.57 percent, and 0.65 percent respectively, declining 28 basis points, 37 basis points, and 9 basis points since the end of the last year. During the same period, government bond yields in some emerging market economies rose quickly, with two-year government bond yields in Ukraine and Argentina and 10-year government bond yields in Russia rising by 300 basis points, 99 basis points, and 122 basis points, respectively.

The stock markets fluctuated slightly in the U.S. and Europe, while the stock indices in Japan and some emerging market economies dropped. On March 31, the Dow Jones Industrial Average and the EURO STOXX 50 closed at 16,458 and 3,162 respectively, which were basically the same as that during the last year. From the end of 2013 to late March 2014, the Nikkei 225 Index went down by 9.0 percent, and the Russian, Mexican, and Brazilian indices declined by 15.0 percent, 5.3 percent, and 2.1 percent respectively.

3. Monetary policies in the major economies

The Federal Reserve has been moderating the pace of asset purchases, while the central banks in some major advanced economies are still implementing accommodative monetary policies. The Federal Reserve reduced the scale of asset purchases by USD 10 billion after its monthly meetings in January, March, and April, and updated forward guidance on interest rates after the March regular meeting, replacing the quantitative unemployment rate threshold of 6.5 percent and the inflation threshold of 2.5 percent (for one to two years in the future), with an assessment taking into account a wide range of information to determine upward policy rate adjustments. The European Central Bank maintained the policy rate at 0.25 percent after its monthly meeting in April, and expected the interest-rate level to be maintained or lowered in the near future. The Bank of Japan continued to increase the monetary base at a pace of 60 trillion to 70 trillion yen per year and implemented a quantitative and qualitative easing monetary policy so as to reach the 2 percent inflation target within two years. After its monthly meeting in February, the Bank of Japan decided to extend the terms of the instruments to stimulate bank credit—the instrument to support growth and the instrument to support financial institutions in disaster areas—for one year and to double the scale of the former two instruments, thus further loosening monetary policy. The Bank of England maintained the policy rate of 0.5 percent and the scale of asset purchases at 375 billion pounds. With the unemployment rate approaching the threshold of 7 percent, the Bank of England adjusted forward guidance of monetary policy after its monthly meeting in February and ended linking the interest rate with a single unemployment indicator and instead linked it with a series of economic indicators.

Responding to pressures from the currency depreciation and capital outflows, some emerging market economies had to raise interest rates more than once. On January 15, February 26, and April 2, the Central Bank of Brazil raised the Selic rate on three occasions by a total of 100 basis points to 11 percent. On January 24 and February 6, the Central Bank of Argentina raised the rate for central bank short-term bills on two occasions by 930 basis points, a total of 28.8 percent. On January 28, the Central Bank of the Republic of Turkey raised the overnight lending rate by 425 basis points to 12 percent, the overnight borrowing rate by 450 basis points to 8 percent, and the one-week repo rate by 550 basis points to 10 percent. On January 28, the Reserve Bank of India adjusted upward the policy rate by 25 basis points to 8 percent. On March 3, the Bank of Russia raised the policy rate from 5.5 percent to 7 percent, and on April 25 it adjusted it further to 7.5 percent. On January 29 the South African Reserve Bank raised the policy rate from 5.0 percent to 5.5 percent.

4. World economic outlook and major risks

Overall, the global recovery was strengthened in 2014, and to some extent the growth rate will pick up. There are four main reasons for this. First, the growth momentum in the advanced economies has strengthened, and the fiscal consolidation and financial conditions will support faster growth. Second, the fundamentals in the emerging market economies are basically sound and economic growth is not likely to experience a large decline. Third, the Doha Round of the World Trade Organization (WTO) negotiations has made progress, further improving the global trade and investment environment. Fourth, international economic cooperation will be further enhanced.

Looking ahead, the world economy may face the following risks:

First, the Fed's tapering of the quantitative easing might have an impact on the economic recovery and on stability in the financial markets in the U.S. and beyond. The pace of the tapering is still quite uncertain, which will affect stability in the financial markets and the production and investment activities of enterprises. The financial turbulence in some emerging market economies triggered by the tapering may also have a negative impact on the U.S.

Second, the euro area faces the risk of low inflation or deflation. Since the fourth quarter of 2013, the inflation rate in the euro area has declined to below 1 percent and the inflation rates in some periphery economies are close to zero. If the inflation level in the countries in the euro area continues to stay below target, the long-term inflation expectations for the euro area might decline and cause deflation risks, which might constrain economic growth in the euro area and affect the global economic recovery.

Third, downward pressures on the Japanese economy have increased. On April 1, 2014, the consumption tax was raised from 5 percent to 8 percent, but its impact on consumption and domestic demand remains to be seen. The depreciation of the yen has directly increased pressures on imports, while its stimulus effect on exports has not been obvious. At the same time, due to the slowdown in growth in some emerging market economies, the trade deficit in Japan might expand further. The Japanese government will have to face the dilemma between cutting debts or stimulating economic growth for a long time.

Fourth, in the short term risks in some emerging market economies might increase. The slow global recovery is unlikely to provide adequate external demand for the emerging market economies. The uncertainties in the pace of the Fed tapering and the concerns of investors about the fundamentals in the emerging market economies might cause financial market turbulence, capital outflows, and disorderly adjustments to the exchange rates. In addition, since the global financial crisis, due to problems such as the rising leverage in the private and public sectors, the excessive expansion of bank credit, and the increased imbalances in the macro economy, against the background of a tightening external environment, some emerging market economies might face additional pressures.

In addition, geopolitical risks might also have a negative impact on the global economy. The political crisis in Ukraine may not be resolved in the short term, and there is great uncertainty regarding where the crisis is heading. This may affect the energy supply in Europe and its economic recovery.

In the *World Economic Outlook* updated in April 2014, the International Monetary Fund (IMF) reduced its forecast for global growth by 0.1 percentage point to 3.6 percent. The forecast for U.S. economic growth was unchanged at 2.8 percent, the forecast for economic growth in the euro area was increased by 0.1 percentage point to 1.2 percent, the forecast for Japanese economic growth was raised by 0.3 percentage point to 1.4 percent, and the forecast for growth in the emerging market economies was decreased by 0.2 percentage point to 4.9 percent.

II. Analysis of China's macroeconomic performance

In the first quarter of 2014, growth of the Chinese economy remained stable and the structural adjustments made progress. Household income grew rapidly, consumption grew in a stable manner, actual growth of investment rebounded somewhat, and the trade surplus narrowed. The outlook for the agricultural sector was stable and growth of the tertiary industries continued to outpace that of the secondary industries. The hike in consumer prices was mild and the employment situation was relatively good. In the first quarter, the Gross Domestic Product (GDP) reached RMB12.8 trillion yuan, up 7.4 percent year on year, a deceleration of 0.3 percentage point from the same period of 2013. The Consumer Price Index (CPI) rose 2.3 percent in year-on-year terms, a deceleration of 0.1 percentage point from the same period of 2013. The trade surplus posted USD16.74 billion, a decrease of USD25.28 billion from the same period of 2013.

1. Consumption grew in a stable manner, actual growth of investment rebounded somewhat, and the trade surplus narrowed

The income of urban and rural residents grew rapidly, while consumer demand grew in a stable manner. In the first quarter, per capita disposable income of urban residents reached RMB8,155 yuan, representing year-on-year growth of 9.8 percent in nominal terms and price-adjusted real growth of 7.2 percent. The per capita cash income of rural residents registered RMB3,224 yuan, up 12.3 percent in nominal terms and 10.1 percent in real terms. The PBC Survey of Urban Depositors in the first quarter showed that the Residents' Income Sentiment Index rose 0.4 percentage point from the previous quarter to reach 50.7 percent. Retail sales of consumer goods totaled RMB6.2 trillion yuan, year-on-year growth of 12 percent in nominal terms or 10.9 percent in real terms, representing an acceleration of 0.1 percentage point from the same period of 2013. In particular, retail sales in the urban areas registered RMB5.4 trillion yuan, up 11.8 percent year on year, whereas retail sales in the rural areas grew 12.8 percent to reach RMB852.8 billion yuan.

Actual growth of fixed-asset investments was higher than that in the previous quarter, and private investments accounted for a greater share. In the first quarter, fixed-asset investments (excluding investments by rural households) totaled RMB6.8 trillion yuan, up 17.6 percent year on year, representing a deceleration of 3.3 and 2.0 percentage points respectively from the corresponding period of the last year and the last year as a whole. The price-adjusted real growth posted 16.3 percent, up 1.7 percentage points over the previous quarter. Among this total, investment by the private sector registered RMB4.4 trillion yuan, an increase of 20.9 percent over the same period of the last year. Private investments accounted for 64.8 percent of total investments, 1.5 percentage points more than that in the same period of 2013. In terms of the regional distribution, growth of fixed-asset investments in the central and western regions continued to outpace those in the eastern region, and year-on-year growth in the eastern, central, and western regions registered 16.4 percent, 20.2 percent, and 19.1 percent respectively. In terms of the sectoral distribution of fixed-asset investments, the primary, secondary, and tertiary industries grew 25.8 percent, 14.7 percent, and 19.6 percent year on year.

Import and export growth were within a reasonable range, and the trade surplus narrowed. In the first quarter, total imports and exports declined by 1 percent year on year to USD965.88 billion, with exports falling 3.4 percent to USD491.31 billion and imports rising 1.6 percent to USD474.57 billion. As a result, the trade surplus posted USD16.74 billion, a decrease of USD25.3 billion from the same period of 2013. However, the growth of exports and imports remained within a reasonable range if we exclude the special factors in the corresponding period of 2013 and the decrease in the price of commodities. In the first quarter, cargo freight for exports and imports grew 8.1 percent, higher than that in the same period of 2013. In terms of the trade modality, the volume of general trade gained 9.4 percent year on year, higher than that in the same period of 2013. In terms of the regional distribution, exports to the European Union, the United States, Japan, and the ASEAN maintained a growth momentum. In terms of the product structure, export growth of machinery and electronic products and labor-intensive products moderated from the same period of 2013, while commodity imports, such as agricultural products, iron ore, and crude oil, grew rapidly. Utilized foreign direct investments registered USD31.55 billion in the first quarter, up 5.5 percent year on year, while domestic investors invested in 1,875 overseas enterprises in 137 countries and regions, bringing total non-financial direct investments to USD19.9 billion.

2. The outlook for the agricultural sector was stable, while growth of industrial output decelerated

The growth of tertiary industry outpaced that of secondary industry. In the first quarter, the value-added of the primary, secondary, and tertiary industries was RMB777.6 billion yuan, RMB5,758.7 billion yuan, and RMB6,285 billion yuan respectively, up 3.5 percent, 7.3 percent, and 7.8 percent year on year, and the three industries accounted for 6.1 percent, 44.9 percent, and 49 percent respectively of total GDP, with the share of tertiary industry rising by 1.1 percentage points from the same period of 2013.

The outlook for the agricultural sector was stable. A survey of the agricultural production plan of over 11,000 rural households throughout the country indicated that in 2014 the intended

Figure 3 Import and Export Growth and the Trade Balance

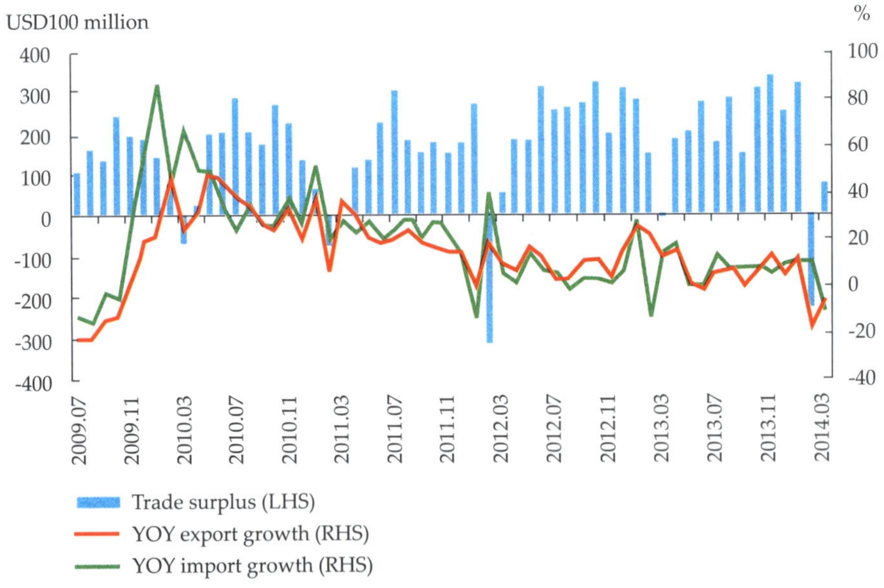

Sources: General Administration of Customs, the People's Bank of China.

rice-growing acreage rose 0.15 percent, the intended wheat-growing acreage declined 0.56 percent, the intended corn-growing acreage rose 1.75 percent, and the planned cotton-growing acreage declined 6.77 percent. In the first quarter, the total output of meat (including pork, beef, mutton, and poultry) rose by 2 percent year on year to reach 23.47 million tons.

The growth of industrial output decelerated somewhat. In the first quarter, the value-added of statistically large enterprises grew by 8.7 percent year on year, representing a deceleration of 0.8 percentage point from the same period of 2013. The profits of statistically large enterprises increased by 10.1 percent year on year to reach RMB1,294.24 billion yuan. Among this total, the profits from main businesses registered RMB1,223.85 billion yuan, up 9.4 percent year on year. The profit/income ratio of the main businesses of statistically large enterprises was 5.4 percent, up 0.1 percentage point from the same period of 2013. The share of sold industrial products of statistically large enterprises was 97.1 percent, down 0.1 percentage point from the same period of 2013. The PBC Survey of 5,000 Industrial Enterprises in the first quarter indicated that both the output and profits and the equipment utilization rate declined, whereas the Entrepreneurs' Confidence Index picked up. The Business Index posted 55.3 percent, down 2.8 percentage points from the previous quarter; the Equipment Utilization Ratio posted 77.9 percent, down 1.7 percentage points; the Profitability Index posted 50.9 percent, down 6.7 percentage points; and the Entrepreneurs' Confidence Index posted 67 percent, up 1.1 percentage points.

Box 4 Debate on the Potential Growth Rate of the Chinese Economy

The potential growth rate refers to the maximum growth that an economy can attain after all sorts of resources in that economy or region are reasonably allocated, which is associated with full employment and price stability. To estimate the potential growth rate is of great importance in evaluating the actual performance of the real economy, developing an economic development strategy, and reasonably managing the intensity of macroeconomic measures. There are two main methods to estimate the potential growth rate. The first is to use a statistical method by finding the trend in the growth rate from historical data, e.g., finding the trend in growth from time-series data on economic performance as an estimate of potential output (such as the HP filter, the Kalman filter, and so forth); the other is to use an economic method, i.e., to build a model based on economic theory, e.g., by using the production function to estimate potential output after taking into account changes in the labor force, capital stock, and total factor productivity. Both these methods have pros and cons. The former relies on a large amount of historical data, while the latter requires assumptions about trends in the main variables in the production function. In reality, various methods are needed to make a comprehensive judgment.

As China's economic growth has witnessed some slowdown in recent years, there have been frequent discussions about its potential growth rate. When an economy is in the process of making structural adjustments and transformations, it is more difficult to determine the potential growth rate. Some economists assume that China's potential growth rate will decline to some extent. There are several reasons underlying this assumption. First, judging from demographic and other macroeconomic and structural factors, some economists believe that China has approached or has already surpassed its peak in terms of the population dividend, while the aging population will tend to reduce the savings rate, push up interest rates, and contain investment growth and potential economic growth. Existing growth drivers, such as the real-estate market and the export sector, have dwindled, and after many years of rapid growth the capacity of resources and the environment to support the traditional growth pattern is on the decline. The second is to determine the trend from country experiences. Some studies show that after per capita GDP reaches a certain point, the economy will move from a high-speed growth phase to a medium or low-speed growth phase, with a significant decline in the growth rate. Other studies show that there is an inverted-U-shaped relationship between urbanization and the investment rate. After urbanization reaches a certain point, the investment rate will likely decline with the rising urbanization rate. Some scholars have pointed out that as China has experienced steady growth in its investment rate for more than a decade, the future investment rate is likely to gradually return to normal levels, which will put a drag on economic growth. Other studies find that as the industrial structure shifts from manufacturing to services, labor productivity as a whole will decline, which will influence the level of potential output. However, since the service industry has a strong capacity to create employment, the labor market will remain stable and the structure of income distribution will be optimized.

Other economists believe that the China's economy will maintain sustainable and rapid growth. They base their argument on several reasons. The first is based on a country comparison. Measured against China's current per capita GDP level, Japan, Korea, and Taiwan, China experienced a relatively long period of rapid growth after reaching this per capita GDP level. If China's structural imbalances can be eliminated, there will be great space for the economy to maintain sustainable and relatively rapid growth. In addition, compared with the developed economies, China's capital stock per capita is relatively low; in particular there is relatively large room for infrastructural investments and coordinated regional development. The second reason is based on possible changes in labor productivity. Some scholars believe that with increased inputs in education, China's human capital will continue to improve and accumulate, which will offset the potential impact from the decline in the volume of the labor force and the slowdown in investment growth. Higher labor productivity is an inexhaustible source of economic growth.

Comparatively, among the aforementioned discussions on the potential growth rate, the former mainly emphasizes constraint factors, such as population, capital stock, and the environment, while the latter focuses on the development potential and the room for improvement in labor productivity. In fact, the potential growth rate may be subject to change due to the interaction of these factors and the final equilibrium, while reform will be a key factor that can release the growth potential and extend the development space. Judging from the experience during the past few decades, the steady progress in reform and opening-up has had a huge impact on China's potential growth rate. Due to the impacts of the tighter labor supply, transformation in the growth pattern, and other factors, the potential growth rate is likely to slow down temporarily; the key to maintaining stable and relatively rapid growth at this junction is to improve efficiency and maintain economic vitality. We will provide an impetus by deepening reform, adjusting the economic structure, and improving people's livelihood so as to unleash greater dividends from reform and to promote sustainable and healthy economic development.

3. Overall price levels remained basically stable

Consumer prices registered a moderate increase. In the first quarter, the CPI rose 2.3 percent year on year, down 0.6 percentage point from the previous quarter, and the CPI in the first three months registered 2.5 percent, 2.0 percent, and 2.4 percent respectively. The drop in CPI growth was mainly due to the moderate growth of food prices. In the first quarter, food prices rose 3.5 percent year on year, down 2.0 percentage points from the previous quarter, driving the CPI up by about 1.2 percentage points; the prices of non-food items rose 1.7 percent year on year, up 0.1 percentage point from the previous quarter, driving the CPI up by about 1.1 percentage points. In terms of consumer goods and services, the growth of consumer goods decreased notably whereas the growth of services remained basically stable. In the first quarter, prices of consumer goods rose 1.9 percent year on year, a deceleration of 0.8 percentage point from the previous quarter, and prices of services rose 3.1 percent year on year, a deceleration of 0.1 percentage point from the previous quarter.

Producer prices declined by a larger margin. In the first quarter, ex-factory prices of industrial products fell 2.0 percent year on year, which was 0.6 percentage point more than the decline during the previous quarter, and the monthly rates of decline in the first three months read 1.6 percent, 2.0 percent, and 2.3 percent year on year. In particular, the prices of consumer goods declined 0.3 percent year on year, dragging down the PPI by about 0.1 percentage point, and the prices of capital goods declined 2.5 percent year on year, dragging down the PPI by about 1.9 percentage points. Producer purchasing prices declined by 2.1 percent year on year, which was 0.6 percentage point more than the decline during the previous quarter. The Corporate Goods Price Index (CGPI) fell by 2.0 percentage points year on year, which was 1.5 percentage points more than the decline during the previous quarter. Prices of agricultural products fell 1.2 percent, while prices of agricultural capital goods fell 0.6 percent.

Affected by the overall decline in commodity prices on the international market, the decline of import prices expanded further. In the first quarter, the average price of Brent Crude oil futures on the Intercontinental Exchange fell 4.2 percent and 1.4 percent respectively from the same period of 2013 and the previous quarter. Average LME spot copper and aluminum price fell 11.2 percent and 14.7 percent respectively from the same period of 2013, and fell by 1.6 percent and 3.4 percent respectively from the previous quarter. As a result, import prices declined by 5.0 percent year on year, widening the decline in the previous quarter by 3.5 percentage points.

The GDP deflator fell. In the first quarter, the GDP deflator (the ratio of nominal GDP to real GDP) was 0.4 percent, which was 1.3 percentage points lower than that during the same period of 2013 and 1.3 percentage points lower than that during the entire last year.

The price reform was advanced. On March 20, the NDRC issued the *Guidelines on Establishing and Improving the Residential Progressive Natural Gas Price System*. In developing relevant implementation rules in line with local circumstances, all local governments should endeavor to meet the residents' demand for natural gas for their basic living and should allow the price of natural gas to reflect the scarcity of natural resources. Moreover, the compensation cost should be combined with fair burden sharing. On March 25, the NDRC and other departments jointly issued a notice, stipulating that the price of all medical services offered by non-public medical institutions should be market-determined, and non-public medical institutions should set their medical service prices based on the principles of fairness, legality, and integrity.

4. Growth of fiscal revenue and expenditures picked up

In the first quarter, fiscal revenue posted RMB3,502.57 billion yuan, up 9.3 percent year on year, which was 2.4 percentage points higher than that during the same period of 2013. Fiscal expenditures reached RMB3,043.25 billion yuan, up 12.6 percent year on year, which was 0.5 percentage point higher than that during the same period of 2013. As a result, revenue was RMB459.33 billion yuan more than expenditures, which was RMB40.39 billion yuan less than that during the same period of 2013.

In terms of the structure of fiscal revenue, tax revenue registered RMB3,018.78 billion yuan, up 10.2 percent year on year, and non-tax revenue registered RMB483.79 billion yuan, up 4.4 percent year on year. In terms of the tax categories, revenue from the domestic value-added tax, the domestic consumption tax, the business tax, the corporate income tax, the value-added tax on imported goods and excise tax, and the personal income tax rose by 9.4 percent, 4.8 percent, 4.2 percent, 8.9 percent, 12.2 percent, and 13.4 percent respectively. As for the structure of fiscal expenditures in the first quarter, fiscal expenditures for health care and medical services, urban and rural community affairs, social security and employment, and education grew relatively rapidly, increasing by 26.4 percent, 17.7 percent, 14.2 percent, and 14 percent respectively.

5. The employment situation was generally stable

In the first quarter, the registered

unemployment rate in urban areas posted 4.08 percent, an increase of 0.03 percentage point from the previous quarter. A statistical analysis in the first quarter conducted by the China Human Resources Market Information Monitoring Center on public employment service agencies in 102 cities revealed that overall labor supply and demand was in balance, with supply falling slightly short of demand, and the ratio of job seekers to job vacancies was 1.11, up 0.01 percentage point from the previous quarter and the same period of 2013. Broken down by industry, demand for labor in finance, real estate, transportation, warehousing and postal services, information transmission, computer and software services, and so forth showed substantial growth, whereas demand for household services and other service sectors, and leasing and commercial services fell. Compared with the same period of the last year, the number of unemployed young job seekers declined somewhat, whereas that of people who had lost their jobs and people who had come from rural areas or other cities increased. Regarding labor demand, 52.8 percent of the openings included explicit requirements for technical skills or titles; professionals with a medium-to-high skill levels and senior professionals were still in short supply.

6. The current account surplus narrowed

According to preliminary statistics, the current account surplus in the first quarter of 2014 was USD7.2 billion, a decrease of USD40.4 billion from the same period of 2013; the surplus in the capital and financial account was USD118.3 billion, an increase of USD28.2 billion from the same period of 2013. Reserve assets grew by USD125.8 billion, a decline of USD31.3 billion from the same period of 2013.

The total external debt continued to grow. As of the end of 2013, the outstanding external debt posted USD863.2 billion, up 17.1 percent year on year. Among this total, the stock of registered external debt posted USD526.7 billion, rising 18.2 percent year on year and accounting for 61 percent of the total; outstanding short-term external debt posted USD676.6 billion, increasing 25.1 percent year on year and accounting for 78.4 percent of the total.

7. Sectoral analysis

The growth of profits of industrial enterprises decelerated. In the first quarter, profits of statistically large industrial enterprises grew 10.1 percent year on year. Among 41 industries, 33 made more profits in their main businesses compared with the same period of 2013. Profits in the electricity and heat generation and distribution, auto, electronic machinery and equipment manufacturing, and non-metallic mineral product manufacturing sectors grew rapidly, with growth posting 32.3 percent, 29.8 percent, 28.2 percent, and 26.7 percent respectively. Due to insufficient demand and declining prices, profits in the major mining industries and the raw material production industries declined appreciably, while profits in the coal, electricity, oil, and transportation sectors increased slightly. In the first quarter, crude coal output amounted to 858 million tons, at par with the same period of 2013; power generation increased 5.8 percent year on year to 1,271.94 billion kilowatt hours; crude oil output grew 0.2 percent year on year to 51.337 million tons. A total of 10.55 billion tons of cargo was transported, up 7.4 percent year on year.

(1) The real-estate sector

In the first quarter, nationwide turnover of commercial housing declined year on year, fewer cities reported a quarter-on-quarter increase in housing prices compared with the previous quarter, and both growth of investment in real-estate development and in loans in the real-estate sector decelerated.

Fewer cities reported rising housing prices compared with the previous quarter. In March 2014, out of 70 large- and medium-sized cities, the price of newly-built commercial residential housing increased year on year in 69 cities, at par with that in December 2013; the price of newly-built commercial residential housing increased from the previous quarter in 56 cities, 9 cities less than in December 2013. The price of pre-owned residential housing increased year on year in 68 cities, one city less than in December 2013; the price of pre-owned residential housing increased from the previous quarter in 42 cities, 22 cities less than in December 2013.

Both the acreage and sales of commercial housing declined year on year. In the first quarter, nationwide sold floor area of commercial housing posted 200 million square meters, down 3.8 percent year on year, which was 3.7 percentage points more than the decline in January and February combined, while the sold floor area in 2013 registered annual growth of 17.3 percent. The sales value of commercial housing declined 5.2 percent year on year to RMB1,326.3 billion yuan, which was 1.5 percentage points more than the decline in January and February combined, while the sales value of commercial housing in 2013 registered annual growth of 26.3 percent. Among this total, the sold area and sales value of commercial residential housing accounted for 88.6 percent and 83.5 percent respectively of the total sold area and of the turnover in commercial housing.

Growth of investment in real-estate development decelerated. In the first quarter, nationwide investment in real-estate development totaled RMB1,533.9 billion yuan, up 16.8 percent year on year, which was a deceleration of 2.5 percentage points and 3 percentage points from January and February combined and the pervious year as a whole. In particular, investment in residential housing posted RMB1,053 billion yuan, accounting for 68.7 percent of the total investment in real-estate development. The floor area of newly-started housing projects declined 25.2 percent year on year to 290 million square meters, while the floor area of newly-started housing projects had increased 13.5 percent year on year in 2013. The floor area of housing projects under construction grew 14.2 percent year on year to 5.47 billion square meters, a deceleration of 1.9 percentage points from the previous year. The floor area of completed housing projects declined 4.9 percent year on year to 190 million square meters, while that in the previous year registered year-on-year growth of 2 percent.

Growth of real-estate loans decelerated by a small margin. As of the end of March, outstanding real-estate loans of major financial institutions (including foreign-funded financial institutions) posted RMB15.4 trillion yuan, an increase of 18.8 percent year on year and down 0.3 percentage point from the end of 2013. Outstanding real-estate loans accounted for 20.6 percent of total outstanding loans, which was 0.4 percentage point less than that at the end of 2013. In particular, outstanding mortgage loans rose 20.2 percent year on year to reach RMB9.5 trillion yuan, a deceleration of 0.8 percentage point from the end of 2013; outstanding housing development loans gained 19.3 percent year on year to reach RMB2.8 trillion yuan, an acceleration of 3.5 percentage points from the end of 2013; outstanding land development loans rose 7.6 percent year on year to reach RMB1.1 trillion yuan, a deceleration of 2.2 percentage points from the end of 2013. In the first quarter, new real-estate loans registered RMB797.1 billion yuan, accounting for 26.4 percent of all types of new loans, a decline of 1.7 percentage points from 2013.

According to the *Report on the Work of the Government* released in 2014, efforts should be made to ensure the construction of welfare housing projects. Construction of more than 7 million government-subsidized housing units will be started, including the rebuilding of more than 4.7 million shanty housing units. At end-March, outstanding loans for welfare housing posted RMB778.3 billion yuan, representing year-on-year growth of 26.7 percent, with a growth rate 8.4 percentage points higher than that of real-estate development loans. In addition, the pilot program of using housing provident fund loans to support the construction of affordable housing was steadily promoted. At end-March, based on the construction progress, a total of RMB66.9 billion yuan of such loans was disbursed to support the construction of 316 welfare housing projects in 76 cities, and a total of RMB17 billion yuan of the principal was repaid.

(2) The photovoltaic sector

China has an international competitive advantage in the photovoltaic (hereafter referred to as PV) sector, an emerging strategic industry. With global energy shortages and serious environmental pollution, PV power generation has become a high-tech industry attracting wide attention and becoming a focus for development around the world due to its cleanliness, safety, convenience, and efficiency. The development of the PV sector is of great significance to industrial transformation and upgrading, adjustment of the energy structure, social and economic development, and energy conservation and emission reductions.

Although the PV sector is a new industry, it has witnessed rapid development. Since 2012, with the shift in the global PV market, China's PV sector has grown rapidly. At the end of 2012, more than 50 enterprises in China had the ability to produce poly-silicon, with an aggregate production capacity of 190,000 tons, ranking first in the world, and actual output reached 71,000 tons. The production capacity of solar PV cells with nuclear components reached more than 40 million kilowatts; the output of solar cells and solar modules reached 21 million kilowatts and 23 million kilowatts respectively, accounting about 63 percent of the total global output. At the same time, China is also the largest PV application market. In 2013, the newly installed capacity of PV power generation throughout the world was 37 million kilowatts, of which 11.3 million kilowatts were in China. China has become the main engine of worldwide growth of PV installed capacity.

Nevertheless, the PV sector faces a grim situation, burdened with overcapacity and massive losses. On the one hand, due to the extremely rapid expansion of capacity in 2011, the prices of major PV products saw rapid declines and the stockpiles of upstream and downstream products continued to rise. In the second half of 2012, the entire sector suffered from the problem of costs being higher than the sales prices, and production and operation of the sector encountered difficulties. Since 2013, despite some improvements in the fundamentals of the PV industry, the overall excessive leverage ratio and the debt repayment pressures have remained serious. Furthermore, weak demand in the European and U.S. markets and resurging trade barriers in the U.S., European Union, India, and other export destinations increased uncertainties about export performance in the PV sector, a sector that relies heavily on external demand.

It should be recognized that the problems and difficulties encountered by the PV sector represent both challenges for the sector's development and also an opportunity for the sector to transform and upgrade. We should have full confidence, seize the strategic opportunity from the rapid development of new energies throughout the world, and solve the problems through development. The first is to take a comprehensive approach to promote the transformation and upgrading of the PV sector. Efforts should be made to promote innovation in key technologies, upgrade the production technology, and make breakthroughs in research and development. We need to make use of market-driven mechanisms, encourage corporate mergers and acquisitions, accelerate the shutdown of backward PV production capacity, curb the construction of redundant low-level capacities, increase the efficiency of resource allocations and the concentration of industrial production, and promote resource integration. The second is to actively respond to international competition and adjust the layout of the PV market. The main focus should be on expanding the domestic market as a means to promote the sustainable and healthy development of the sector, while also actively expanding the international market to maintain a reasonable market share. The third is to establish a policy system to support domestic PV applications and to build a long-term mechanism to promote the sustainable development of PV power generation. Efforts should be made to coordinate the industrial, fiscal and taxation, financial, human capital, and other supporting policies, to promote the building of a product testing, certification, and monitoring system, to strengthen coordination of policies and industrial self-discipline, to accelerate the building of market-based energy conservation and emission-reduction mechanisms, and to form a legal, policy, and standard system and market environment that is conducive to the sustainable and healthy development of the PV sector.

PART 5 Monetary Policy Stance to be Adopted in the Next Stage

I. Outlook for the Chinese economy

The Chinese economy is shifting gear and undergoing a transformation of its growth pattern. The ongoing structural adjustments have caused pains, but at the same time the reforms and adjustments have released vitality. Looking at various factors including the growth potential and dynamics, we expect the Chinese economy to maintain its stable performance for a period to come. Looking at the fundamentals, due to the size of the economy, there is fairly large room for balanced development of new industrialization, application of information technology, urbanization, and modernization of the agricultural sector. Given the large gaps between the rural and urban areas and among the different regions and the imbalances in the industrial structure, optimization of the rural-urban structure, regional structure, and industrial structure will unleash a huge growth potential. In terms of the policy environment, in parallel with innovations macroeconomic management and the accumulation of experience, the adoption of a series of policy measures to promote reform, to adjust the economic structure, and to increase the people's welfare will enable the market to play a decisive role in the allocation of resources, improve factor productivity, and bolster growth. Although the growth of the secondary industries and investment has moderated, there are positive signs, including continued strong growth of the tertiary industries, improvements in the investment structure, a good employment situation, and stable income growth. In the majority of sectors in the tertiary industries, such as retail and wholesale, transportation, IT services, leasing, and business service sectors, the growth of investment has accelerated. A number of new technology industries and new business models have displayed good momentum for development and industries and enterprises that have actively pursued upgrading and independent innovation have become resilient to shocks and have registered strong growth. The public's enthusiasm to start their own businesses has been released as some regions are experiencing rapid growth in the number of newly registered enterprises. With the progress in structural adjustments and the accelerated growth of the service sector, the growth of GDP per unit is creating more jobs. According to the Quarterly Urban Depositors Survey conducted by the PBC in Q4, the Household Employment Sentiment Index posted 40.6 percent, recovering 1.8 percentage points from the previous quarter; the Household Future Employment Index was 49.9 percent, up 0.2 percentage point from the previous quarter. In the external environment, a sustained global recovery is stabilizing external demand is likely to improve further. In April 2014, the IMF released a global-growth projection of 3.6 percent and 3.9 percent in 2014 and in 2015 respectively, compared to 3 percent in 2013.

Yet we need to note that the endogenous drivers are yet to be strengthened and the tasks of structural adjustments and reform are arduous. Some industries are overloaded with excess capacity and inefficient enterprises are using a lot of resources. Due to the moderation in growth and the ongoing structural reforms, the turnover rate of working capital has declined and the efficiency of fund use is low, and outstanding debt is continuing to build up fairly rapidly while debt expansion is playing a smaller role in supporting growth. As existing drivers, including external demand and the real-estate sector, are losing steam and new drivers of strong growth are yet to emerge, we need to pay attention to the potential risks. Moreover, the key difficulties in the structural adjustments are yet to be tackled, and serious air and water pollution and environmental and resource bottlenecks have become acute, reflecting the urgent need to adjust the growth pattern. Uncertainties in the pace of the policy adjustments in the U.S. may affect global capital flows and the cost of capital. Europe is facing deflationary risks. Japan has had trade deficits for several months in succession, posing a challenge to its long-term growth and debt sustainability. Turmoil in the emerging markets may also affect the environment for external demand. In general, facing a complex environment, we need to strike a balance among the aggregates, focus on structural optimization to solve the deep-rooted structural problems by deepening reform, release growth dynamics, and enhance competitiveness.

The price situation is generally stable. Price movements reflect the degree of how aggregate demand and supply are matched, and they are closely related to changes in the economic situation at home and beyond. The external environment is relatively stable, and the performance of the domestic economy is within a reasonable range. The relative stable monetary environment, sufficient industrial capacity, and the base factors that are largely at par with those of the previous year are conducive to the continued stability of the CPI. According to the Urban Depositors' Survey conducted by the PBC in Q1, the Household Future Price Expectation Index was 63.9 percent, a reduction of 8.3 percentage points from the previous quarter; 55.8 percent of the respondents felt the current level was high and difficult to accept, a reduction of 5.8 percentage points from the previous quarter. Yet there are still potential upward pressures on the prices of agricultural products and services; pricing reform may also increase upward pressures; housing price expectations and inflation expectations are not yet stable. The consistently negative value of the PPI is a reflection of the serious problem of excess capacity and may be related to the decline in commodity prices in the global market. The future movements of the PPI to a large extent will depend on the recovery of endogenous drivers and the removal of excess capacity. It is necessary to monitor price movements in a dynamic way, considering the uncertainties in the movements of domestic and external demand and supply.

II. Monetary policy during the next stage

The PBC will follow the strategic arrangements of the State Council, implement the decisions adopted at the 18th CPC National Congress, the 3rd Plenum of the 18th CPC Central Committee, and the Central Economic Work Conference and, as outlined in the Government Work

Report, follow the principle of making progress while maintaining stability and continue to reform and innovate. The PBC will continue its sound monetary policy, maintain policy continuity and stability, uphold the stance of keeping the aggregates at stable levels and optimizing the structure, maintain the focus on macroeconomic management, take active measures, conduct fine-tuning and pre-emptive adjustment measures with proper intensity where appropriate, make macroeconomic measures more forward looking, targeted, and coordinated, and strike a balance among preserving stable economic growth, promoting reforms, adjusting the economic structure, improving people's welfare, and preventing risks in order to continue to provide a stable and opportune monetary and financial environment for the structural adjustments, upgrading, and transformation of the economy. Moreover, reform will be integrated with macroeconomic management measures to combine monetary policy conduct with the deepening of reform so as to enable the market to play to a fuller extent a decisive role in resource allocations. In view of the financial deepening and innovation, efforts will be made to further improve the mode of macroeconomic management and transmission mechanisms, increase supply and enhance competition to improve financial services, the efficiency of the financial sector, and the capacity to provide services to the real sector.

First of all, a combination of quantitative, price, and other monetary policy instruments will be used and the macro-prudential policy framework will be improved to keep liquidity at reasonable volumes and to realize a proper growth of money, credit, and all-system financing aggregates. In view of the changes in economic and financial conditions and the impact of financial innovations on liquidity in the banking system, a mix of instruments, including open market operations, the deposit reserve requirement ratio, central bank lending, central bank discounts, the Standing Lending Facility, Short-term Liquidity Operations, and so forth, will be used and the central bank collateral framework will be improved to manage and adjust overall liquidity and maintain stability in the money market. Furthermore, commercial banks will be guided to enhance liquidity and asset and liability management, to make good liquidity arrangements at various time-points, to properly manage asset and liability aggregates and their maturity structures, and to improve the quality of liquidity risk management. The macro-prudential policy will continue to play a counter-cyclical adjustment role. The various parameters will be adjusted when necessary based on changes in economic performance, the soundness of the financial institutions, and implementation of the credit policy to guide financial institutions to support real- sector development in a more focused way.

Second, the stock of credit assets will be revitalized and the use of new loans will be optimized to support the structural adjustments, transformation, and upgrading. The direction and structure of liquidity inputs will be optimized to reduce financing costs for the transformation of shanty towns and other key activities and weak sectors, such as the agricultural sector, rural areas, farmers, and micro and small enterprises. Central bank credit policy lending will be actively used and the effects of credit policy guidance will be assessed on a continual basis to guide financial institutions to improve their credit structure. Financial institutions will be encouraged to make innovations in the organization, mechanisms, products, and modes of services, and to support operations featuring economies of scale and new types of business operators in the agricultural sector. Financial sector support will be enhanced to key sectors in the national economy, i.e., science and technology, culture, IT-based consumption, strategic new industries, and so forth; the conduct of credit policy will be improved to step up financial-sector support and services for livelihood enhancement programs, including poverty alleviation, employment creation, student loans, minority ethnic groups, migrant workers, and village officials recruited from among university graduates. While ensuring the reasonable demand for funds by ongoing and follow-up projects and programs, there will be support for railways and major infrastructure programs, urban infrastructure, government-subsidized housing construction, and other livelihood projects. Lending to energy-intensive industries and to those with high emissions as well as those with excess capacities will be strictly controlled to promote the removal of excess capacity. A green credit mechanism will be established to improve financial services for energy conservation, environmental protection, the circular economy, and prevention and treatment of air pollution, and to enhance credit support for technology upgrading in the relevant fields. The differentiated housing mortgage policies will be earnestly implemented to support the construction of welfare housing and ordinary commercial housing projects with apartments of modest floor plans and purchases of ordinary commercial housing by first-time home buyers, and to contain purchases for speculative investment purposes. The role of development finance will be further tapped to support the reconstruction of shanty town areas.

Third, the market-based interest-rate reform and the RMB exchange-rate regime reform will be deepened to improve the efficiency of allocation of financial resources and to improve the monetary policy framework. The self-regulatory interest-rate market pricing mechanism will be improved to build the capacity of financial institutions to carry out independent pricing. The issuing and trading of inter-bank certificates of deposit will continue while we explore issuing certificates of deposit to corporate and individual customers and to gradually increase the range of liability products for market pricing. Efforts will be made to develop the Shibor and Loan Prime Rate and to build a fairly complete market interest-rate system. The central bank interest-rate adjustment framework will be improved to strengthen price-based adjustments and transmission mechanisms. The RMB exchange-rate regime will be further improved to allow market demand and supply to play a greater role, to enhance the two-way flexibility of the RMB exchange rate, and to keep the exchange rate basically stable at an adaptive and equilibrium level. Development of the foreign exchange market will be accelerated to provide exchange-rate risk management services to import and export enterprises that have concrete demands based on the principle of the financial sector providing services to the real sector. Measures will be taken to support the use of RMB in cross-border trade and investment activities and to expand the channels for inflows and outflows of RMB funds. Direct trading of RMB against other currencies will be promoted to provide better services for RMB settlements of cross-border trade activities. The impacts of the changing international situation on capital flows will be carefully watched and effective monitoring of cross-border capital will be strengthened.

Box 5 Market-based Interest Rates and the Monetary Policy Framework

The market-based interest-rate reform is a process of gradually removing direct controls on interest rates so that interest rates are determined by market players based on supply and demand for funds and a process of the central bank gradually enhancing price-based adjustments and transmission mechanisms. Interest-rate liberalization usually takes place during a period of rapid financial innovation. Financial innovation and market development are important drivers in the transformation of the monetary policy framework. Therefore, based on international experience, interest-rate liberalization usually progresses in tandem with the gradual transformation of the monetary policy framework. In the 1970s and 1980s, along with the rapid progress in interest-rate liberalization in the major economies, their monetary policy frameworks gradually moved from quantity-based to price-based. From a theoretical point of view, the choice of a monetary policy between a quantity-based framework and a price-based framework depends on the nature of the economic shocks. When uncertainties (random shocks) are mainly from the commodities market, it is proper to choose the money supply as the intermediate target; when uncertainties are mainly from the money market, it is proper to choose the interest rate as the intermediate target. As we learn from the IS-LM model, financial innovation and deepening will affect the impacts of the signal from the quantitative indicator; when the money demand function becomes unstable, continued use of quantitative objectives might cause price fluctuations and affect the stability of output. These are endogenous drivers to promote the gradual transformation of the monetary policy framework.

With the gradual liberalization of interest rates, many central banks have established a policy operations framework that works effectively to guide and adjust market interest rates. The key is to set and adjust policy rates and an interest-rate corridor, and to conduct open market operations to guide the market interest rates to move with the policy rates to anchor expectations and to be transmitted to the interest rates of other maturities and other products, so as to affect investment and consumption behavior in the economy and to achieve the goals of stable prices and stable economic growth. The U.S. Fed has the federal funds rate as its policy rate, the ECB has the open market main refinancing rate as its policy rate, and some emerging markets use the open market operations interest rates as policy rates. Many central banks have established an interest-rate corridor mechanism, by which the interest rates move within the corridor. When the economy is in an upswing of the cycle or when there are inflationary risks, the central bank may announce a hike in the policy rates and drain in liquidity from the market to push up interest rates, which will help curb the expansion of consumption and will maintain price stability; conversely, the central bank can conduct the operations in the opposite direction. As a reduction in the liquidity supply and an upward movement of interest rates take place at the same time, they are transmitted to all kinds of financial products and then affect the behavior of economic agents. Beginning from the 1980s, the central banks of the major economies stressed rule-based policy and transparency, and valued the role of stable expectations in the conduct of monetary policy. The key is to establish the credibility of the central bank and public confidence in the monetary policy. When the central bank is able to effectively guide expectations, the effectiveness of monetary policy can be enhanced, with the policy transmission improved significantly. The price-based adjustment has the advantage of transparency, which helps to anchor market expectations.

When the conduct of monetary policy is based on price instruments, there should be fairly developed financial markets, interest rate sensitive economic agents, and a sufficiently flexible exchange-rate regime. In general, the volume of base money and prices are related. However, in the emerging economies that have long been recipients of capital flows, the volume of base money and prices are not clearly related due to excess liquidity. As the BOP account becomes more balanced, the volume of base money and the price of money will be more closely related, indicating that the shift from quantity-based to price-based tools might be pending. The transformation is likely to be a process of gradual improvement and a stronger effect in the use of pricing tools. At the same time, the quantity tools and macro-prudential policy still play important roles in the conduct of monetary policy. Price and quantity tools can be used in combination to realize the goal of macroeconomic management. The major economies and international organizations reached a consensus on the combination of interest-rate adjustments and macro-prudential policy as they reflected on the lessons of the recent global financial crisis.

Fourth, the system of financial markets will be improved to enable financial markets to play a role in maintaining stable economic growth, promoting adjustments, transformation, and upgrading of the economic structure, furthering reform and opening-up, and preventing financial risks. Innovation will be encouraged to diversify the products and layers of the bond market. The systems, mechanisms, and institutions will be improved and strengthened, and oversight and regulation will be enhanced. Efforts will be made to increase the diversity of financial market participants and to enhance market discipline and the risk-sharing mechanism. The market infrastructure will be enhanced. The opening-up of financial markets will be promoted to overseas participants. Direct financing will be further developed and work will be continued to build a multi-layer capital market, including increasing the varieties of instruments and products and enhancing the capacity to serve small- and medium-sized enterprises. The role of the corporate debenture bond inter-ministerial coordination mechanism will be tapped to enhance regulatory coordination.

Fifth, reform of financial institutions will be deepened to improve financial services through increased supply and competition. Reform of large commercial banks and other large financial institutions will be furthered so as to improve corporate governance, establish effective mechanisms for decision-making, execute checks and balances, and translate corporate governance requirements into everyday operations and risk controls in their respective institutions. The pilot reform program of the Rural Financial Business Division of the Agricultural Bank of China will be advanced to explore a sustainable model for market-based financial institutions to serve the agricultural sector, rural areas, and farmers, and to improve the quality of such financial services. The reform of the Export-Import Bank of China and the Agricultural Development Bank of China will be accelerated by strengthening their policy functions, following the principle of focusing on policy-based business and prudently developing proprietary business, requiring separate book keeping, accounting, and management of policy based and proprietary business, establishing a sound regulatory capital requirement mechanism, and improving the governance structure and the fiscal and financial support policy for the purpose of creating a policy environment for developing policy financial institutions with Chinese characteristics that operate on a sustainable basis to provide good services to support economic development. The market-based transformation of asset management companies will be further promoted. With enhanced supervision, all kinds of financial institutions, financial service agencies, and financial intermediaries will be encouraged to develop and form a financial eco-environment in which all market participants can compete. The rapid development of Internet-based financial innovation, integrated with and complementing traditional finance, helps increase competition, develop inclusive finance, increase people's income, and improve the efficiency of resource allocations. However, along with innovations, problems include regulatory arbitrage and higher liquidity risks. It is necessary to further improve the relevant standards and arrangements, promote fair competition, strengthen industrial self-regulation, increase the capacity to manage risks, protect the rights and interests of investors, and promote the sound development of Internet-based financial activities.

Sixth, effective measures will be adopted to mitigate systemic financial risks and to preserve stability in the financial system. Macro-prudential regulation will be enhanced to guide financial institutions to operate on a sound basis and to urge them to strengthen internal controls and liquidity and risk management. While supporting financial innovations, the monitoring and prevention of potential risks in wealth management and internal bank business will be enhanced. The continued monitoring of local government debt and the debt servicing capacity will be strengthened to prevent and control debt risks, and we will explore using market mechanisms to resolve the problems of local government indebtedness.

The systemic financial risk early-warning and assessment mechanisms will be improved to strengthen the monitoring of the credit default risks of local government financing platforms, industries with excess capacity, and lending to the real-estate industry, to prevent the spread to the financial system of the risks in some regions, industries, and enterprises and those arising from financing activities outside of the formal financial system. The role of the financial regulation coordination inter-ministerial meeting mechanism will be tapped to strengthen risk monitoring and regulatory coordination in cross-sectoral and cross-market financial products, to promote the balanced development of various financial markets and various products, and to establish a comprehensive financial statistical system and information-sharing mechanism. A crisis management and risk resolution framework will be established and the creation of a deposit insurance scheme will be promoted. A crisis management and risk resolution framework will be designed and established and the creation of a deposit insurance regime will be expedited. A comprehensive set of measures will be taken to preserve financial stability and safeguard the bottom line in preventing systemic and regional financial risks.

附录一　2014年第一季度中国货币政策大事记

1月7日，中国人民银行联合科技部、银监会、证监会、保监会和国家知识产权局六部门发布《关于大力推进体制机制创新　扎实做好科技金融服务的意见》（银发[2014]9号），从鼓励和引导金融机构大力培育和发展服务科技创新的金融组织体系、加快推进科技信贷产品和服务模式创新、拓宽适合科技创新发展规律的多元化融资渠道等方面进行工作部署，要求金融机构推进体制机制创新，做好科技金融服务各项具体工作。

1月17日，中国人民银行发布《关于开展常备借贷便利操作试点的通知》（银发[2014]19号），在北京、江苏、山东、广东、河北、山西、浙江、吉林、河南、深圳开展分支机构常备借贷便利操作试点，主要解决符合宏观审慎要求的地方法人金融机构流动性需求，稳定市场预期，促进货币市场平稳运行。

1月26日，中国人民银行向全国人大财经委员会汇报2013年货币政策执行情况。

1月28日，中国人民银行发布《关于建立场外金融衍生产品集中清算机制及开展人民币利率互换集中清算业务有关事宜的通知》（银发[2014]29号），建立场外金融衍生产品集中清算机制，促进场外金融衍生品市场安全高效运行和健康规范发展。

1月30日，为进一步改善宏观调控，规范再贷款的功能定位，充分发挥中央银行流动性管理和引导金融机构优化信贷结构的功能，更好地服务于中央银行履职，中国人民银行发布《关于调整再贷款分类的通知》（银发[2014]36号），将再贷款由三类调整为四类，即将原流动性再贷款进一步细分为流动性再贷款和信贷政策支持再贷款，金融稳定再贷款和专项政策性再贷款分类不变。

2月8日，发布《2013年第四季度中国货币政策执行报告》。

2月14日，中国人民银行印发《关于做好家庭农场等新型农业经营主体金融服务的指导意见》（银发[2014]42号），鼓励和引导银行业金融机构积极推动金融产品、利率、期限、额度、流程、风险控制等方面创新，合理调配信贷资源，扎实做好家庭农场、专业大户、农民合作社、农业产业化龙头企业等新型农业经营主体各项金融服务工作。

2月20日，中国人民银行授权上海总部发布《关于支持中国（上海）自由贸易实验区扩大人民币跨境使用的通知》（银总部发[2014]22号），支持在自贸区内开展各项跨境人民币业务创新试点，鼓励和扩大人民币跨境使用。

2月21日，印发《中国人民银行办公厅关于做好2013年度涉农和小微企业信贷政策导向效果评估有关事项的通知》（银办发[2014]36号），从中小企业信贷政策导向效果评估平稳过渡到小微企业信贷政策导向效果评估，加强了评估工作的有效性和针对性，鼓励和引导金融机构着力改进和完善“三农”、小微企业金融服务。

3月1日，中国人民银行放开中国（上海）自由贸易试验区小额外币存款利率上限。自贸区的先行先试，将为在全国推进小额外币存款利率市场化积累可复制、可推广的经验，并为下一步深入推进利率市场化改革打好坚实基础。

3月5日，发布中国人民银行公告[2014]第3号，就增加商业银行柜台债券业务品种有关事项进行公告，进一步丰富居民投资选择，发展并规范债券市场。

3月6日，中国人民银行农村信用社改革试点专项中央银行票据发行兑付考核评审委员会决定对山西省浮山县农村信用社兑付专项票据，额度为1 570万元，至此全国农村信用社专项票据兑付考核工作全面完成，资金支持政策全部落实到位。

3月6日，中国人民银行联合财政部、银监会、证监会、保监会、扶贫办和共青团中央发布《关于全面做好扶贫开发金融服务工作的指导意见》（银发[2014]65号），要求加强协作，合理配置金融资源，创新金融产品和服务，完善金融基础设施，优化金融生态环境，积极发展农村普惠金融，着力支持贫困地区经济社会持续健康发展和贫困人口脱贫致富。

3月11日，中国人民银行印发《关于切实做好家禽业金融服务工作的通知》（银发[2014]69号），针对H7N9流感疫情和家禽企业、养殖户的困难和资金需求，从保证正常生产经营的资金供应、灵活确定贷款期限和还款方式、合理确定贷款利率水平、建立金融服务应急机制、加大金融政策支持、加强政策协调配合等方面，提出有针对性的解决措施。

3月15日，中国人民银行宣布自2014年3月17日起，银行间即期外汇市场人民币兑美元交易价浮动幅度由1%扩大至2%，外汇指定银行为客户提供当日美元最高现汇卖出价与最低现汇买入价之差不得超过当日汇率中间价的幅度由2%扩大至3%。

3月18日，经中国人民银行授权，中国外汇交易中心宣布在银行间外汇市场开展人民币对新西兰元直接交易。

3月20日，中国人民银行印发《关于开办支小再贷款 支持扩大小微企业信贷投放的通知》（银发[2014]90号），在信贷政策支持再贷款类别下创设支小再贷款，专门用于支持金融机构扩大小微企业信贷投放，同时下达全国支小再贷款额度共500亿元。

3月28日，中国人民银行与德意志联邦银行签署了在法兰克福建立人民币清算安排的合作备忘录。

3月31日，中国人民银行与英格兰银行签署了在伦敦建立人民币清算安排的合作备忘录。

Appendix 1 Highlights of China's Monetary Policy in the First Quarter of 2014

On January 7, the PBC jointly with the Ministry of Science and Technology, the China Banking Regulatory Commission, the China Securities Regulatory Commission, the China Insurance Regulatory Commission, and the State Intellectual Property Office, issued the *Opinions on Vigorously Promoting Institutional Innovations and Improving Financial Services for Science and Technology Development* (PBC Document [2014] No.9), urging and guiding financial institutions to vigorously foster and develop a financial organizational system that promotes science and technology innovation, accelerates innovation in credit products and other financial services, and creates diversified financing channels that are consistent with trends in science and technology innovation and development. Financial institutions are required to promote institutional innovations to better serve scientific and technological innovation and development.

On January 17, the PBC issued the *Notice on Carrying Out the Pilot Program of Standing Lending Facility (SLF) Operations* (PBC Document [2014] No.19). According to the Notice, PBC branch offices began to conduct pilot programs in Beijing. Jiangsu, Shandong, Guangdong, Hebei, Shanxi, Zhejiang, Jilin, Henan, and Shenzhen, aiming to meet the liquidity demands of locally incorporated financial institutions that complied with the macro-prudential requirements to stabilize market expectations and to promote the smooth functioning of the money market.

On January 26, the PBC reported to the Finance and Economy Committee of the National People's Congress on the conduct of monetary policy in 2013.

On January 28, the PBC issued the *Notice on the Establishment of the OTC Financial Derivatives Centralized Clearing Mechanism and Issues Related to the Centralized Clearing of the RMB Interest Rate Swap Business* (PBC Document [2014] No.29). The establishment of the OTC financial derivatives centralized clearing mechanism is of great significance for safe and efficient operations and sound development of the OTC financial derivatives market.

On January 30, to further improve macro-economic management and regulate the positioning of central bank lending, to bring into play the role of the central bank in managing liquidity and guiding structural adjustments in the credit of financial institutions, and to fulfill its mandate, the PBC issued the *Notice on the Classification of Central Bank Lending* (PBC Document [2014] No.36), i.e., the classification of central bank lending was adjusted from three categories to four categories. Central bank liquidity loans were subdivided into central bank liquidity loans and credit policy support loans, while central bank financial stability loans and special policy loans remained unchanged.

On February 8, the *China Monetary Policy Report for Q4 2013* was released.

On February 14, the PBC issued the *Guidelines on Improving Financial Services to Family Farms and Other New Types of Agricultural Entities* (PBC Document [2014] No.42), urging and guiding banking institutions to speed up financial innovation with respect to financial products, interest rates, maturities, credit amounts, procedures, and risk controls to mobilize and allocate credit resources so as to provide better financial services to new types of agricultural production entities, such as family farms, large specialized farming households, farmers' cooperatives, leading agricultural production companies, and so forth.

On February 20, with the authorization of the PBC, the PBC Shanghai Head Office issued the *Notice on Expanding Cross-border Use of RMB in the China (Shanghai) Pilot Free Trade Zone* (PBC Shanghai Head Office Document [2014] No.22) to promote cross-border RMB business in the free trade zone and to encourage cross-border use of RMB.

On February 21, the PBC General Administration Department issued the *Notice on Issues Regarding Assessments of the Efficacy of Credit Policy Guidance on the Agricultural Sector and Small and Micro Enterprises for 2013* (PBC General Administration Department Document [2014] No.36). The PBC assessment of the efficacy of credit policy has successfully migrated from small- and medium-sized enterprises to small and micro enterprises so as to increase the effectiveness and relevance of the assessment work, to encourage and guide financial institutions to improve services to the agricultural sector, rural areas, and farmers, and to small and micro enterprises.

On March 1, the PBC lifted the ceiling on small-value foreign exchange deposit rates in the China (Shanghai) Pilot Free Trade Zone. The experiment in the Free Trade Zone will provide experience for expanding the market-based reform of small-value foreign exchange deposit rates throughout the country and will establish a solid basis for the next stage of promoting the market-based interest-rate reform.

On March 5, the PBC released Public Announcement [2014] No.3 on increasing bond products that are sold at commercial banks' counters so as to further enrich household investment choices and to develop and regulate the bond market.

On March 6, the committee to review the redemption of special central bank bills under the pilot program for the reform of rural credit cooperatives (RCCs) decided to redeem central bank bills, with a quota of RMB15.7 million yuan, from RCCs in Fushan County, Shanxi Province. So far, assessments of the redemption of special central bank bills under the pilot program for the reform of the RCCs have been completed and all policy supporting funds have been put in place.

On March 6, the PBC, jointly with the Ministry of Finance, the China Banking Regulatory Commission, the China Securities Regulatory Commission, the China Insurance Regulatory Commission, the State Council Leading Group Office of Poverty Alleviation and Development, and the Central Committee of the Communist Youth League, issued the *Guidelines on Improving Financial Services for Poverty Alleviation and Development* (PBC Document [2014] No.65), requiring financial institutions to enhance collaboration, make reasonable allocations of financial resources, make innovations in financial products and services, improve the financial infrastructure, optimize the financial ecological system, and actively develop financial inclusion in the rural areas in an effort to support sustainable and healthy economic and social development in poverty-stricken areas and to lift the poor out of poverty.

On March 11, the PBC issued the *Notice on Improving Financial Services to the Poultry Sector* (PBC Document [2014] No.69). In order to address the H7N9 flu situation and to respond to funding demands from poultry farms, financial institutions are required to ensure a supply of funds for normal operations in the poultry sector, to set loan terms and repayment arrangements in a flexible way, to provide reasonable lending rates, to build a financial services emergency response mechanism, to step up financial policy support, to strengthen policy coordination, and to put forward tailored solutions.

On March 15, the PBC announced that, starting from March 17, 2014, the floating band of the RMB against the US dollar on the spot foreign-exchange market will be enlarged from 1 percent to 2 percent, and on each trading day the spread between RMB/USD buying and selling prices offered by the designated foreign-exchange banks to their clients shall be within 3 percent, instead of 2 percent, of the published central parity of the US dollar on that day.

On March 18, with the authorization of the PBC, the China Foreign Exchange Trade System (CFETS) announced the launch of direct trading between the RMB and the New Zealand dollar (NZD) on the inter-bank foreign-exchange market.

On March 20, the PBC issued the *Notice on Launching Central Bank Loans Earmarked for Small and Micro Enterprises and Increasing Credit Extensions to Small and Micro Enterprises* (PBC Document [2014] No.90). According to the Notice, the PBC has launched central bank loans earmarked for small and micro enterprises in the category of central bank credit-support loans to support financial institutions to extend credit to small and micro enterprises. In the meantime, the PBC arranged a total amount of RMB50 billion yuan as a credit quota for central bank loans to support small and micro enterprises nationwide.

On March 28, the PBC and Deutsche Bundesbank signed an MOU on establishing RMB clearing arrangements in Frankfurt.

On March 31, the PBC and the Bank of England signed an MOU on establishing RMB clearing arrangements in London.

附录二 2014年第一季度主要经济体中央银行货币政策

一、美联储

美联储公开市场委员会（FOMC）在1月29日和3月19日例会后进一步缩减资产购买规模各100亿美元，自2014年4月起，抵押贷款支持证券和长期国债的每月购买规模分别降至250亿美元和300亿美元。同时，美联储调整了前瞻性指引，取消了6.5%的失业率门槛值和2.5%的通胀率（未来一至两年）门槛值，将参考一系列更广泛的指标来确定升息时间，强调“在资产购买计划全面结束后，如果长期通胀预期得到较好控制，那么在相当长时间内将联邦基金利率维持在当前目标区间是合适的，特别是在预计通胀率水平持续低于2%的长期目标的情况下”。

二、欧洲中央银行

欧洲中央银行在第一季度三次例会后均宣布继续将主要再融资操作利率、边际存款便利利率和边际贷款便利利率分别维持在0.25%、0%和0.75%，并预计未来一段时间内继续将利率维持在现有水平或调降利率，不排除货币政策进一步宽松。

三、日本银行

日本银行第一季度三次例会均决定继续将基础货币作为货币政策操作的目标，以每年60万亿～70万亿日元的速度增加基础货币，实施“量化和质化宽松货币政策”，以期实现2%的通胀目标。2月18日例会后还宣布将银行贷款刺激工具、增长支持融资工具以及灾区金融机构支持工具的期限延长一年，并将前两项工具的规模增加一倍。

四、英格兰银行

英格兰银行第一季度三次例会均决定继续维持0.5%的基准利率和3 750亿英镑的资产购买规模不变，3月6日例会后还宣布将资产购买计划中3月到期国债的81亿英镑资金用于再投资。由于失业率逼近7%的临界点，英格兰银行在2月对前瞻性指引进行了调整，不再将利率与失业率单独挂钩，而是提到仍然存在吸收闲置产能的空间，并指出即使开始调升基准利率，也会考虑经济发展状况以渐进方式进行。

Appendix 2 Monetary Policies of the Central Banks of the Major Economies in the First Quarter of 2014

I. U.S. Federal Reserve

The Federal Open Market Committee (FOMC) reduced the pace of asset purchases by USD10 billion after each of its regular meetings on January 29 and March 19. The Fed announced that starting from April 2014 it would scale back monthly purchases of mortgage-backed securities and long-term government bonds to USD25 billion and USD30 billion respectively. In the meantime, the Fed adjusted its forward guidance, replacing the unemployment rate threshold of 6.5 percent and the inflation threshold of 2.5 percent (for one to two years in the future) with a series of broader indicators as a reference to determine upward policy-rate adjustments. The Fed emphasized that "it will likely be appropriate to maintain the current target range for the federal funds rate for a considerable time after the asset purchase program ends, especially if projected inflation continues to run below the Committee's 2 percent longer-run goal, and provided that longer-term inflation expectations remain well anchored."

II. European Central Bank

At its three regular meetings held in the first quarter, the European Central Bank (ECB) announced that the interest rate on the main refinancing operations, the marginal interest rate on the lending facility, and the marginal interest rate on the deposit facility will remain unchanged at 0.25 percent, 0 percent, and 0.75 percent respectively, and expected that the interest-rate level would be maintained or lowered in the near future, without ruling out the possibility of further easing the monetary policy.

III. Bank of Japan

At its three regular meetings in the first quarter, the Bank of Japan (BOJ) decided to continue to use the monetary base as the operational target of monetary policy, to increase the monetary base by 60 trillion to 70 trillion yen per year, and to implement a "quantitative and qualitative easing monetary policy" so as to reach the 2 percent inflation target within two years. After its regular meeting on February 18, the BOJ decided to extend the application period for the instrument to stimulate bank credit, the instrument to support growth, and the instrument to support financial institutions in disaster areas by one year and to double the scale of the Bank's provision of funds.

IV. Bank of England

At its three regular meetings in the first quarter, the Bank of England decided to maintain the policy rate of 0.5 percent and the scale of asset purchases at 375 billion pounds. After its monthly meeting on March 6, it announced it would reinvest 8.1 billion pounds of cash flows associated with the March redemptions held in the Asset

Purchase Facility. As the unemployment rate was approaching the threshold of 7 percent, the Bank of England adjusted the forward guidance of monetary policy after its monthly meeting in February, ending linking the interest rate with only the unemployment rate and instead linking it with a series of economic indicators. Nevertheless, the Bank of England pointed out that there was still some space for absorbing idle production capacity and it noted that even if it began to raise the policy rate, it would take economic development into account and would proceed in a progressive manner.

附录三 中国主要经济和金融指标
Appendix 3 China's Major Economic and Financial Indicators

一、经济增长与经济发展水平
1. Economic Growth

1978年以来中国经济增长与宏观经济政策

China's economic growth and macroeconomic policies since 1978

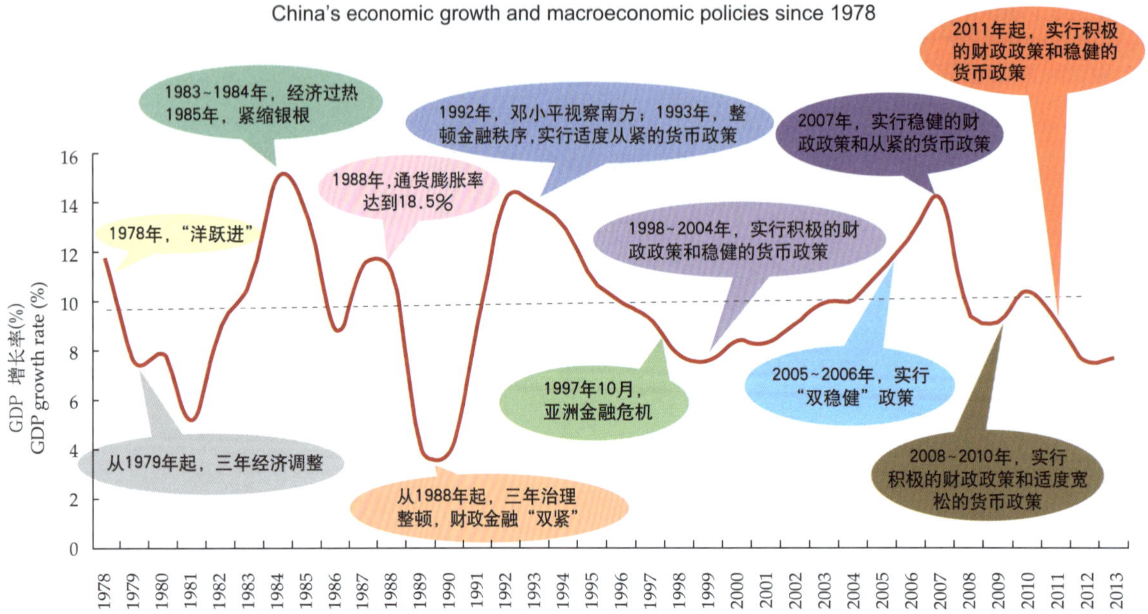

- "Great leap forward" in 1978
- 3-year economic adjustment between 1979 and 1981
- Over-heated economy between 1983 and 1984, tight monetary policy in 1985
- Inflation of 18.5% in 1988
- 3-year rectification from 1988 to 1991, "double tightening" of fiscal and monetary policy
- Deng Xiaoping's remarks on economic reform during his 1992 trip to South China, rectification of financial order and adoption of appropriately tight monetary policy in 1993
- Asian financial crisis of October 1997
- Proactive fiscal policy and sound monetary policy from 1998 to 2004
- "Double sound" fiscal and monetary policy in 2005 and 2006
- Sound fiscal policy and tight monetary policy in 2007
- Proactive financial policy and moderately loose monetary policy in 2008 to 2010
- Proactive financial policy and sound monetary policy since 2011

人均国内生产总值

Per capita GDP

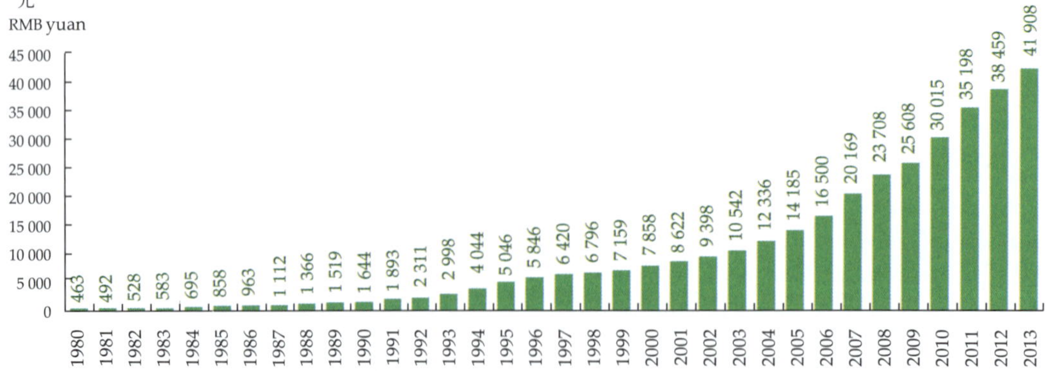

注：图中数据根据国家统计局最新数据修订。

Note: Data are revised by National Bureau of Statistics of China.

GDP总量：据世界银行按汇率折算法测算，2012年中国GDP总量为8.23万亿美元，占世界GDP总量71.67万亿美元的11.5%，位居第二，排在美国之后。根据《2013年世界发展指标》，按购买力平价法估算，2012年中国GDP总量为12.47万亿美元，占世界GDP总量85.54万亿美元的14.6%，位居第二，排在美国之后。

人均GDP：2013年，中国人均GDP为41 908元人民币，按年末汇率折算为6 874美元。

人均国民收入：据世界银行按汇率折算法测算，2012年世界人均国民收入为10 015美元，中国人均国民收入为5 740美元，位居世界213个经济体由高向低排列的第112位。按购买力平价法估算，2012年中国人均国民收入为9 210美元，相当于世界人均国民收入12 079元的76.2%，位居世界213个经济体由高向低排列的第117位。

Gross Domestic Product (GDP): The World Bank estimated that the world total GDP and China's GDP in 2012 were USD71.67 trillion and USD8.23 trillion respectively based on Atlas methodology. Accounting for 11.5 percent of the world total, China's GDP ranked 2nd in the world after U.S.. The World Bank estimated that the world total GDP and China's GDP in 2012 were USD85.54 trillion and USD12.47 trillion respectively based on a PPP basis, according to the *World Development Indicators 2013*. Accounting for 14.6 percent of the world total, China's GDP ranked 2nd in the world, after the U.S..

GDP per capita: In 2013, China's GDP per capita reached RMB41,908 yuan, or USD 6,874 based on the exchange rate at the end of 2013.

Gross National Income (GNI) per capita: The World Bank estimated that in 2012 the GNI per capita for the world as a whole was USD10,015 based on Atlas methodology. The GNI per capita in China was USD5,740, ranking 112th among 213 worldwide economies. In PPP terms, the GNI per capita in China in 2012 was USD9,210, equivalent to 76.2 percent of the world figure which was USD12,079, thus ranking 117th among the 213 worldwide economies.

2012年世界银行按汇率折算法测算的GDP总量前10名排序

Top ten economies in terms of GDP based on atlas methodology in 2012 (World Bank estimation)

排名 Rank	国家 Country		GDP(万亿美元) GDP (USD trillion)	占世界GDP总量的比重(%) As a percent of the world total (%)
1	美国	U.S.	15.68	21.9
2	**中国**	**China**	**8.23**	**11.5**
3	日本	Japan	5.96	8.3
4	德国	Germany	3.40	4.7
5	法国	France	2.61	3.6
6	英国	U.K.	2.44	3.4
7	巴西	Brazil	2.25	3.1
8	俄罗斯	Russia	2.01	2.8
9	意大利	Italy	2.01	2.8
10	印度	India	1.84	2.6
	世界	World total	71.67	100

2012年世界银行按购买力平价方法估算的GDP总量前10名排序

Top ten economies in terms of GDP based on PPP in 2012 (World Bank estimation)

排名 Rank	国家 Country		GDP(万亿美元) GDP (USD trillion)	占世界GDP总量的比重(%) As a percent of the world total (%)
1	美国	U.S.	15.68	18.3
2	**中国**	**China**	**12.47**	**14.6**
3	印度	India	4.79	5.6
4	日本	Japan	4.49	5.2
5	俄罗斯	Russia	3.38	4.0
6	德国	Germany	3.31	3.9
7	巴西	Brazil	2.37	2.8
8	法国	France	2.35	2.8
9	英国	U.K.	2.26	2.6
10	墨西哥	Mexico	2.02	2.4
	世界	World total	85.54	100

世界银行估算的2012年人均国民收入

National income per capita in 2012 (estimated by the World Bank)

单位：美元 Unit: USD

	世界平均 Global average	低收入国家 Low-income countries	中等收入国家 Middle-income countries	较低收入组 Lower-middle-income countries	较高收入组 Upper-middle-income countries	高收入国家 High-income countries
汇率折算法 On atlas methodology	10 015	584	4 369	1 877	6 987	37 595
购买力平价法 On a PPP basis	12 079	1 387	7 228	3 912	10 712	37 545

国内生产总值
Gross domestic product

年/季 Year /Quarter	国内生产总值 GDP		第一产业 Primary industry		第二产业 Secondary industry		第三产业 Tertiary industry	
	绝对值(亿元) Absolute value (RMB 100 million yuan)	增长(%) Growth(%)	绝对值(亿元) Absolute value (RMB 100 million yuan)	增长(%) Growth(%)	绝对值(亿元) Absolute value (RMB 100 million yuan)	增长(%) Growth(%)	绝对值(亿元) Absolute value (RMB 100 million yuan)	增长(%) Growth(%)
2007 I	53 058	13.0	3 654	4.4	26 465	14.6	22 940	12.7
I～II	112 458	13.4	9 283	4.0	57 615	15.0	45 561	13.5
I～III	174 428	13.4	17 937	4.3	86 405	14.8	70 086	14.0
I～IV	257 306	13.0	28 627	3.7	124 799	14.7	103 880	13.8
2008 I	66 284	11.3	4 679	2.8	31 658	11.5	27 097	10.9
I～II	140 478	11.0	11 697	3.4	70 543	11.3	53 596	10.7
I～III	217 026	10.6	21 869	4.4	105 889	11.2	81 989	11.2
I～IV	314 045	9.6	33 702	5.4	149 003	9.9	131 340	10.4
2009 I	69 817	6.6	4 627	3.5	32 658	5.8	32 531	7.9
I～II	148 204	7.5	11 831	3.8	71 703	7.1	64 670	8.5
I～III	231 303	8.2	22 142	4.0	109 101	8.1	100 060	9.3
I～IV	340 903	9.1	35 226	4.2	157 639	9.9	148 038	9.3
2010 I	82 613	12.1	5 144	3.8	39 436	14.5	38 034	10.5
I～II	174 879	11.2	13 379	3.6	86 261	13.3	75 239	9.9
I～III	272 627	10.7	25 623	4.0	129 947	12.6	117 056	9.7
I～IV	401 513	9.8	40 534	4.3	187 383	12.3	173 596	9.8
2011 I	97 480	9.8	5 952	3.3	46 944	10.8	44 584	9.7
I～II	206 488	9.5	15 626	3.0	102 527	10.6	88 336	9.7
I～III	322 345	9.2	30 196	3.6	154 552	10.6	137 596	9.5
I～IV	473 104	8.9	47 486	4.3	220 413	10.3	205 205	9.4
2012 I	108 486	8.1	6 922	3.8	51 413	9.1	50 151	7.5
I～II	228 035	7.8	17 471	4.3	110 864	8.3	99 700	7.8
I～III	353 724	7.7	33 088	4.2	165 429	8.1	155 207	7.9
I～IV	518 942	7.7	52 377	4.5	235 319	8.1	231 626	8.1
2013 I	118 855	7.7	7 427	3.4	54 569	7.8	56 859	8.3
I～II	248 009	7.6	18 622	3.0	117 037	7.6	112 350	8.3
I～III	386 762	7.8	35 669	3.4	175 118	7.8	175 975	8.4
I～IV	568 845	7.7	56 957	4.0	249 684	7.8	262 204	8.3
2014 I	128 213	7.4	7 776	3.5	57 587	7.3	62 850	7.8

注：① 表中绝对数按当年价格计算，"比上年同期增长"按不变价格计算。
② 表中数据根据国家统计局最新数据修订。

Notes: 1. Absolute figures in this table are calculated at current prices, and the year-on-year growth rates are calculated at constant prices.
2. Data are revised by National Bureau of Statistics of China.

1978年以来GDP及其增长率
GDP and its annual growth rate since 1978

年 Year	GDP(万亿元) GDP(RMB trillion yuan)	GDP增长率(%) GDP growth rate(%)
1978	0.4	11.7
1979	0.4	7.6
1980	0.5	7.8
1981	0.5	5.3
1982	0.5	9.0
1983	0.6	10.9
1984	0.7	15.2
1985	0.9	13.5
1986	1.0	8.9
1987	1.2	11.6
1988	1.5	11.3
1989	1.7	4.1
1990	1.9	3.8
1991	2.2	9.2
1992	2.7	14.2
1993	3.5	14.0
1994	4.8	13.1
1995	6.1	10.9
1996	7.1	10.0
1997	7.9	9.3
1998	8.4	7.8
1999	9.0	7.6
2000	9.9	8.4
2001	11.0	8.3
2002	12.0	9.1
2003	13.6	10.0
2004	16.0	10.1
2005	18.3	10.4
2006	21.2	11.6
2007	25.7	13.0
2008	31.4	9.6
2009	34.1	9.2
2010	40.2	10.4
2011	47.3	9.3
2012	51.9	7.7
2013	56.9	7.7

注：表中数据根据国家统计局最新数据修订。
Note: Data are revised by National Bureau of Statistics of China.

GDP及其增长率
GDP and its annual growth rate

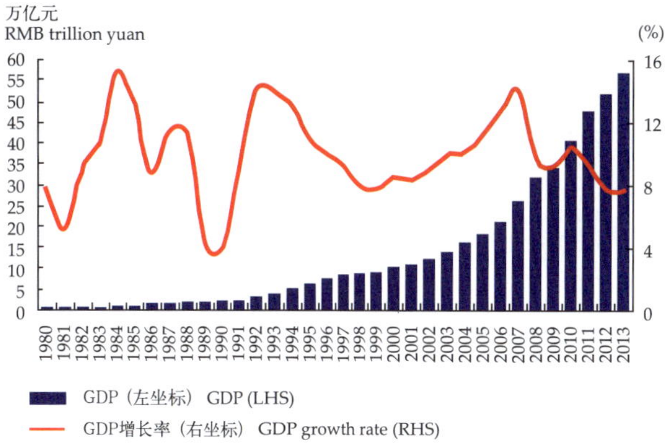

2004年以来GDP季度累计增长率
Quarterly accumulated GDP growth rates since 2004

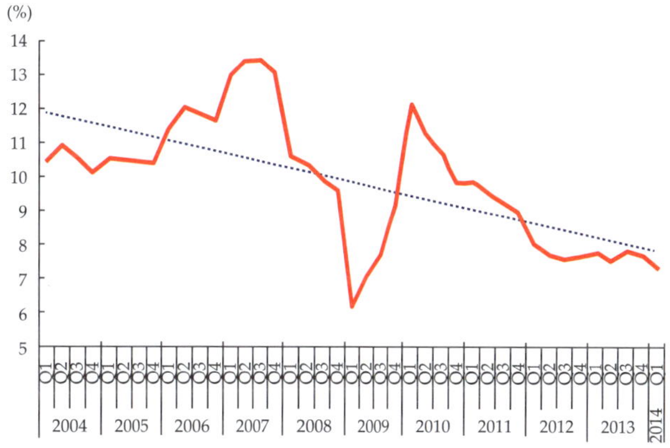

季度GDP三次产业所占的比重与增长率变化
Shares of industries in GDP and their growth rates on a quarterly basis

单位：% Unit: %

年/季 Year/Quarter	第一产业所占的比重 Share of primary industry	第二产业所占的比重 Share of secondary industry	第三产业所占的比重 Share of tertiary industry	第一产业同比累计增长 YOY accumulated growth of primary industry	第二产业同比累计增长 YOY accumulated growth of secondary industry	第三产业同比累计增长 YOY accumulated growth of tertiary industry
2007Q1	6.9	49.9	43.2	4.4	14.6	12.7
2007Q2	8.3	51.2	40.5	4.0	15.0	13.5
2007Q3	10.3	49.5	40.2	4.3	14.8	14.0
2007Q4	11.1	48.5	40.4	3.7	14.7	13.8
2008Q1	7.4	49.9	42.7	2.8	11.5	10.9
2008Q2	8.8	51.5	39.8	3.5	11.3	10.7
2008Q3	10.6	50.0	39.4	4.5	10.6	10.5
2008Q4	10.7	47.4	41.8	5.5	9.3	9.5
2009Q1	7.1	48.6	44.2	3.5	5.3	7.4
2009Q2	8.6	50.1	41.3	3.8	6.6	8.3
2009Q3	10.3	48.9	40.8	4.0	7.5	8.8
2009Q4	10.3	46.2	43.4	4.2	9.9	9.3
2010Q1	6.2	47.7	46.0	3.8	14.5	10.5
2010Q2	7.7	49.3	43.0	3.6	13.3	9.9
2010Q3	9.4	47.7	42.9	4.0	12.6	9.7
2010Q4	10.1	46.7	43.2	4.3	12.3	9.8
2011Q1	6.1	48.2	45.7	3.3	10.8	9.6
2011Q2	7.6	49.7	42.7	3.0	10.6	9.6
2011Q3	9.4	48.0	42.6	3.6	10.6	9.5
2011Q4	10.0	46.6	43.3	4.3	10.3	9.4
2012Q1	6.4	47.4	46.2	3.8	9.1	7.5
2012Q2	7.7	48.6	43.7	4.3	8.3	7.7
2012Q3	9.4	46.8	43.8	4.2	8.1	7.9
2012Q4	10.1	45.3	44.6	4.5	7.9	8.1
2013Q1	6.2	45.9	47.8	3.4	7.8	8.3
2013Q2	7.5	47.2	45.3	3.0	7.6	8.3
2013Q3	9.2	45.3	45.5	3.4	7.8	8.4
2013Q4	10.0	43.9	46.1	4.0	7.8	8.3
2014Q1	6.1	44.9	49.0	3.5	7.3	7.8

注：表中数据根据国家统计局最新数据修订。
Note: Data are revised by National Bureau of Statistics of China.

季度GDP三次产业所占的比重与增长率变化
Shares of industries in GDP and their growth rates on a quarterly basis

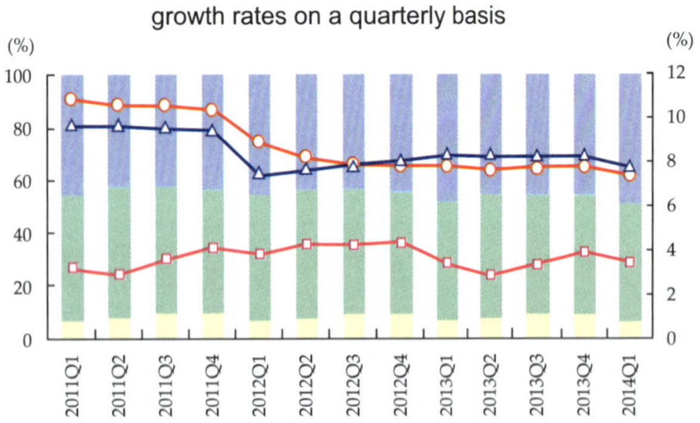

第三产业所占的比重（左坐标） Share of tertiary industry (LHS)
第二产业所占的比重（左坐标） Share of secondary industry (LHS)
第一产业所占的比重（左坐标） Share of primary industry (LHS)
第三产业同比累计增长（右坐标） YOY accumulated growth of tertiary industry (RHS)
第二产业同比累计增长（右坐标） YOY accumulated growth of secondary industry (RHS)
第一产业同比累计增长（右坐标） YOY accumulated growth of primary industry (RHS)

2003年以来年度GDP中三大产业比重
Shares of industries in GDP since 2003

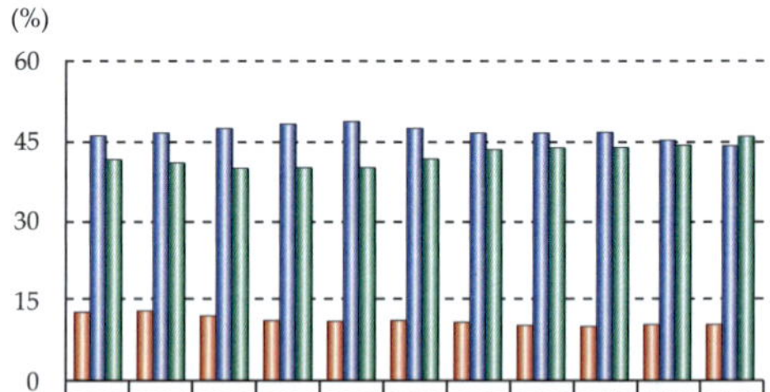

	2003	2004	2005	2006	2007	2008	2009	2010	2011	2012	2013
第一产业 Primary industry	12.6	13.1	12.2	11.1	11.1	10.7	10.3	10.1	10.0	10.1	10.0
第二产业 Secondary industry	46.0	46.2	47.7	47.9	48.5	47.4	46.2	46.7	46.6	45.3	43.9
第三产业 Tertiary industry	41.4	40.7	40.1	40.0	40.4	41.8	43.4	43.2	43.4	44.5	46.1

注：图中数据根据国家统计局最新数据修订。
Note: Data are revised by National Bureau of Statistics of China.

工业增加值增长速度
Growth rate of value added of industry

单位：% Unit: %

年/月 Year/Month		工业增加值 Value added	轻工业 Light industry	重工业 Heavy industry	国有及国有控股企业 State-owned and state-holding enterprises	集体企业 Collectively-owned enterprises	股份制企业 Joint-stock enterprises	外商及港澳台投资企业 Enterprises with foreign, HongKong, Macau, and Taiwan investment
		比上年同期增长(%) Year-on-year growth rate(%)						
2007		18.5	16.3	19.6	13.8	11.5	20.6	17.5
2008		12.9	12.3	13.2	9.1	8.1	15.0	9.9
2009		11.0	9.7	11.5	6.9	10.2	10.3	6.2
2010		15.7	13.6	16.5	13.7	9.4	16.8	14.5
2011		13.9	13.0	14.3	9.9	9.3	15.8	10.4
2012		10.0	10.1	9.9	6.4	7.1	11.8	6.3
2013	1	—	—	—	—	—	—	—
	2	—	—	—	—	—	—	—
	3	8.9	8.2	9.1	4.3	5.8	11.0	6.1
	4	9.3	8.5	9.6	4.3	5.7	10.9	7.4
	5	9.2	8.0	9.8	4.4	4.0	10.7	8.1
	6	8.9	7.9	9.3	6.3	1.7	10.5	7.8
	7	9.7	8.2	10.3	8.1	3.6	11.1	7.9
	8	10.4	9.2	10.8	9.5	2.9	11.7	8.7
	9	10.2	—	—	7.8	3.8	11.1	9.4
	10	10.3	—	—	8.4	5.4	11.1	9.6
	11	10.0	—	—	9.1	2.4	11.1	9.5
	12	9.7	—	—	8.3	3.4	10.8	8.9
2014	1	—	—	—	—	—	—	—
	2	—	—	—	—	—	—	—
	3	8.8	—	—	4.6	1.7	10.1	7.8
2013	1~2	9.9	9.1	10.2	5.8	6.5	11.4	7.7
	1~3	9.5	8.7	9.8	5.2	6.7	11.3	6.9
	1~4	9.4	8.6	9.7	4.9	6.5	11.1	7.1
	1~5	9.4	8.5	9.7	4.9	5.7	11.0	7.3
	1~6	9.3	8.4	9.6	5.2	5.0	10.9	7.4
	1~7	9.4	8.4	9.7	5.6	4.8	10.9	7.5
	1~8	9.5	8.5	9.8	6.1	4.6	11.0	7.7
	1~9	9.6	—	—	6.3	4.5	11.0	7.9
	1~10	9.7	—	—	6.5	4.6	11.0	8.1
	1~11	9.7	—	—	6.8	4.4	11.0	8.2
	1~12	9.7	—	—	6.9	4.3	11.0	8.3
2014	1~2	8.6	—	—	4.4	3.9	9.9	7.8
	1~3	8.7	—	—	4.5	3.1	10.0	7.8

注：①自2011年起，工业统计范围调整为年主营收入2 000万元及以上的工业企业。
②本表中“比上年同期增长”按可比价格计算。

Notes: 1. Since 2011, the statistical coverage of industry has been adjusted to industrial enterprises with the annual sales income from main business of RMB20 million yuan and above.

2. The year-on-year changes in this table are calculated at comparable prices.

工业增加值增长速度及工业产品销售率
Growth rate of industrial value added and ratio of sales to output of industrial products

单位：% Unit: %

年/月 Year/Month		当月工业增加值同比增长 YOY growth of monthly industrial value added	工业增加值月度累计同比增长 YOY growth of monthly accumulated industrial value added	当月销售率 Monthly ratio of sales to output
2012	7	9.2	10.3	98.2
	8	8.9	10.1	98.4
	9	9.2	10.0	98.3
	10	9.6	10.0	98.1
	11	10.1	10.0	98.0
	12	10.3	10.0	99.5
2013	1	—	—	98.5
	2	—	9.9	97.3
	3	8.9	9.5	96.8
	4	9.3	9.4	98.5
	5	9.2	9.4	97.8
	6	8.9	9.3	97.5
	7	9.7	9.4	98.4
	8	10.4	9.5	98.3
	9	10.2	9.6	98.0
	10	10.3	9.7	97.9
	11	10.0	9.7	97.6
	12	9.7	9.7	99.1
2014	1	—	—	—
	2	—	8.6	—
	3	8.8	8.7	96.9

工业增加值增长速度及工业产品销售率
Growth rate of industrial value added and ratio of sales to output of industrial products

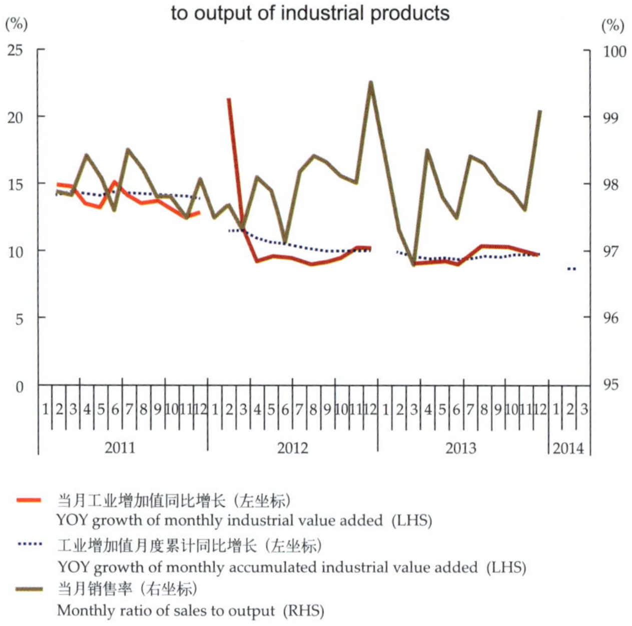

二、价格走势
2. Price Development

1.各种价格指数一览
(1) Overview of price indices

各种价格指数变动表
Changes in price indices

单位：% Unit: %

年/月 Year/Month		居民消费价格指数 Comsumer price indices			农业生产资料价格指数 Price indices of mean of agricutural production		工业生产者购进价格指数 Purchasing price index for industrial producers		工业生产者出厂价格指数 Producer price index for manufactured goods		固定资产投资价格指数 Price indices of investment in fixed assets		进出口同比价格指数 Import-export price index (YOY)		
		月环比 MOM	当月同比 YOY	累计同比 Accumulated YOY	当月同比 YOY	累计同比 Accumulated YOY	当月同比 YOY	累计同比 Accumulated YOY	当月同比 YOY	累计同比 Accumulated YOY	当季同比 YOY	累计同比 Accumulated YOY	出口 Exports	进口 Imports	贸易条件 Terms of trade
2011	1	1.0	4.9	4.9	5.4	5.4	9.7	9.7	6.6	6.6	—	—	11.0	11.7	99.4
	2	1.2	4.9	4.9	6.5	6.0	10.4	10.0	7.2	6.9	—	—	11.4	16.6	95.5
	3	-0.2	5.4	5.0	8.6	6.9	10.5	10.2	7.3	7.1	6.5	6.5	7.5	15.5	93.1
	4	0.1	5.3	5.1	10.2	7.7	10.4	10.3	6.8	7.0	—	—	10.9	12.9	98.2
	5	0.1	5.5	5.2	11.4	8.4	10.2	10.2	6.8	7.0	—	—	9.4	16.7	93.7
	6	0.3	6.4	5.4	13.5	9.3	10.5	10.3	7.1	7.0	6.7	6.6	10.9	15.7	95.9
	7	0.5	6.5	5.5	14.6	10.1	11.0	10.4	7.5	7.1	—	—	10.3	15.0	95.9
	8	0.3	6.2	5.6	14.7	10.6	10.6	10.4	7.3	7.1	—	—	9.2	15.6	94.5
	9	0.5	6.1	5.7	15.0	11.1	10.0	10.4	6.5	7.0	7.3	6.8	9.5	14.8	95.4
	10	0.1	5.5	5.6	13.7	11.4	8.0	10.1	5.0	6.8	—	—	9.5	13.6	96.4
	11	-0.2	4.2	5.5	11.2	11.4	5.1	9.7	2.7	6.4	—	—	9.6	10.5	99.2
	12	0.3	4.1	5.4	10.4	11.3	3.5	9.1	1.7	6.0	5.7	6.6	11.1	9.1	101.8
2012	1	1.5	4.5	4.5	9.8	9.8	2.0	2.0	0.7	0.7	—	—	6.9	7.0	99.9
	2	-0.1	3.2	3.9	9.3	9.5	1.0	1.5	0.0	0.4	—	—	5.1	5.4	99.7
	3	0.2	3.6	3.8	8.0	9.0	0.1	1.0	-0.3	0.1	2.3	2.3	2.1	0.0	102.1
	4	-0.1	3.4	3.7	7.7	8.7	-0.8	0.6	-0.7	-0.1	—	—	4.8	-0.2	105.0
	5	-0.3	3.0	3.5	7.1	8.4	-1.6	0.1	-1.4	-0.3	—	—	2.9	-1.1	104.0
	6	-0.6	2.2	3.3	5.2	7.8	-2.5	-0.3	-2.1	-0.6	1.6	2.0	2.9	-0.7	103.6
	7	0.1	1.8	3.1	3.7	7.2	-3.4	-0.8	-2.9	-1.0	—	—	1.1	-3.8	105.1
	8	0.6	2.0	2.9	3.1	6.7	-4.1	-1.2	-3.5	-1.3	—	—	1.3	-4.2	105.7
	9	0.3	1.9	2.8	2.9	6.2	-4.1	-1.5	-3.6	-1.5	0.2	1.4	-1.0	-1.7	100.7
	10	-0.1	1.7	2.7	3.2	5.9	-3.3	-1.7	-2.8	-1.6	—	—	-0.7	-1.9	101.2
	11	0.1	2.0	2.7	3.7	5.7	-2.8	-1.8	2.2	-1.7	—	—	-0.5	-2.6	102.2
	12	0.8	2.5	2.6	3.9	5.6	-2.4	-1.8	-1.9	-1.7	0.3	1.1	1.8	-2.4	104.3
2013	1	1.0	2.0	2.0	4.1	4.1	-1.9	-1.9	-1.6	-1.6	—	—	0.7	-5.0	106.0
	2	1.1	3.2	2.6	3.6	3.8	-1.9	-1.9	-1.6	-1.6	—	—	-0.2	-1.7	101.5
	3	-0.9	2.1	2.4	2.9	3.5	-2.0	-2.0	-1.9	-1.7	0.2	0.2	-0.9	1.3	97.8
	4	0.2	2.4	2.4	1.6	3.0	-2.7	-2.1	-2.6	-2.0	—	—	-0.1	-2.5	102.5
	5	-0.6	2.1	2.4	0.9	2.6	-3.0	-2.3	-2.9	-2.1	—	—	-0.9	-4.5	103.8
	6	0.0	2.7	2.4	1.1	2.3	-2.7	-2.4	-2.7	-2.2	-0.1	0.0	-0.7	-1.8	101.1
	7	0.1	2.7	2.4	1.1	2.2	-2.2	-2.3	-2.3	-2.2	—	—	-2.3	-0.9	98.6
	8	0.5	2.6	2.5	1.0	2.0	-1.6	-2.3	-1.6	-2.2	—	—	-2.1	-1.4	99.3
	9	0.8	3.1	2.5	0.4	1.8	-1.6	-2.2	-1.3	-2.1	0.1	0.0	0.7	-1.1	101.8
	10	0.1	3.2	2.6	0.2	1.7	-1.6	-2.1	-1.5	-2.0	—	—	0.1	-1.8	101.9
	11	-0.1	3.0	2.6	0.3	1.5	-1.5	-2.1	-1.4	-2.0	—	—	-2.2	-1.3	99.1
	12	0.3	2.5	2.6	0.4	1.4	-1.4	-2.0	-1.4	-1.9	0.9	0.3	0.1	-1.4	101.5
2014	1	1.0	2.5	2.5	-0.1	-0.1	-1.7	-1.7	-1.6	-1.6	—	—	-1.3	-2.6	101.3
	2	0.5	2.0	2.2	-0.6	-0.3	-2.1	-1.9	-2.0	-1.8	—	—	-0.8	-6.8	106.4
	3	-0.5	2.4	2.3	-1.2	-0.6	-2.5	-2.1	-2.3	-2.0	1.1	1.1	-3.4	-6.0	102.8

注：国家统计局从2011年1月开始实施新的工业生产者价格统计调查制度方法。将“工业品价格统计”改称为“工业生产者价格统计”，相应地将“原材料、燃料、动力购进价格指数”改称为“工业生产者购进价格指数”，将“工业品出厂价格指数”改称为“工业生产者出厂价格指数”。
Note: Since January 2011, NBS begins to conduct new statistical system and survey methods on PPI. "Prices statistics on industrial goods" is renamed to "prices statistics on industrial producers". Accordingly, "purchasing prices for raw material,fuels and power" is renamed to "purchasing price for industrial producers", "producer price index of industrial products" is renamed to "producer price index for manufactured goods".

居民消费价格月环比指数变动
Change in CPI (month-on-month)

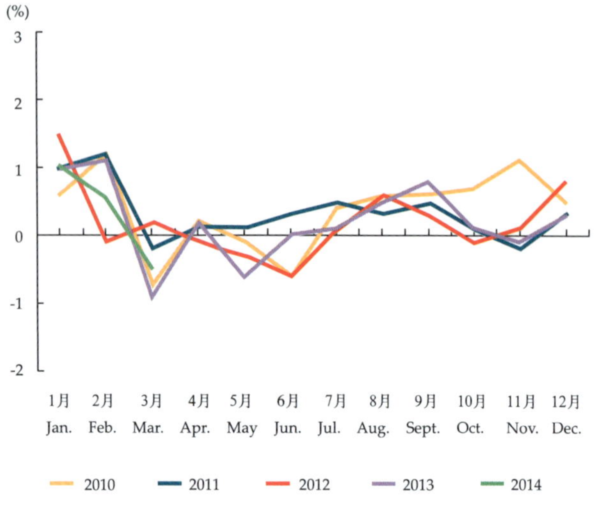

居民消费价格同比指数变动
Change in CPI (year-on-year)

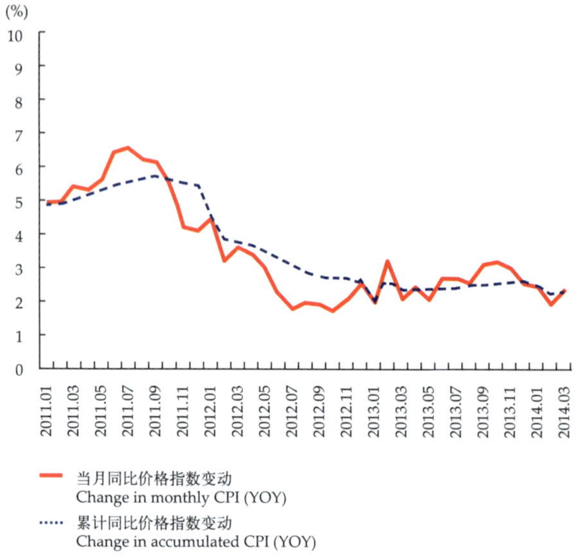

居民消费价格指数与生产价格指数的比较
Comparison between changes in CPI and PPI

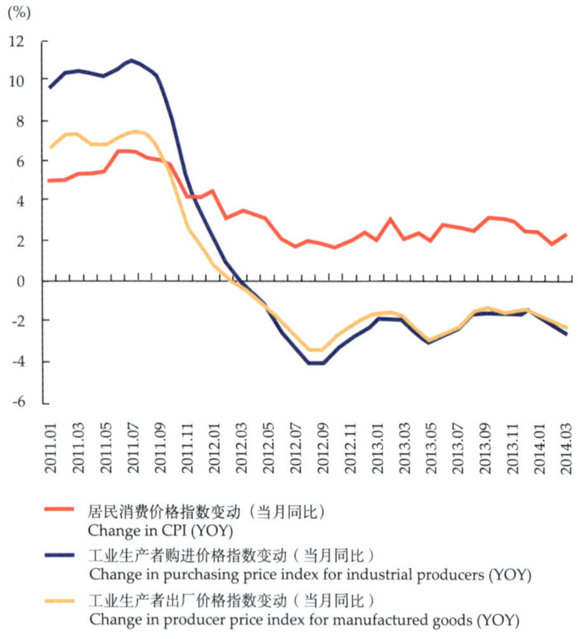

进出口价格指数和贸易条件
Import-export price index and terms of trade

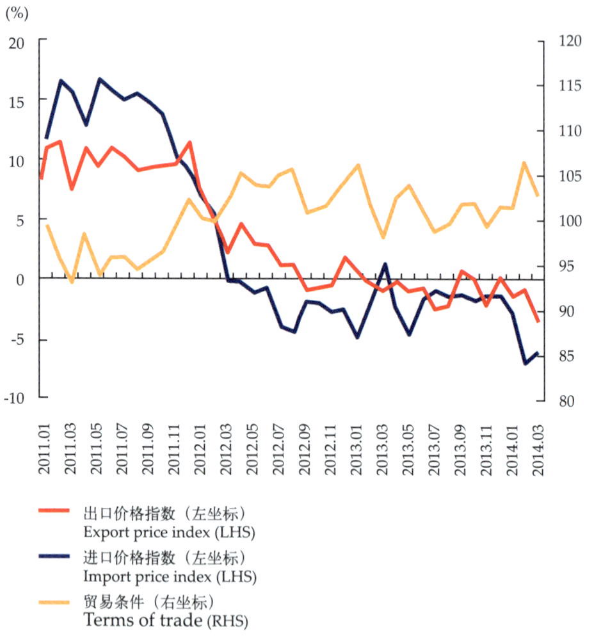

2.分类指数
(2) Breakdown of indices

居民消费价格当月同比分类指数变动
Breakdown of changes in CPI (YOY)

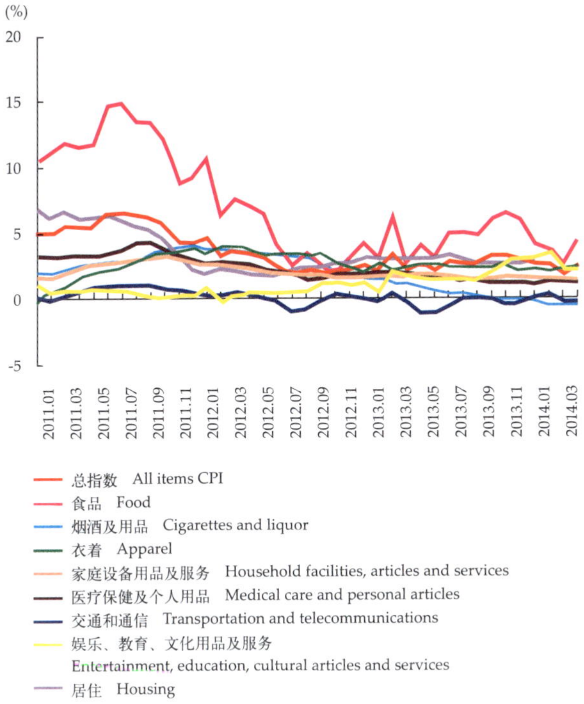

工业生产者出厂价格当月同比指数变动
按生产资料和生活资料分类
Breakdown of changes in producer price index (PPI) for manufactured goods by means of production and means of consumer goods (YOY)

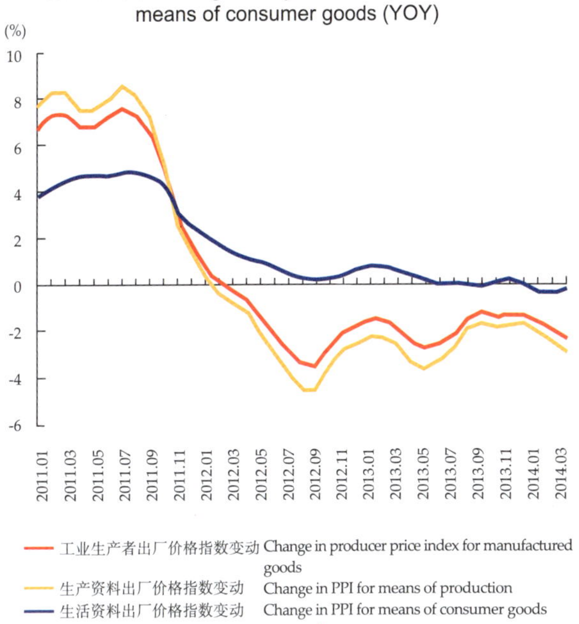

生活资料出厂价格当月同比分类指数变动
Breakdown of changes in PPI for means of consumer goods (YOY)

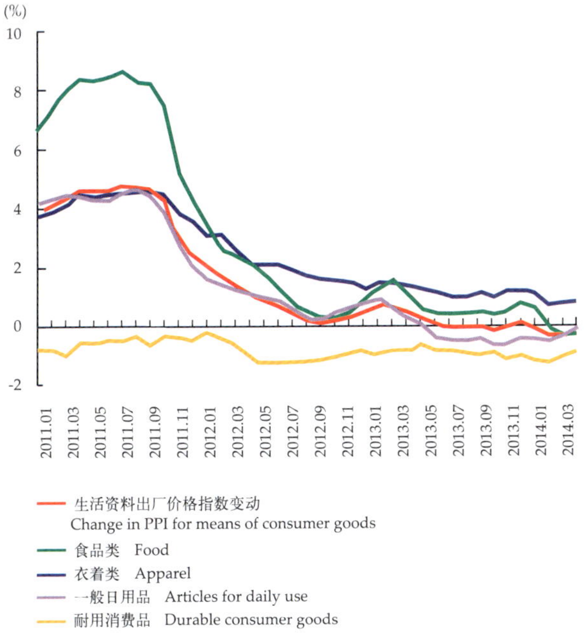

生产资料出厂价格当月同比分类指数变动
Breakdown of changes in PPI for means of production (YOY)

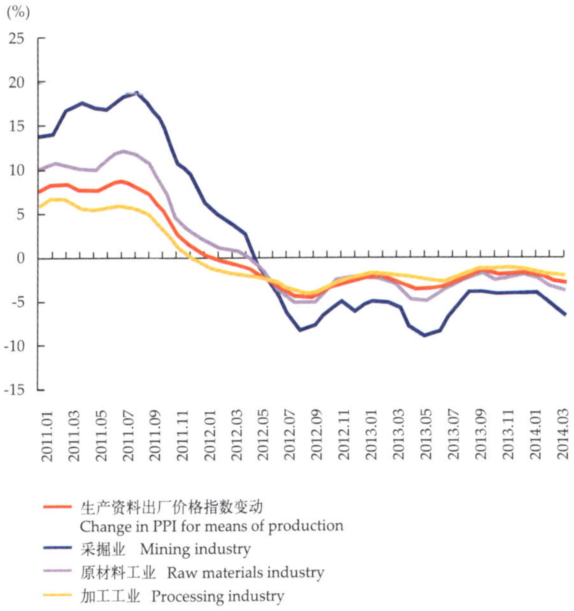

三、就业、失业与收入
3. Employment, Unemployment and Income

人口与就业基本情况
Population and employment

年 Year	年底总人口（亿人） Population at the end of the year (100 million people)					15~64岁人口数(亿人) Population between 15~64 years of age (100 million people)	就业人员(亿人) Employment (100 million people)
		城镇 Urban	比重(%) Share (%)	乡村 Rural	比重(%) Share (%)		
2004	13.0	5.4	42	7.6	58	9.2	7.4
2005	13.1	5.6	43	7.5	57	9.4	7.5
2006	13.1	5.8	44	7.3	56	9.5	7.5
2007	13.2	6.1	46	7.1	54	9.6	7.5
2008	13.3	6.2	47	7.0	53	9.7	7.6
2009	13.3	6.5	48	6.9	52	9.7	7.6
2010	13.4	6.7	50	6.7	50	10.0	7.6
2011	13.5	6.9	51	6.6	49	10.0	7.6
2012	13.5	7.1	53	6.4	47	10.0	7.7
2013	13.6	7.3	54	6.3	46	9.9	7.7

注：表中数据根据第六次人口普查数据重新修订。
Note:Data are revised according to the 6th National Population Census.

就业人员按城乡和产业分类
Employment in urban and rural areas and in industries

年 Year	就业人员(亿人) Employment (100 million people)	按城乡分 Urban and rural				按产业分 Industries					
		城镇 Urban	比重(%) Share (%)	乡村 Rural	比重(%) Share (%)	第一产业 Primary industry	比重(%) Share (%)	第二产业 Secondary industry	比重(%) Share (%)	第三产业 Tertiary industry	比重(%) Share (%)
2004	7.43	2.73	36.8	4.70	63.2	3.48	46.9	1.67	22.5	2.27	30.6
2005	7.46	2.84	38.0	4.63	62.0	3.34	44.8	1.78	23.8	2.34	31.4
2006	7.50	2.96	39.5	4.53	60.5	3.19	42.6	1.89	25.2	2.41	32.2
2007	7.53	3.10	41.1	4.44	58.9	3.07	40.8	2.02	26.8	2.44	32.4
2008	7.56	3.21	42.5	4.35	57.5	2.99	39.6	2.06	27.2	2.51	33.2
2009	7.58	3.33	43.9	4.25	56.1	2.89	38.1	2.11	27.8	2.59	34.1
2010	7.61	3.47	45.6	4.14	54.4	2.79	36.7	2.18	28.7	2.63	34.6
2011	7.64	3.59	47.0	4.05	53.0	2.66	34.8	2.25	29.5	2.73	35.7
2012	7.67	3.71	48.4	3.96	51.6	2.58	33.6	2.32	30.3	2.77	36.1
2013	7.70	3.82	49.7	3.87	50.3	2.42	31.4	2.32	30.1	2.96	38.5

注：表中数据根据第六次人口普查数据重新修订。
Note:Data are revised according to the 6th National Population Census.

城乡居民家庭人均收入
Urban and rural household income (per capita)

年/季 Year/Quarter		农村居民家庭人均现金收入 Rural household cash income (per capita)		城镇居民家庭人均可支配收入 Urban household disposable income (per capita)	
		绝对值(元) Absolute value (RMB yuan)	同比实际增长(%) Growth in real terms (YOY) (%)	绝对值(元) Absolute value (RMB yuan)	同比实际增长(%) Growth in real terms (YOY) (%)
2011	I	2 187	14.3	5 963	7.1
	I~II	3 706	13.7	11 041	7.6
	I~III	5 875	13.6	16 301	7.8
	I~IV	8 639	—	21 810	8.4
2012	I	2 560	12.7	6 796	9.8
	I~II	4 304	12.4	12 509	9.7
	I~III	6 778	12.3	18 427	9.8
	I~IV	9 787	—	24 565	9.6
2013	I	2 871	9.3	7 427	6.7
	I~II	4 817	9.2	13 649	6.5
	I~III	7 627	9.6	20 169	6.8
	I~IV	10 983	—	26 955	7.0
2014	I	3 224	10.1	8 155	7.2

城镇失业人数和失业率
Unemployed urban population and unemployment rate

年/季度末 Year/End of quarter		城镇登记失业人数(万人) Registered unemployment in urban areas (10 000 people)	城镇登记失业率(%) Registered unemployment rate in urban areas(%)
2011	I	909	4.1
	II	908	4.1
	III	911	4.1
	IV	922	4.1
2012	I	907	4.1
	II	918	4.1
	III	926	4.1
	IV	917	4.1
2013	I	926	4.1
	II	923	4.1
	III	921	4.0
	IV	926	4.1
2014	I	940	4.1

四、国内需求
4. Domestic Demand

1.按支出法计算的国内生产总值
(1) Expenditure-based GDP

按支出法计算的国内生产总值及其构成
Expenditure-based GDP and its composition

年 Year	按支出法计算的国内生产总值(亿元) Expenditure-based GDP (RMB100 million yuan)	最终消费 Final consumption	居民消费 Household consumption	城镇居民 Urban	农村居民 Rural	政府消费 Government consumption	资本形成总额 Total capital formation	固定资本形成 Fixed capital formation	存货增加 Increased inventory	货物和服务净出口 Net exports of goods and services
	绝对值(亿元) Absolute value (RMB100 million yuan)									
2001	109 028	66 934	49 436	33 645	15 791	17 498	39 769	37 755	2 015	2 325
2002	120 476	71 817	53 057	36 785	16 272	18 760	45 565	43 632	1 933	3 094
2003	136 613	77 686	57 650	41 344	16 306	20 036	55 963	53 491	2 472	2 965
2004	160 957	87 553	65 219	47 529	17 690	22 334	69 168	65 118	4 051	4 236
2005	187 424	99 358	72 959	53 000	19 958	26 399	77 857	74 233	3 624	10 209
2006	222 713	113 104	82 576	60 790	21 786	30 528	92 954	87 954	5 000	16 655
2007	266 599	132 233	96 333	72 127	24 206	35 900	110 943	103 949	6 995	23 423
2008	315 975	153 423	111 670	83 993	27 677	41 752	138 325	128 084	10 241	24 227
2009	348 775	169 275	123 585	94 579	29 005	45 690	164 463	156 680	7 783	15 037
2010	402 817	194 115	140 759	108 784	31 975	53 356	193 604	183 615	9 989	15 098
2011	472 619	232 112	168 957	129 987	38 970	63 155	225 007	215 682	12 662	12 163
2012	529 399	261 994	190 585	148 113	42 310	79 978	252 773	241 757	11 016	14 632
2013	586 673	292 166	212 188	—	—	79 978	280 356	269 075	11 281	14 151
	构成(%) Composition (%)									
2001	100	61.4	45.3	30.9	14.5	16.0	36.5	34.6	1.8	2.1
2002	100	59.6	44.0	30.5	13.5	15.6	37.8	36.2	1.6	2.6
2003	100	56.9	42.2	30.3	11.9	14.7	41.0	39.2	1.8	2.2
2004	100	54.4	40.5	29.5	11.0	13.9	43.0	40.5	2.5	2.6
2005	100	53.0	38.9	28.3	10.6	14.1	41.5	39.6	1.9	5.4
2006	100	50.8	37.1	27.3	9.8	13.7	41.7	39.5	2.2	7.5
2007	100	49.6	36.1	27.1	9.1	13.5	41.6	39.0	2.6	8.8
2008	100	48.6	35.3	26.6	8.8	13.2	43.8	40.5	3.2	7.7
2009	100	48.5	35.4	27.1	8.3	13.1	47.2	44.9	2.2	4.3
2010	100	48.2	34.9	27.0	7.9	13.2	48.1	45.6	2.5	3.7
2011	100	49.1	35.7	27.5	8.2	13.4	47.6	45.6	2.7	2.6
2012	100	49.5	36.0	28.0	8.0	15.1	47.7	45.7	2.1	2.8
2013	101	49.8	36.2	—	—	13.6	47.8	45.9	1.9	2.4

注：表中数据根据国家统计局最新数据修订。
Note: Data are revised by National Bureau of Statistics of China.

按支出法计算的国内生产总值构成变化
Changes in the composition of GDP (based on expenditures)

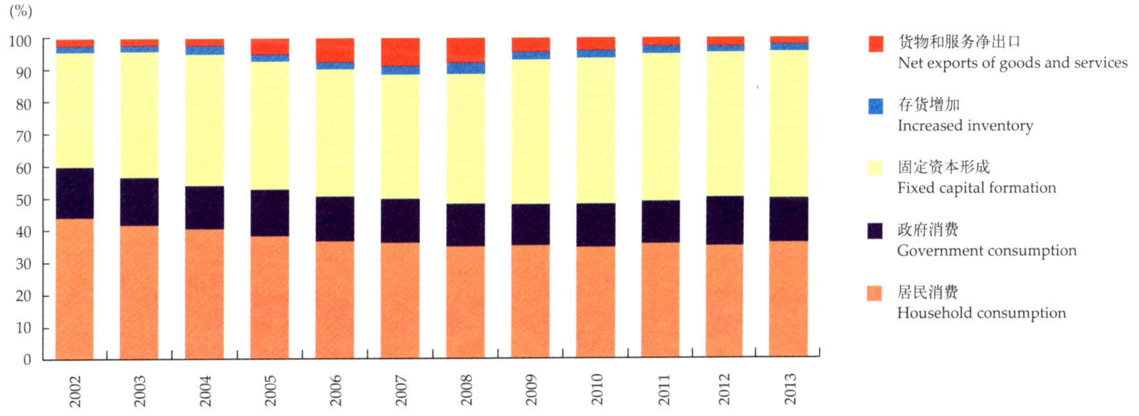

投资率和消费率
Investment ratio and consumption ratio

单位：% Unit: %

年 Year	资本形成率(投资率) Capital formation ratio (investment ratio)	最终消费率(消费率) Final consumption ratio (consumption ratio)
1986	37.5	64.9
1987	36.3	63.6
1988	37.0	63.9
1989	36.6	64.5
1990	34.9	62.5
1991	34.8	62.4
1992	36.6	62.4
1993	42.6	59.3
1994	40.5	58.2
1995	40.3	58.1
1996	38.8	59.2
1997	36.7	59.0
1998	36.2	59.6
1999	36.2	61.1
2000	35.3	62.3
2001	36.5	61.4
2002	37.8	59.6
2003	41.0	56.9
2004	43.0	54.4
2005	41.5	53.0
2006	41.7	50.8
2007	41.6	49.6
2008	43.8	48.6
2009	47.2	48.5
2010	48.1	48.2
2011	48.3	49.1
2012	47.7	49.5
2013	47.8	49.8

注：表中数据根据国家统计局最新数据修订。
Note: Data are revised by National Bureau of Statistics of China.

生产法现价GDP与支出法现价GDP及其增长率比较
Comparison between production-based GDP and expenditure-based GDP at current price

年 Year	(1)生产法GDP Production-based GDP		(2)支出法GDP Expenditure-based GDP		(1)−(2)	
	绝对量(亿元) Absolute value (RMB100 million yuan)	现价增速(%) Growth rate at current price(%)	绝对量(亿元) Absolute value (RMB100 million yuan)	现价增速(%) Growth rate at current price(%)	绝对量(亿元) Absolute value (RMB100 million yuan)	现价增速(%) Growth rate at current price(%)
1990	18 668	9.9	19 348	11.8	-680	-1.90
1991	21 781	16.7	22 577	16.7	-796	-0.01
1992	26 923	23.6	27 565	22.1	-642	1.52
1993	35 334	31.2	36 938	34.0	-1 604	-2.76
1994	48 198	36.4	50 217	36.0	-2 020	0.46
1995	60 794	26.1	63 217	25.9	-2 423	0.24
1996	71 177	17.1	74 164	17.3	-2 987	-0.24
1997	78 973	11.0	81 659	10.1	-2 685	0.84
1998	84 402	6.9	86 532	6.0	-2 129	0.90
1999	89 677	6.2	91 125	5.3	-1 448	0.94
2000	99 215	10.6	98 749	8.4	466	2.27
2001	109 655	10.5	109 028	10.4	627	0.11
2002	120 333	9.7	120 476	10.5	-143	-0.76
2003	135 823	12.9	136 613	13.4	-791	-0.52
2004	159 878	17.7	160 957	17.8	-1 078	-0.11
2005	184 937	15.7	187 424	16.4	-2 486	-0.77
2006	216 314	17.0	222 713	18.8	-6 398	-1.86
2007	265 810	22.9	266 599	19.7	-789	3.18
2008	314 045	18.1	315 975	18.5	-1 929	-0.37
2009	340 903	8.6	348 775	10.4	-7 872	-1.83
2010	401 513	17.8	402 816	15.5	-1 304	2.28
2011	473 104	17.8	472 619	17.3	485	0.50
2012	518 942	9.7	529 399	12.0	-10 457	-2.33
2013	568 845	9.6	586 673	10.8	-17 828	-1.20

注：表中数据根据国家统计局最新数据修订。
Note: Data are revised by National Bureau of Statistics of China.

投资率和消费率
Investment ratio and consumption ratio

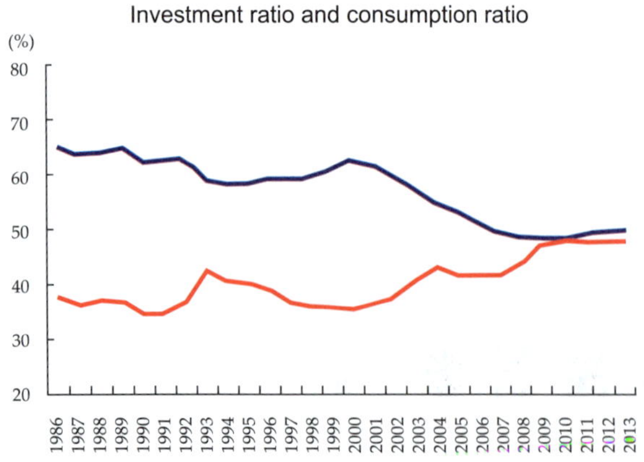

生产法现价GDP与支出法现价GDP增速比较
Comparison of growth rate at current prices between production-based GDP and expenditure-based GDP

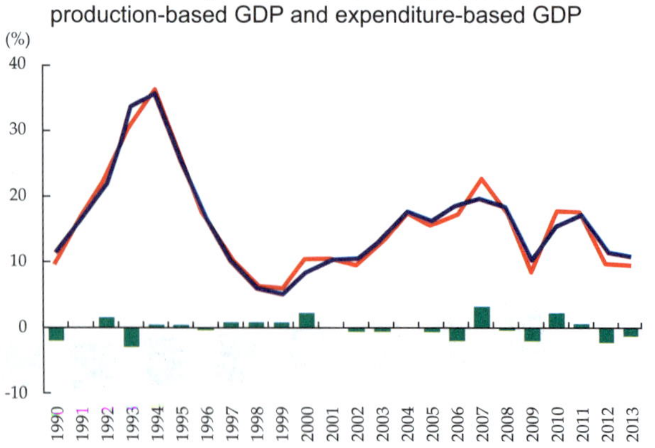

2.社会消费品零售额
(2) Retail sales of consumer goods

社会消费品零售总额
Retail sales of consumer goods

单位：亿元
Unit: RMB 100 million yuan

年/月 Year/Month	当月社会消费品零售总额 Monthly retail sales of consumer goods	当月同比增长率(%) Monthly growth rate (YOY)(%)	社会消费品零售总额累计 Accumulative retail sales of consumer goods	累计同比增长率(%) Accumulative growth rate (YOY)(%)
2012.01	—	—	—	—
2012.02	—	—	33 669	14.7
2012.03	15 650	15.2	49 319	14.8
2012.04	15 603	14.1	64 922	14.7
2012.05	16 715	13.8	81 637	14.5
2012.06	16 585	13.7	98 222	14.4
2012.07	16 315	13.1	114 537	14.2
2012.08	16 659	13.2	131 195	14.1
2012.09	18 227	14.2	149 422	14.1
2012.10	18 934	14.5	168 356	14.1
2012.11	18 477	14.9	186 833	14.2
2012.12	20 334	15.2	210 307	14.3
2013.01	—	—	—	—
2013.02	—	—	37 810	12.3
2013.03	17 641	12.6	55 451	12.4
2013.04	17 600	12.8	73 051	12.5
2013.05	18 886	12.9	91 938	12.6
2013.06	18 827	13.3	110 764	12.7
2013.07	18 513	13.2	129 278	12.8
2013.08	18 886	13.4	148 164	12.8
2013.09	20 653	13.3	168 817	12.9
2013.10	21 491	13.3	190 308	13.0
2013.11	21 012	13.7	211 320	13.0
2013.12	23 060	13.6	234 380	13.1
2014.01	—	—	—	—
2014.02	—	—	42 281	11.8
2014.03	19 801	12.2	62 081	12.0

注：为消除春节日期不固定因素带来的影响，增强数据的可比性，按照国家统计制度，历年1~2月数据一起调查、一起发布。

Note: In order to eliminate the impact of the different date of "Spring Festival" of each year,and enchance the comparability of data, in accordance with the national statistical system,the data in January and Februry was investigated and released together

社会消费品零售总额与最终消费增长率的比较
Comparison of growth rate at current prices between retail sales of consumer goods and final consumption expenditure

单位：万亿元
Unit: RMB trillion yuan

年 Year	社会消费品零售总额 Retail sales of consumer goods	最终消费 Final consumption	社会消费品零售总额现价增长率(%) Growth rate at current prices of retail sales of consumer goods(%)	最终消费现价增长率(%) Growth rate at current prices of final consumption expenditure(%)
1991	0.94	1.41	13.4	16.6
1992	1.10	1.72	16.8	22.1
1993	1.43	2.19	29.8	27.3
1994	1.86	2.92	30.5	33.5
1995	2.36	3.67	26.8	25.7
1996	2.84	4.39	20.1	19.5
1997	3.13	4.81	10.2	9.6
1998	3.34	5.16	6.8	7.2
1999	3.56	5.56	6.8	7.8
2000	3.91	6.15	9.7	10.6
2001	4.31	6.69	10.1	8.8
2002	4.81	7.18	11.8	7.3
2003	5.25	7.77	9.1	8.2
2004	5.95	8.76	13.3	12.7
2005	6.84	9.94	14.9	13.5
2006	7.91	11.31	15.8	13.8
2007	9.36	13.22	18.2	16.9
2008	11.48	15.34	22.7	16.0
2009	13.27	16.93	15.5	10.3
2010	15.70	19.41	18.3	14.7
2011	18.39	22.86	17.1	17.7
2012	21.03	25.96	14.3	11.8
2013	23.44	29.22	15.3	11.5

注：表中数据根据国家统计局最新数据修订。
Note: Data are revised by National Bureau of Statistics of China.

累计社会消费品零售总额及其增长率
Accumulative retail sales and growth rates of consumer goods

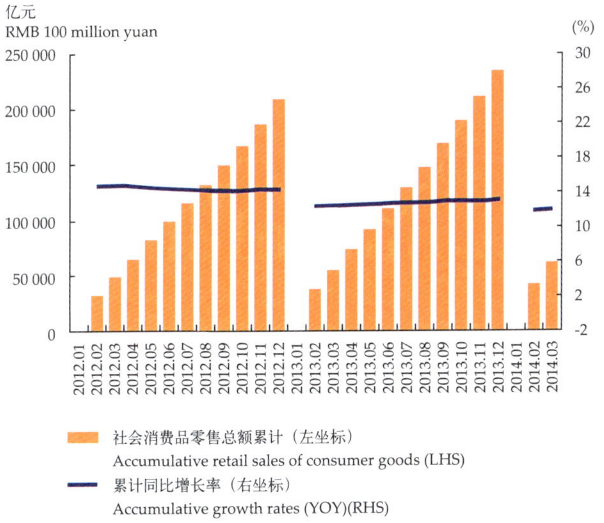

社会消费品零售总额及最终消费增长趋势
Growth trend of retail sales of consumer goods and final consumption expenditure

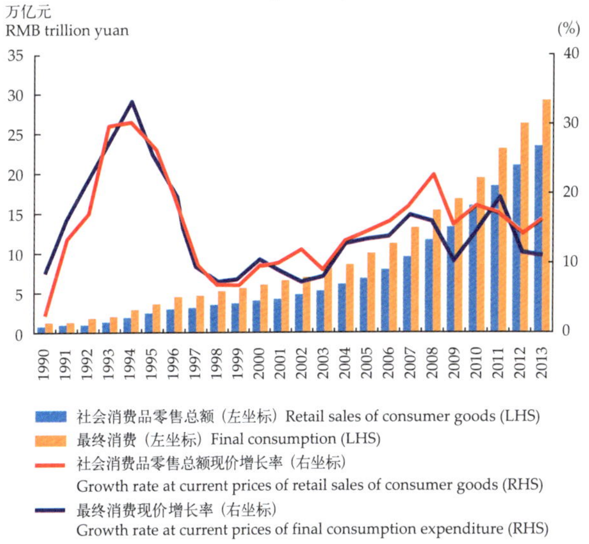

3.固定资产投资完成额

(3) Completed fixed-asset investment

固定资产投资（不含农户）完成额
Completed investment in fixed assets (excluding rural households)

单位：亿元
Unit: RMB 100 million yuan

年/月 Year/Month	投资完成额 Investment completed	增长率(%) Growth rate (%)
2012 1~2	21 188.8	21.5
1~3	47 865.4	20.9
1~4	75 591.6	20.2
1~5	108 924.2	20.1
1~6	150 710.1	20.4
1~7	184 311.8	20.4
1~8	217 958.1	20.2
1~9	256 932.9	20.5
1~10	292 542.0	20.7
1~11	326 236.2	20.7
1~12	364 835.1	20.6
2013 1~2	25 675.9	21.2
1~3	58 092.3	20.9
1~4	91 319.2	20.6
1~5	131 210.6	20.4
1~6	181 317.6	20.1
1~7	221 722.2	20.1
1~8	262 578.1	20.3
1~9	309 207.6	20.2
1~10	351 669.2	20.1
1~11	391 282.5	19.9
1~12	436 527.7	19.6
2014 1~2	30 283.0	17.9
1~3	68 321.7	17.6

注：自2011年起，投资项目统计起点标准由原来的50万元调整为500万元，"固定资产投资（不含农户）"等于原口径的城镇固定资产投资加上农村企事业组织项目投资。

Notes: Since 2011, investment indicators are calculated using new threshold criteria of RMB5 million yuan instead of RMB500 thousand yuan in the past."Investment in fixed assets (excluding rural households)" equals to "investment in fixed assets in urban area" under the old criteria plus "investment of rural enterprises and institutions".

固定资产投资（不含农户）完成额
Completed investment in fixed assets (excluding rural households)

固定资产投资完成额和固定资本形成总额的比较
Comparison of completed fixed-asset investment and gross capital formation

单位：万亿元
Unit: RMB trillion yuan

年 Year	全社会固定资产投资完成额 Total completed fixed-asset investment	固定资本形成总额 Gross capital formation	全社会固定资产投资现价增长率(%) Growth rate of total fixed-asset investment at current prices(%)	固定资本形成总额现价增长率(%) Growth rate of gross capital formation at current prices(%)
1992	0.81	0.85	44.4	40.3
1993	1.31	1.33	61.8	56.3
1994	1.70	1.73	30.4	30.1
1995	2.00	2.09	17.5	20.6
1996	2.29	2.40	14.8	15.1
1997	2.49	2.60	8.8	8.0
1998	2.84	2.86	13.9	10.0
1999	2.99	3.30	5.1	6.9
2000	3.29	3.48	10.3	5.7
2001	3.72	3.98	13.0	14.1
2002	4.35	4.56	16.9	14.6
2003	5.56	5.60	27.7	22.8
2004	7.05	6.92	26.8	23.6
2005	8.88	7.79	26.0	12.6
2006	11.00	9.30	23.9	19.4
2007	13.73	11.09	24.8	19.4
2008	17.28	13.83	25.9	24.7
2009	22.46	16.45	30.0	18.9
2010	27.81	19.36	23.8	17.7
2011	31.10	22.50	11.8	16.2
2012	37.47	25.28	20.5	12.3
2013	44.71	28.04	19.3	10.9

注：表中数据根据国家统计局最新数据修订。
Note: Data are revised by National Bureau of Statistics of China.

固定资产投资完成额和固定资本形成总额
Completed fixed-asset investment and gross capital formation

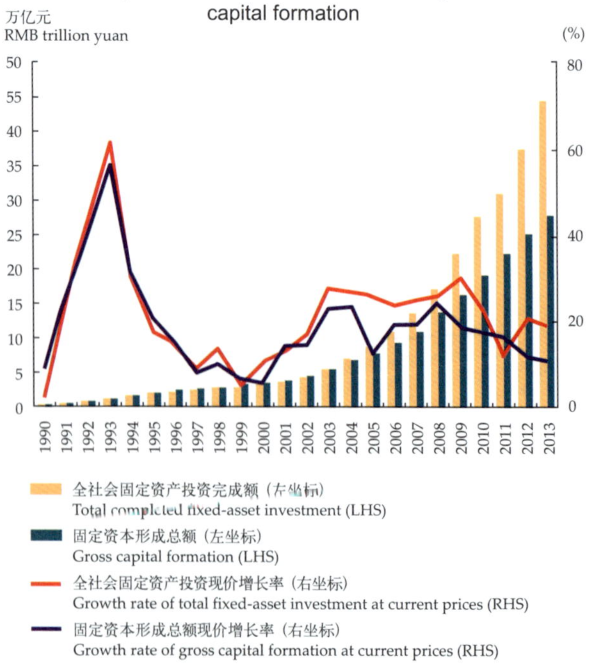

按建设性质分固定资产投资（不含农户）累计完成额及增长率

Completed investment in fixed assets (excluding rural households) and growth rate by type of construction

年／月 Year/Month	绝对值(亿元) Absolute value (RMB 100 million yuan)			增长率(%) Growth rate (%)		
	新建 New construction	扩建 Expansion	改建 Transformation	新建 New construction	扩建 Expansion	改建 Transformation
2012 1~2	9 934.5	2 658.9	2 352.5	17.4	18.2	25.5
1~3	22 992.2	6 224.5	6 003.3	20.6	15.5	28.9
1~4	37 176.2	10 005.0	9 519.2	21.1	15.6	24.3
1~5	53 873.9	14 582.0	13 846.7	21.8	15.1	24.0
1~6	74 541.8	20 177.2	19 160.7	23.7	15.9	21.6
1~7	91 403.7	24 761.0	23 663.4	24.4	15.3	21.3
1~8	107 585.5	29 242.9	28 244.4	23.6	14.2	22.4
1~9	127 349.1	34 191.9	33 447.0	24.6	14.0	22.6
1~10	144 885.7	38 975.4	38 466.1	25.3	14.5	20.9
1~11	160 501.6	43 420.2	43 302.6	24.9	14.5	20.2
1~12	177 665.5	48 742.0	52 086.0	23.6	15.6	26.8
2013 1~2	12 190.2	2 914.0	2 993.5	22.7	9.6	27.2
1~3	28 180.7	7 017.4	7 574.4	22.6	12.7	26.2
1~4	45 180.4	11 542.3	11 986.5	21.2	15.4	25.9
1~5	65 777.9	16 612.3	17 051.5	21.9	13.9	23.1
1~6	91 035.7	22 674.7	23 816.6	22.1	12.4	24.3
1~7	111 718.5	27 824.4	29 439.2	22.2	12.4	24.4
1~8	132 199.0	33 232.0	34 998.7	22.9	13.6	23.9
1~9	155 768.3	39 080.6	41 297.7	22.3	14.3	23.5
1~10	177 229.9	44 670.0	47 390.7	22.3	14.6	23.2
1~11	195 821.3	49 241.5	53 459.9	22.0	13.4	23.5
1~12	217 544.7	54 228.8	61 544.2	21.4	13.0	17.4
2014 1~2	14 361.0	3 393.9	3 633.5	17.8	16.5	21.4
1~3	33 810.4	8 083.7	8 836.4	20.0	15.2	16.7

注：按建设性质分组的投资不含房地产投资。
Note: Investment grouped by type of construction does not include real estate investment.

按建筑性质分固定资产投资（不含农户）完成额构成变化

Completed investment in fixed assets (excluding rural households) by type of construction

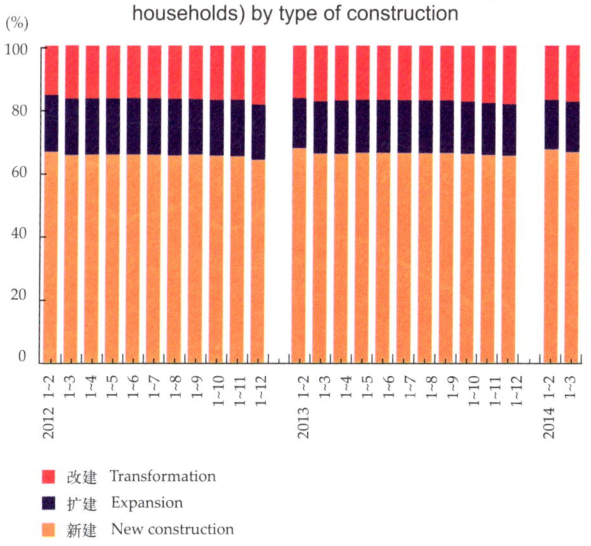

按建筑性质分固定资产投资（不含农户）完成额增长趋势

Growth of monthly accumulated completed investment in fixed assets (excluding rural households) by type of construction

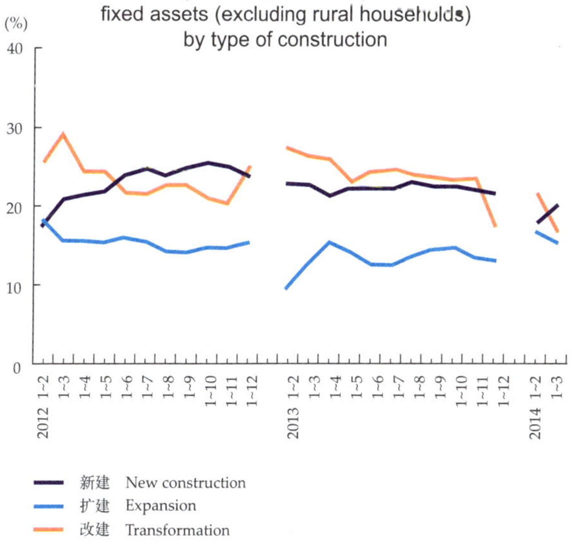

按隶属关系分固定资产投资（不含农户）累计完成额及增长率

Composition of monthly accumulated completed investment in fixed assets (excluding rural households) and growth rate by administrative relationship

年/月 Year/Month	绝对值(亿元) Absolute value (RMB 100 million yuan)		增长率(%) Growth rate (%)	
	中央项目 Central government projects	地方项目 Local government projects	中央项目 Central government projects	地方项目 Local government projects
2012 1~2	1 276	19 913	-7.9	24.0
1~3	2 393	45 473	-9.7	23.1
1~4	4 098	71 494	-4.1	22.0
1~5	5 605	103 319	-7.7	22.1
1~6	7 598	143 113	-4.1	22.1
1~7	9 387	174 925	-3.0	22.0
1~8	11 395	206 563	0.2	21.6
1~9	13 609	243 324	2.3	21.8
1~10	15 939	276 603	11.8	21.8
1~11	17 998	308 238	11.0	21.7
1~12	21 663	343 172	7.2	21.8
2013 1~2	1 331	24 345	4.4	22.3
1~3	2 687	55 406	11.6	21.4
1~4	4 444	86 875	8.5	21.3
1~5	6 110	125 101	7.1	21.1
1~6	8 338	172 980	9.7	20.7
1~7	10 550	211 173	12.4	20.5
1~8	12 628	249 950	10.8	20.8
1~9	15 020	294 188	10.4	20.7
1~10	17 646	334 023	8.1	20.8
1~11	20 632	370 650	13.4	20.2
1~12	24 785	411 742	12.4	20.1
2014 1~2	1 489	28 794	11.9	18.3
1~3	2 989	65 332	11.3	17.9

按隶属关系分固定资产投资（不含农户）完成额

Completed investment in fixed assets (excluding rural households) by administrative relationship

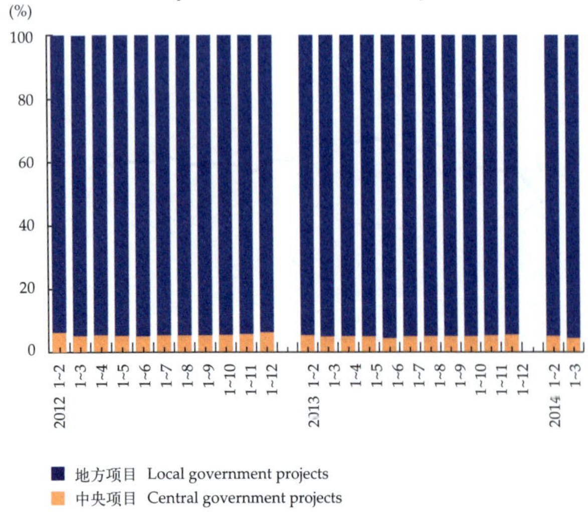

按隶属关系分固定资产投资（不含农户）完成额增长趋势

Growth of monthly accumulated completed investment in fixed assets (excluding rural households) by administrative relationship

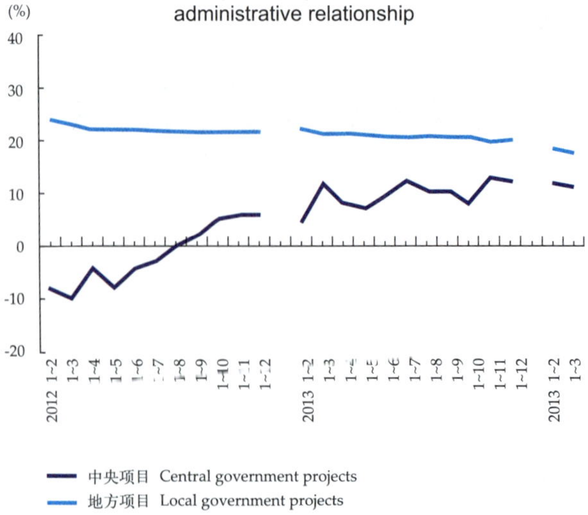

固定资产投资月度累计新开工项目数

Number of monthly accumulated urban newly started projects of fixed-asset investment

单位：万个 Unit: 10 000

	2010	2011	2012	2013	2014
1月 Jan.	—	—	—	—	—
2月 Feb.	1.85	1.72	2.16	2.43	2.69
3月 Mar.	5.88	5.33	6.18	6.77	7.09
4月 Apr.	8.52	8.73	9.87	10.74	
5月 May	11.81	12.46	13.93	15.24	
6月 Jun.	17.52	16.71	17.47	19.98	
7月 Jul.	20.48	19.80	20.46	23.03	
8月 Aug.	23.23	22.71	24.32	26.29	
9月 Sept.	25.68	25.69	27.63	30.15	
10月 Oct.	28.03	28.77	30.49	33.51	
11月 Nov.	30.19	31.37	33.12	36.50	
12月 Dec.	33.00	33.29	35.63	38.93	

注：自2011年起，固定资产投资等于原口径的城镇固定资产投资加上农村企事业组织项目投资（不含农户）。

Note: Since 2011, "investment in fixed assets" equals to "investment in fixed assets in urban area" under the old criteria plus "investment of rural enterprises and institutions(excluding rural households)".

固定资产投资月度累计施工项目数

Number of monthly accumulated urban under-construction projects of fixed-asset investment

单位：万个 Unit: 10 000

	2010	2011	2012	2013	2014
1月 Jan.	—	—	—	—	—
2月 Feb.	9.28	9.81	10.88	12.12	13.43
3月 Mar.	15.37	16.06	17.29	19.11	20.58
4月 Apr.	18.99	20.70	22.20	24.55	
5月 May	23.48	25.21	27.08	29.89	
6月 Jun.	29.93	30.17	31.26	35.27	
7月 Jul.	33.78	33.64	34.55	38.58	
8月 Aug.	36.27	36.80	38.38	42.05	
9月 Sept.	38.95	39.98	41.95	46.15	
10月 Oct.	41.52	43.33	45.03	49.65	
11月 Nov.	43.98	46.10	47.79	52.76	
12月 Dec.	47.19	48.32	50.54	55.47	

固定资产投资月度累计新开工项目数

Number of monthly accumulated newly started projects of fixed-asset investment

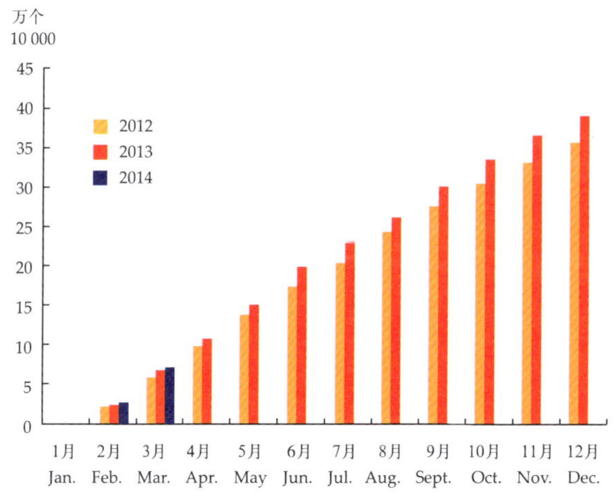

固定资产投资月度累计施工项目数

Number of monthly accumulated under-construction projects of fixed-asset investment

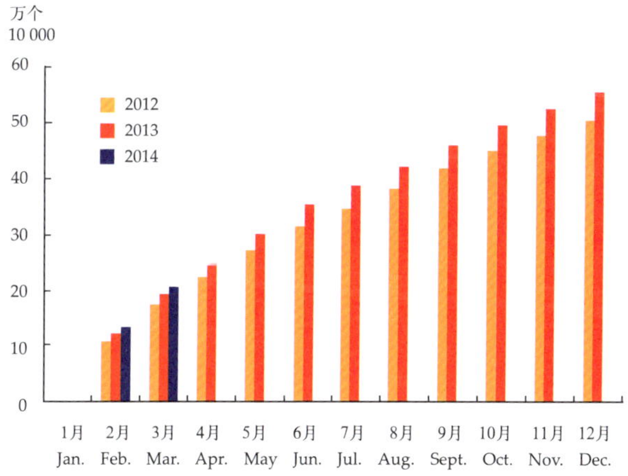

2014年第一季度分省固定资产投资（不含农户）完成额及增长率

Accumulated completed investment in fixed assets (excluding rural households) and growth rate by province in the first quarter of 2014

单位：亿元　Unit: RMB100 million yuan

	固定资产投资（不含农户）累计完成额 Accumulated completed investment in fixed assets (excluding rural households)	增长率(%) Growth rate (%)
Guizhou 贵 州	122 301.3	24.9
Xinjiang 新 疆	36 596.8	24.8
Qinghai 青 海	14 586.3	24.5
Tibet 西 藏	5 351.2	23.9
Fujian 福 建	315 665.5	22.8
Gansu 甘 肃	58 683.2	22.7
Hunan 湖 南	259 579.3	22.4
Henan 河 南	372 063.4	21.5
Hainan 海 南	55 477.3	21.4
Hubei 湖 北	350 293.4	21.3
Shanxi 山 西	181 441.8	19.6
Ningxia 宁 夏	20 465.0	19.1
Shaanxi 陕 西	79 419.9	19.0
Jiangxi 江 西	209 186.1	18.7
Anhui 安 徽	376 849.1	18.0
Guangxi 广 西	207 019.7	18.0
Yunnan 云 南	177 977.2	17.9
Chongqing 重 庆	183 930.7	17.7
Shandong 山 东	583 433.3	17.4
Sichuan 四 川	479 415.4	17.4
Tianjin 天 津	177 168.4	17.3
Liaoning 辽 宁	238 776.0	17.2
Guangdong 广 东	375 662.6	16.9
Zhejiang 浙 江	412 016.4	16.2
Jilin 吉 林	38 564.8	16.0
Jiangsu 江 苏	863 605.1	15.3
Hebei 河 北	305 157.0	15.1
Inner Mongolia 内蒙古	70 094.5	14.8
Shanghai 上 海	106 499.6	6.5
Beijing 北 京	92 980.5	2.6
Heilongjiang 黑龙江	17 191.6	-30.1

2014年第一季度分省固定资产投资完成额（不含农户）及增长率

Accumulated completed investment in fixed assets (excluding rural households) and growth rate by province in the first quarter of 2014

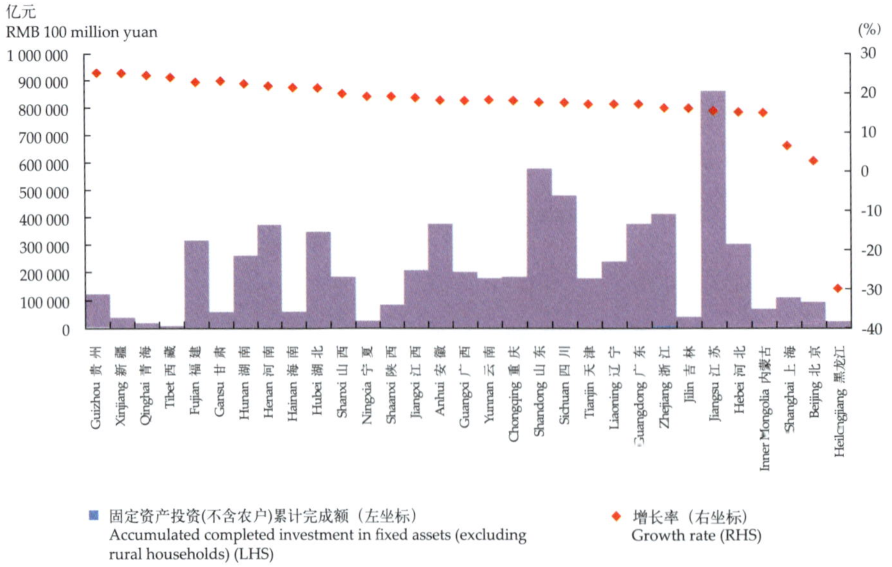

4.房地产
(4) Real estate development

房地产开发投资按工程用途分的完成额及增长率
Real estate development investment completed and growth rate by purpose of engineering

单位：亿元　Unit: RMB100 million yuan

年/月 Year/Month	房地产开发投资完成额 Real estate development investment completed		按工程用途分 By purpose of engineering							
			住宅投资 Residential building investment		办公楼投资 Office building investment		商业用房投资 Commercial and business building investment		其他投资 Other investment	
	绝对值 Absolute value	增长率(%) Growth rate (%)	绝对值 Absolute value	增长率(%) Growth rate (%)	绝对值 Absolute value	增长率(%) Growth rate (%)	绝对值 Absolute value	增长率(%) Growth rate (%)	绝对值 Absolute value	增长率(%) Growth rate (%)
2012.01	—	—	—	—	—	—	—	—	—	—
2012.02	5 431	27.8	3 713	23.2	253	31.0	722	42.5	743	38.4
2012.03	10 927	23.5	7 443	19.0	518	43.4	1 420	34.2	1 546	31.7
2012.04	15 835	18.7	10 818	13.9	741	37.1	2 075	34.2	2 200	25.3
2012.05	22 213	18.5	15 098	13.6	1 082	44.7	2 887	31.6	3 146	25.6
2012.06	30 610	16.6	20 879	12.0	1 409	31.9	3 975	26.3	4 348	28.1
2012.07	36 774	15.4	25 226	10.7	1 721	33.8	4 707	23.6	5 120	28.3
2012.08	43 688	15.6	29 990	10.6	2 036	35.0	5 667	25.7	5 995	29.0
2012.09	51 046	15.4	35 126	10.5	2 371	36.1	6 589	25.3	6 959	28.0
2012.10	57 629	15.4	39 704	10.8	2 666	31.4	7 458	25.8	7 801	27.2
2012.11	64 772	16.7	44 606	11.9	3 024	32.7	8 417	27.3	8 725	29.6
2012.12	71 804	16.2	49 374	11.4	3 367	31.6	9 312	25.4	9 751	30.1
2013.01	—	—	—	—	—	—	—	—	—	—
2013.02	6 670	22.8	4 583	23.4	388	53.3	884	22.4	814	9.7
2013.03	13 133	20.2	9 013	21.1	747	44.1	1 721	21.2	1 652	6.9
2013.04	19 180	21.1	13 121	21.3	1 102	48.6	2 547	22.7	2 411	9.6
2013.05	26 798	20.6	18 363	21.6	1 526	41.0	3 582	24.1	3 326	5.7
2013.06	36 828	20.3	25 227	20.8	2 011	42.8	5 010	26.1	4 579	5.3
2013.07	44 302	20.5	30 318	20.2	2 412	40.2	6 094	29.5	5 478	7.0
2013.08	52 120	19.3	35 738	19.2	2 851	40.0	7 168	26.5	6 362	6.1
2013.09	61 120	19.7	41 979	19.5	3 262	37.6	8 425	27.9	7 453	7.1
2013.10	68 693	19.2	47 222	18.9	3 649	36.9	9 468	26.9	8 354	7.1
2013.11	77 412	19.5	53 112	19.1	4 113	36.0	10 739	27.6	9 448	8.3
2013.12	86 013	19.8	58 951	19.4	4 652	38.2	11 945	28.3	10 465	7.3
2014.01	—	—	—	—	—	—	—	—	—	—
2014.02	7 956	19.3	5 426	18.4	494	27.1	1 117	26.4	919	12.8
2014.03	15 339	16.8	10 530	16.8	902	20.8	2 160	25.5	1 746	5.7

房地产开发投资按工程用途分的构成变化
Change in composition of real estate development investment by purpose of engineering

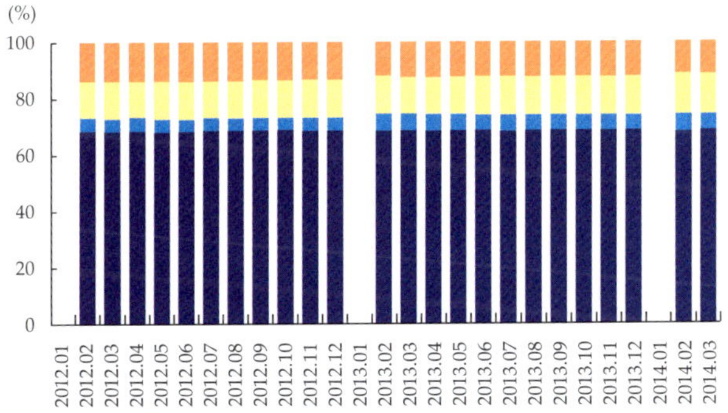

■ 其他投资　Other investment
■ 商业用房投资　Commercial and business building investment
■ 办公楼投资　Office building investment
■ 住宅投资　Residential building investment

房地产开发投资按工程用途分的增长趋势
Growth of composition of real estate development investment by purpose of engineering

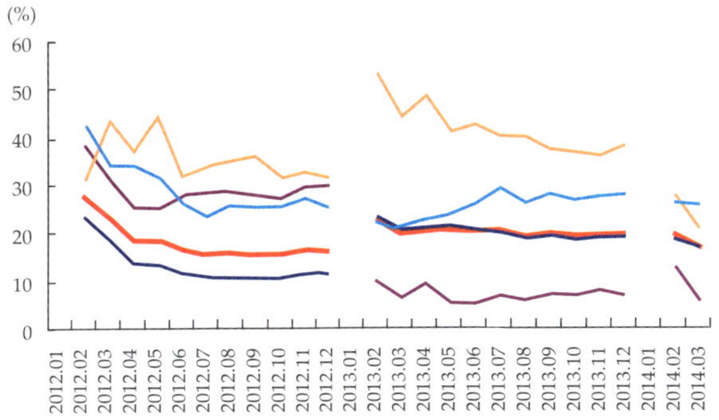

— 房地产开发投资完成额　Real estate development investment completed
— 住宅投资　Residential building investment
— 办公楼投资　Office building investment
— 商业用房投资　Commercial and business building investment
— 其他投资　Other investment

房地产开发投资按地区分的完成额及增长率
Real estate development investment completed and growth rate by region

单位：亿元 Unit: RMB 100 million yuan

年/月 Year/Month	东部地区投资 Investment in eastern area		中部地区投资 Investment in central area		西部地区投资 Investment in western area	
	绝对值 Absolute value	增长率(%) Growth rate (%)	绝对值 Absolute value	增长率(%) Growth rate (%)	绝对值 Absolute value	增长率(%) Growth rate (%)
2012.01	—	—	—	—	—	—
2012.02	3 327	26.0	996	29.4	1 108	31.9
2012.03	6 593	20.6	2 070	25.7	2 264	30.5
2012.04	9 354	15.2	3 159	24.5	3 323	23.8
2012.05	13 036	16.0	4 472	22.3	4 705	22.5
2012.06	17 809	15.4	6 328	16.9	6 473	19.9
2012.07	21 295	14.5	7 686	15.7	7 794	17.5
2012.08	25 116	14.9	9 313	16.9	9 259	16.3
2012.09	29 173	14.5	10 944	16.2	10 929	17.1
2012.10	32 823	14.3	12 395	16.4	12 410	17.5
2012.11	36 719	14.8	14 035	19.4	14 018	19.5
2012.12	40 541	13.9	15 763	19.4	15 500	19.8
2013.01	—	—	—	—	—	—
2013.02	4 024	20.9	1 241	24.6	1 405	26.8
2013.03	7 766	17.8	2 521	21.8	2 845	25.6
2013.04	11 241	20.2	3 804	20.4	4 136	24.5
2013.05	15 518	19.0	5 445	21.8	5 835	24.0
2013.06	21 140	18.7	7 645	20.8	8 043	24.3
2013.07	25 264	18.6	9 298	21.0	9 739	25.0
2013.08	29 498	17.4	11 116	19.4	11 505	24.3
2013.09	34 413	18.0	13 127	20.0	13 580	24.3
2013.10	38 443	17.1	14 890	20.1	15 360	23.8
2013.11	43 068	17.3	17 084	21.7	17 259	23.1
2013.12	47 972	18.3	19 045	20.8	18 997	22.6
2014.01	—	—	—	—	—	—
2014.02	4 792	19.1	1 508	21.5	1 656	17.9
2014.03	9 139	17.7	2 916	15.6	3 285	15.5

房地产开发投资按地区分的构成变化
Change in composition of real estate development investment by region

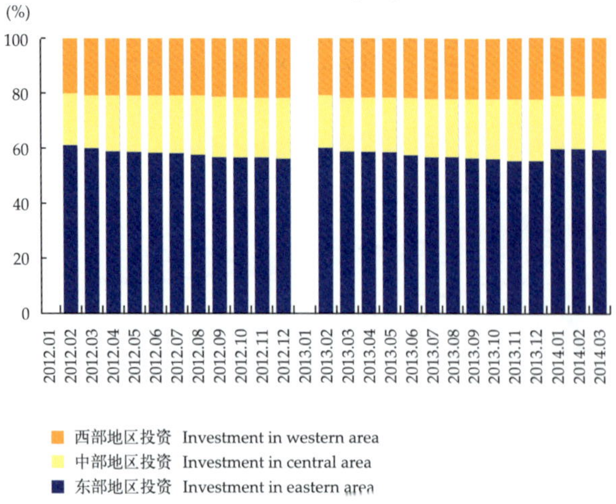

房地产开发投资按地区分的增长趋势
Growth of composition of real estate development investment by region

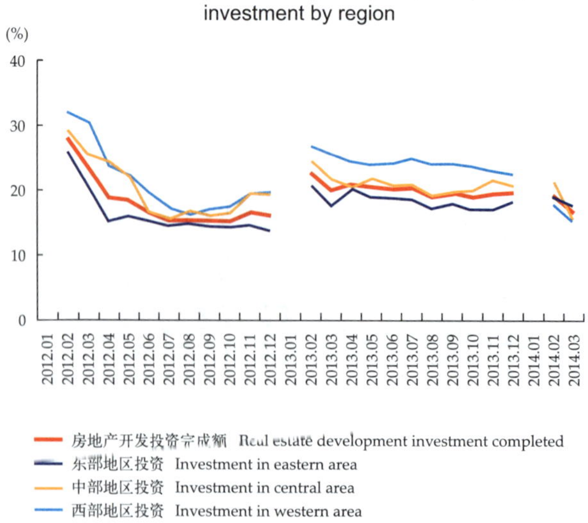

商品房建筑与销售
Construction and sales of commercial buildings

单位：亿平方米、亿元
Unit: 100 million square meters, RMB 100 million yuan

年/月 Year/Month	施工面积 Area under construction	同比增长(%) YOY growth(%)	竣工面积 Area completed	同比增长(%) YOY growth(%)	销售面积 Area sold	同比增长(%) YOY growth(%)	销售面积与竣工面积之比 Ratio of sold to completed areas	月度累计销售额 Monthly accumulated sales volume	增长率(%) Growth rate (%)
2013.01	—	—	—	—	—	—	—	—	—
2013.02	45.5	15.3	1.4	34.0	1.0	49.5	77	7 361	77.6
2013.03	47.9	17.0	1.9	8.9	2.1	37.1	107	13 992	61.3
2013.04	50.1	17.2	2.4	6.6	3.0	38.0	125	19 847	59.8
2013.05	52.3	16.0	2.9	5.3	3.9	35.6	136	25 864	52.8
2013.06	54.9	15.5	3.5	6.3	5.1	28.7	146	33 376	43.2
2013.07	56.9	16.2	4.2	7.9	6.1	25.8	147	39 549	37.8
2013.08	58.6	14.4	4.7	4.6	7.1	23.4	152	45 724	34.4
2013.09	60.4	15.0	5.3	4.2	8.4	23.3	160	54 028	33.9
2013.10	61.6	14.6	5.9	1.8	9.6	21.8	162	61 238	32.3
2013.11	64.6	16.1	6.9	2.5	11.1	20.8	160	69 946	30.7
2013.12	66.6	16.1	10.1	2.0	13.1	17.3	129	81 428	26.3
2014.01	—	—	—	—	—	—	—	—	—
2014.02	53.0	16.3	1.2	-8.2	1.0	-0.1	84	7 090	-3.7
2014.03	54.7	14.2	1.9	-4.9	2.0	-3.8	109	13 263	-5.2

商品房施工面积、竣工面积与销售面积
Area of commercial housing under construction, completed, and sold

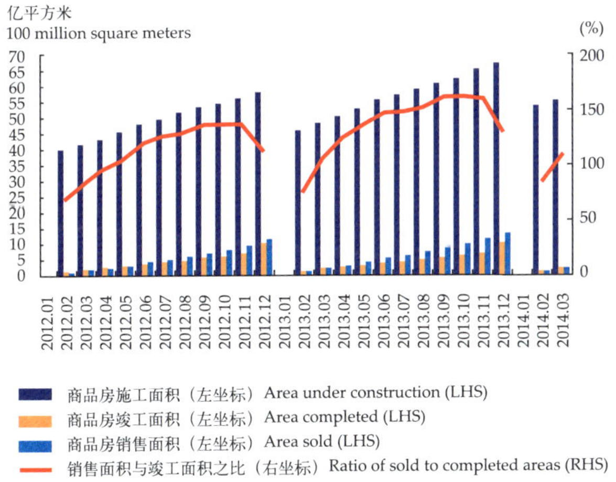

商品房施工面积、竣工面积与销售面积增长趋势
Growth of area of commercial housing under construction, completed, and sold

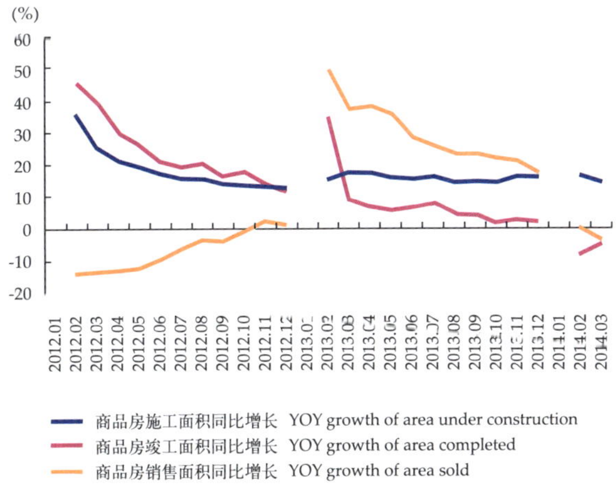

商品房销售额及其增长率
Sales volume of commercial housing and its growth rate

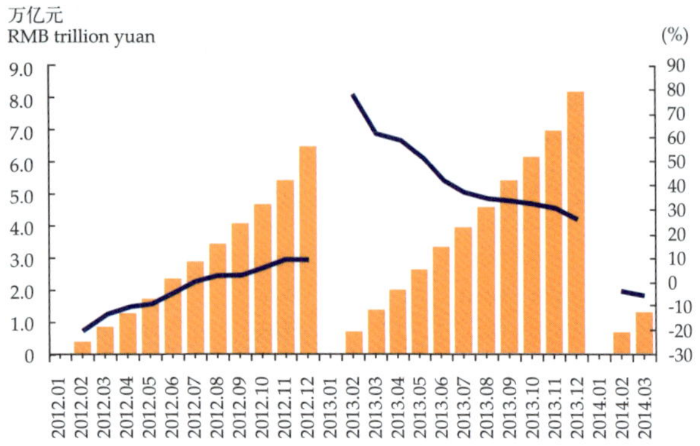

商品房月度累计销售额（左坐标）
Monthly accumulated sales volume (LHS)

增长率（右坐标）
Growth rate (RHS)

住宅在商品房施工面积、竣工面积与销售面积中所占的比重
Share of residences in commercial housing under construction, completed, and sold

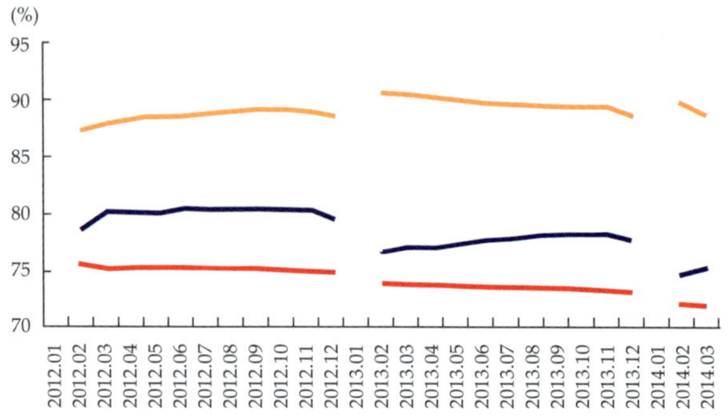

施工面积中住宅所占的比重
Share of residences in commercial housing under construction

竣工面积中住宅所占的比重
Share of residences in commercial housing completed

销售面积中住宅所占的比重
Share of residences in commercial housing sold

主要经济指标环比增速
MOM growth rates of main economic indicators

年/季 Year/Quarter		国内生产总值 Gross domestic product (%)	年/月 Year/Month		规模以上工业增加值 Value added of industry (%)	固定资产投资（不含农户）Completed investment in fixed assets（excluding rural households）(%)	社会消费品零售总额 Retail sales of consumer goods (%)
2011			2011	1	—	—	—
				2	0.93	-0.23	1.35
	I	2.3		3	1.09	2.58	1.35
				4	0.91	1.71	1.33
				5	0.94	1.83	1.29
	II	2.5		6	1.30	1.48	1.49
				7	0.76	1.55	1.33
				8	0.84	1.44	1.42
	III	2.2		9	0.95	1.88	1.33
				10	0.76	1.75	1.47
				11	0.74	1.13	1.40
	IV	1.8		12	0.96	1.47	1.52
2012			2012	1	0.50	1.24	0.19
				2	0.61	1.84	1.01
	I	1.4		3	1.24	1.01	1.21
				4	0.36	1.21	0.97
				5	0.89	1.89	1.09
	II	2.2		6	0.80	1.87	1.12
				7	0.69	1.32	1.09
				8	0.72	1.27	1.10
	III	2		9	0.89	1.99	1.32
				10	0.79	1.56	1.16
				11	0.82	1.52	1.21
	IV	1.9		12	0.84	1.59	1.25
2013			2013	1	0.61	1.69	0.14
				2	0.82	1.66	0.96
	I	1.5		3	0.72	1.48	1.50
				4	0.79	1.46	0.99
				5	0.67	1.41	0.97
	II	1.8		6	0.69	1.41	1.03
				7	0.93	1.46	1.04
				8	0.86	1.51	0.91
	III	2.3		9	0.72	1.29	1.04
				10	0.78	1.36	0.97
				11	0.68	1.43	1.00
	IV	1.7		12	0.64	1.38	0.98
2014			2004	1	0.59	1.36	0.00
				2	0.61	1.20	0.72
	I	1.4		3	0.81	1.24	1.23

注：1. 自2011年4月起，国家统计局对外公布国内生产总值、规模以上工业增加值、固定资产投资（不含农户）、社会消费品零售总额四项统计指标的经季节调整的环比数据。
2. 表中数据根据国家统计局最新数据修订。

Notes:1. From April 2011, National Bureau of Statistics began to pubilsh four seasonally-adjusted MOM indices, namely: gross domestic product, value added of industry, completed investment in fixed assets (excluding rural households), retail sales of consumer goods.
2. Data are revised by National Bureau of Statistics of China.

五、对外部门
5. External Sector

1.外贸
(1)Foreign trade

据世界贸易组织统计，2012年，中国货物贸易出口总值为20 490亿美元，占世界货物贸易出口总值18.325万亿美元的11.2%，比2011年提高0.8个百分点，在全球货物贸易出口排名中位居第一。2012年，中国货物贸易进口总值为18 180亿美元，占世界货物贸易进口总值18.565万亿美元的9.8%，比2011年提高了0.3个百分点，在全球货物贸易进口中排名第二，位于美国之后。

According to WTO statistics, in 2012, China's export volume of goods totaled USD2,049 billion, accounting for 11.2 percent of the world total of USD18.325 trillion, 0.8 percentage point higher than that in 2011. And China's goods export also ranked 1st in the world. China's import volume of goods reached USD1,818 billion, accounting for 9.8 percent of the world total of USD18.565 trillion, 0.3 percentage point higher than that in 2011. China ranked 2nd in the world after the U.S. in terms of goods imports.

2012年世界货物贸易出口前十位排名

Top ten economies in the world in terms of goods exported in 2012

	出口(10亿美元) Exports (USD billion)	比重(%) Share (%)
世界 World total	18 325	100.0
1 中国 China	2 049	11.2
2 美国 U.S.	1 547	8.4
3 德国 Germany	1 407	7.7
4 日本 Japan	799	4.4
5 荷兰 Netherlands	656	3.6
6 法国 France	569	3.1
7 韩国 Korea	548	3.0
8 俄罗斯 Russia	529	2.9
9 意大利 Italy	500	2.7
10 香港 HK SAR of China	493	2.7

2012年世界货物贸易进口前十位排名

Top ten economies in the world in terms of goods imported in 2012

	进口(10亿美元) Imports (USD billion)	比重(%) Share (%)
世界 World total	18 565	100.0
1 美国 U.S.	2 335	12.6
2 中国 China	1 818	9.8
3 德国 Germany	1 167	6.3
4 日本 Japan	886	4.8
5 法国 France	600	3.7
6 荷兰 Netherlands	674	3.6
7 香港 HK SAR of China	591	3.2
8 韩国 Korea	554	3.0
9 印度 India	520	2.8
10 意大利 Italy	489	2.6

年度进出口额及其增长率
Annual imports & exports and growth rates

单位：亿美元
Unit: USD 100 million

年 Year	进出口 Imports & Exports 总额 Total value	进出口 Imports & Exports 增长率(%) Growth rate (%)	出口 Exports 总额 Total value	出口 Exports 增长率(%) Growth rate (%)	进口 Imports 总额 Total value	进口 Imports 增长率(%) Growth rate (%)	进出口差额 Trade balance
1991	1 357	17.6	719	15.8	638	19.6	81
1992	1 655	22.0	849	18.1	806	26.3	44
1993	1 957	18.2	917	8.0	1 040	29.0	-122
1994	2 366	20.9	1 210	31.9	1 156	11.2	54
1995	2 809	18.7	1 488	23.0	1 321	14.2	167
1996	2 899	3.2	1 510	1.5	1 388	5.1	122
1997	3 252	12.2	1 828	21.0	1 424	2.5	404
1998	3 239	-0.4	1 837	0.5	1 402	-1.5	435
1999	3 606	11.3	1 949	6.1	1 657	18.2	292
2000	4 743	31.5	2 492	27.8	2 251	35.8	241
2001	5 097	7.5	2 661	6.8	2 436	8.2	225
2002	6 208	21.8	3 256	22.4	2 952	21.2	304
2003	8 510	37.1	4 382	34.6	4 128	39.8	255
2004	11 546	35.7	5 933	35.4	5 612	36.0	321
2005	14 219	23.2	7 620	28.4	6 600	17.6	1 020
2006	17 604	23.8	9 689	27.2	7 915	19.9	1 775
2007	21 766	23.6	12 205	25.9	9 561	20.8	2 643
2008	25 633	17.8	14 307	17.2	11 326	18.5	2 981
2009	22 075	-13.9	12 016	-16.0	10 059	-11.2	1 957
2010	29 740	34.7	15 778	31.3	13 962	38.8	1 815
2011	36 419	22.5	18 986	20.3	17 433	24.9	1 549
2012	38 668	6.2	20 489	7.9	18 178	4.3	2 311
2013	41 600	7.6	22 096	7.8	19 504	7.3	2 592

注：表中数据根据海关总署最新数据修订。
Note: Data are revised by General Administration of Customs of the People's Republic of China.

出口总值与GDP之比
Total exports over GDP

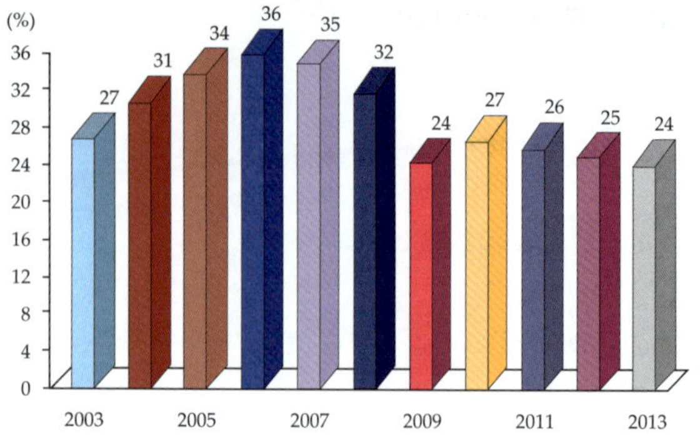

注：图中数据根据国家统计局最新数据修订。
Note: Data are revised by National Bureau of Statistics of China.

贸易差额
Trade balance

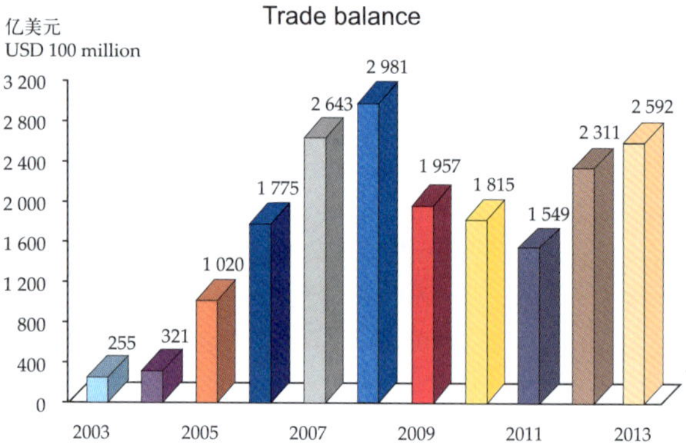

贸易总额及其增长趋势
Total trade volume and growth rates

贸易总额与GDP之比
Total trade volume over GDP

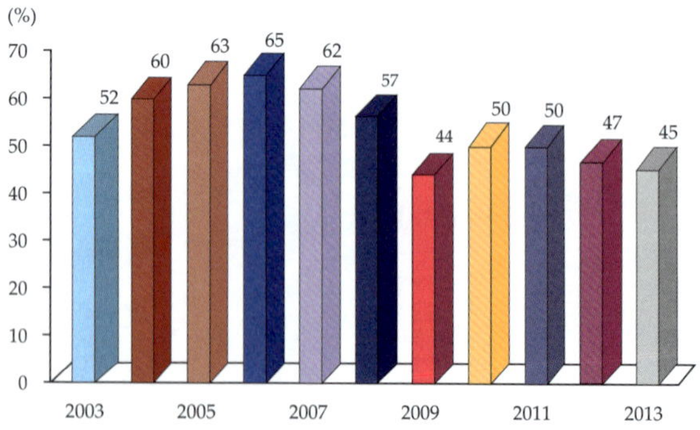

注：图中数据根据国家统计局最新数据修订。
Note: Data are revised by National Bureau of Statistics of China.

当月进出口总值及其增长率
Total monthly imports, exports, and growth rates

单位：亿美元
Unit: USD 100 million

年/月 Year/Month	出口总值 Total exports	进口总值 Total imports	出口同比增长率(%) Growth rate of exports (YOY)(%)	进口同比增长率(%) Growth rate of imports (YOY)(%)	当月差额 Monthly trade balance
2012.07	1 769	1 518	1.0	5.7	251
2012.08	1 780	1 513	2.7	-2.7	267
2012.09	1 863	1 587	9.8	2.3	277
2012.10	1 756	1 435	11.5	2.2	320
2012.11	1 794	1 597	2.8	-0.1	196
2012.12	1 992	1 676	14.0	6.0	316
2013.01	1 874	1 582	25.0	29.0	291
2013.02	1 394	1 241	21.7	-14.9	152
2013.03	1 822	1 830	10.0	14.2	-8
2013.04	1 871	1 689	14.6	16.6	182
2013.05	1 828	1 623	0.9	-0.1	204
2013.06	1 743	1 472	-3.3	-0.9	271
2013.07	1 860	1 682	5.1	10.8	178
2013.08	1 906	1 621	7.1	7.1	285
2013.09	1 856	1 704	-0.4	7.4	152
2013.10	1 854	1 543	5.6	7.5	311
2013.11	2 022	1 684	12.7	5.4	338
2013.12	2 077	1 821	4.3	8.6	256
2014.01	2 071	1 753	10.5	10.8	319
2014.02	1 141	1 371	-18.1	10.4	-230
2014.03	1 701	1 624	-6.6	-11.3	77

月度累计进出口总值及其增长率
Total accumulated monthly imports,exports, and growth rates

单位：亿美元
Unit: USD 100 million

年/月 Year/Month	累计出口总值 Accumulated total exports	累计进口总值 Accumulated total imports	累计出口同比增长率(%) Growth rate of accumulated exports (YOY) (%)	累计进口同比增长率(%) Growth rate of accumulated imports (YOY) (%)	累计贸易差额 Accumulated trade balance
2012.07	11 311	10 370	7.8	6.4	939
2012.08	13 090	11 884	7.1	5.2	1 203
2012.09	14 954	13 471	7.4	4.8	1 477
2012.10	16 703	14 905	7.8	4.6	1 798
2012.11	18 497	16 503	7.3	4.1	1 994
2012.12	20 488	18 181	7.9	4.3	2 311
2013.01	1 874	1 582	25.0	28.8	291
2013.02	3 266	2 829	23.6	5.1	437
2013.03	5 088	4 660	18.4	8.5	428
2013.04	6 957	6 354	17.3	10.7	603
2013.05	8 784	7 977	13.5	8.2	807
2013.06	10 527	9 448	10.4	6.7	1 079
2013.07	12 386	11 129	9.5	7.3	1 257
2013.08	14 292	12 751	9.2	7.3	1 541
2013.09	16 148	14 455	8.0	7.3	1 694
2013.10	18 000	15 998	7.8	7.3	2 002
2013.11	20 022	17 682	8.2	7.1	2 340
2013.12	22 096	19 504	7.8	7.3	2 592
2014.01	2 071	1 752	10.5	10.7	319
2014.02	3 212	3 122	-1.7	10.3	90
2014.03	4 913	4 746	-3.4	1.8	167

注：表中数据根据海关总署最新数据修订。
Note: Data are revised by General Administration of Customs of the People's Republic of China.

当月进出口总值及其增长率
Total monthly imports, exports, and growth rates

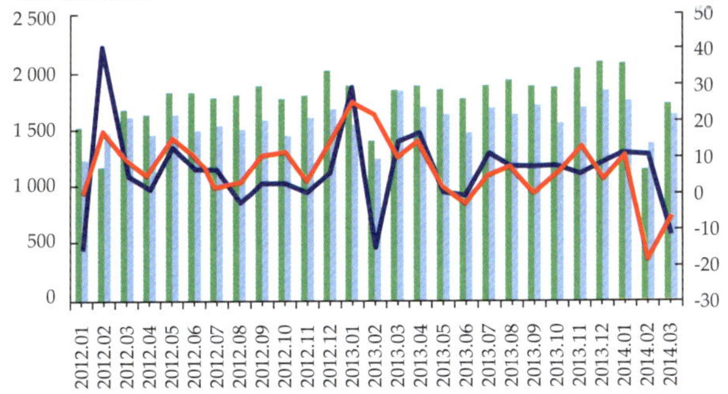

当月出口总值（左坐标） Total monthly exports (LHS)
当月进口总值（左坐标） Total monthly imports (LHS)
出口同比增长率（右坐标） YOY growth rate of exports (RHS)
进口同比增长率（右坐标） YOY growth rate of imports (RHS)

月度累计进出口总值及其增长率
Total accumulated monthly imports, exports, and growth rates

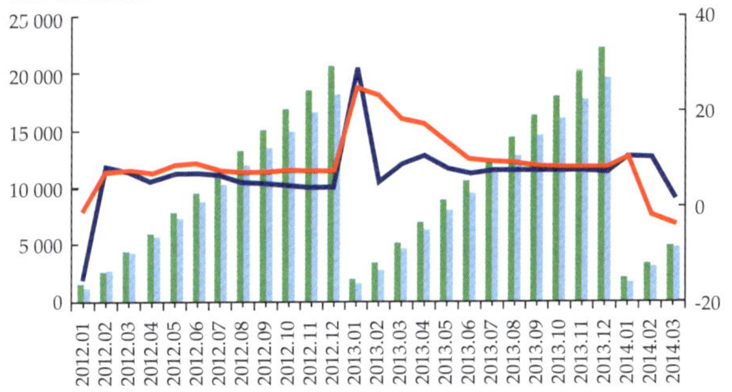

月度累计出口总值（左坐标）Accumulated total monthly exports (LHS)
月度累计进口总值（左坐标）Accumulated total monthly imports (LHS)
累计出口同比增长率（右坐标）YOY growth rate of accumulated exports (RHS)
累计进口同比增长率（右坐标）YOY growth rate of accumulated imports (RHS)

贸易差额月度变动趋势
Movement of monthly trade balance

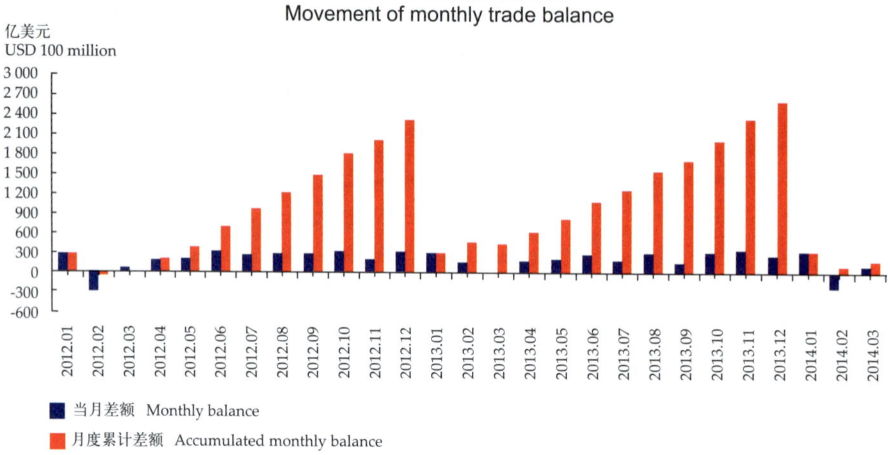

贸易差额构成
Composition of trade balance

单位：亿美元
Unit: USD 100 million

年 Year	贸易差额总计 Total trade balance	一般贸易 General trade	加工贸易 Processing trade	其他贸易 Other trade
1998	435	306	359	-230
1999	292	121	373	-202
2000	241	51	451	-261
2001	225	-16	535	-293
2002	304	71	577	-344
2003	255	-57	789	-477
2004	321	-46	1 063	-697
2005	1 020	354	1 425	-759
2006	1 775	831	1 889	-945
2007	2 643	1 098	2 491	-971
2008	2 981	899	2 968	-912
2009	1 957	-40	2 646	-646
2010	1 815	-473	3 229	-926
2011	1 549	-903	3 656	-1 200
2012	2 311	-338	3 816	-1 171
2013	2 592	-222	3 638	-819

注："贸易差额总计"根据《海关统计》月报修订。
Note: "Total trade balance" are revised by *China Monthly Exports and Imports*.

月度累计贸易差额按企业性质分
Accumulated monthly trade balance by enterprise

单位：亿美元
Unit: USD 100 million

年/月 Year/Month	国有企业 State-owned enterprises	外资企业 Foreign-funded enterprises	其他企业 Other enterprises
2012.07	-1 272	678	1 356
2012.08	-1 630	918	1 919
2012.09	-1 795	1 028	2 251
2012.10	-1 974	1 179	2 598
2012.11	-2 181	1 330	2 846
2012.12	-2 391	1 515	3 188
2013.01	-206	160	338
2013.02	-386	297	530
2013.03	-617	433	615
2013.04	-842	558	894
2013.05	-1 038	673	1 174
2013.06	-1 220	823	1 477
2013.07	-1 446	923	1 781
2013.08	-1 631	1 064	2 111
2013.09	-1 817	1 180	2 349
2013.10	-2 032	1 346	2 690
2013.11	-2 252	1 553	3 040
2013.12	-2 500	1 694	3 403
2014.01	-247	157	409
2014.02	-486	169	407
2014.03	-713	284	596

贸易差额构成
Composition of trade balance

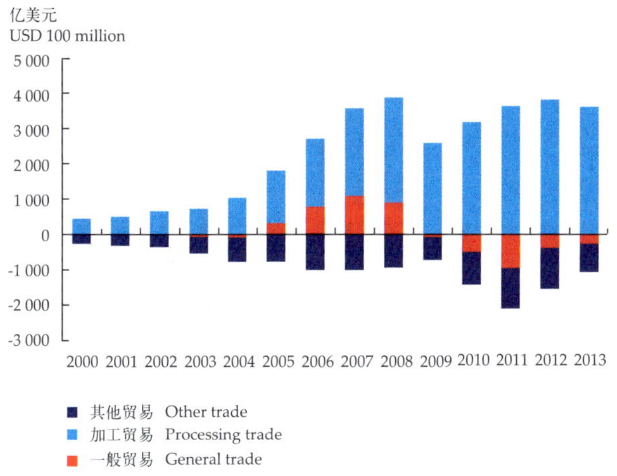

月度累计贸易差额按企业性质分
Accumulated monthly trade balance by enterprise

一般贸易累计进出口及其增长率
Accumulated imports and exports under general trade and growth rates

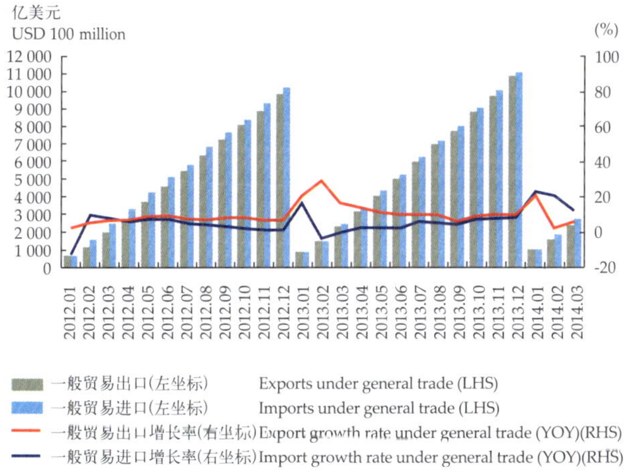

加工贸易累计进出口及其增长率
Accumulated imports and exports under processing trade and growth rates

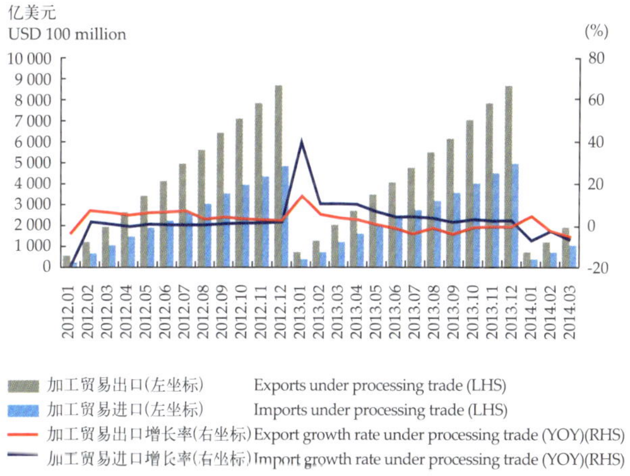

中国大陆对美国进出口及其增长趋势
Mainland China's imports from and exports to the U.S. and their growth

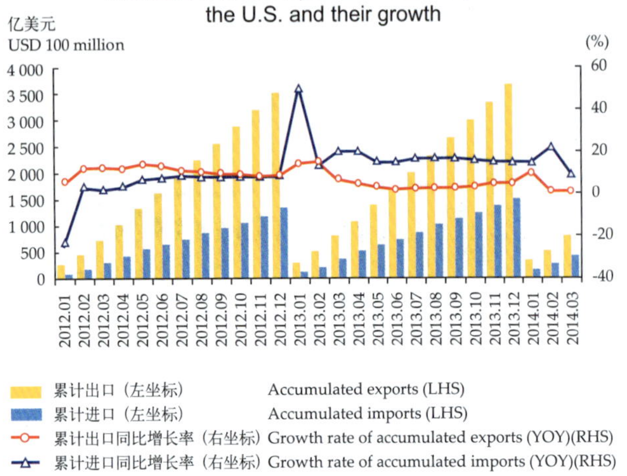

中国大陆对美国贸易总额和贸易差额
Mainland China's trade volume and trade balance with the U.S.

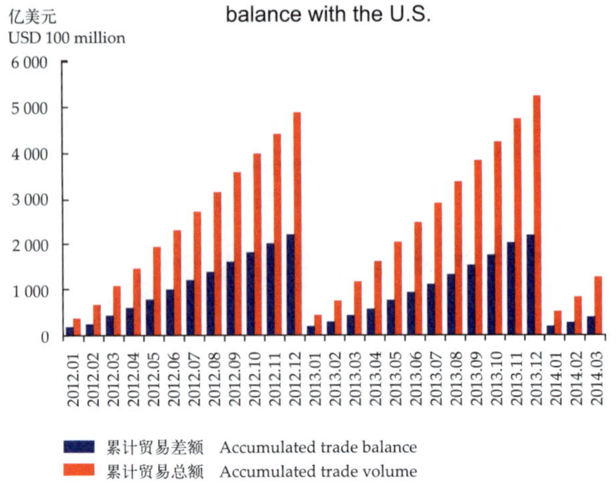

中国大陆对欧盟进出口及其增长趋势
Mainland China's imports from and exports to the EU and their growth

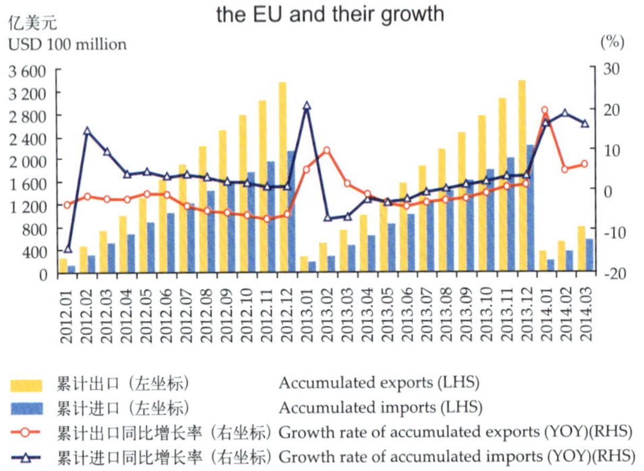

中国大陆对欧盟贸易总额和贸易差额
Mainland China's trade volume and trade balance with the EU

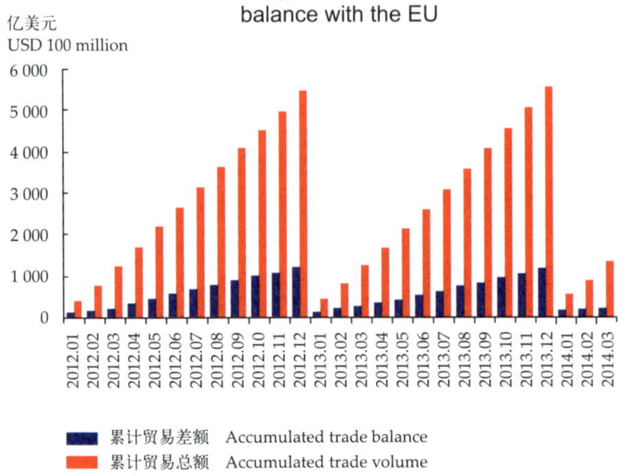

中国大陆对日本进出口及其增长趋势
Mainland China's imports from and exports to Japan and their growth

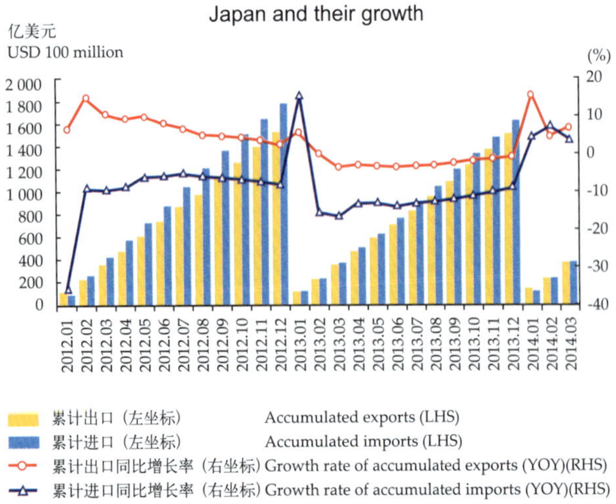

中国大陆对日本贸易总额和贸易差额
Mainland China's trade volume and trade balance with Japan

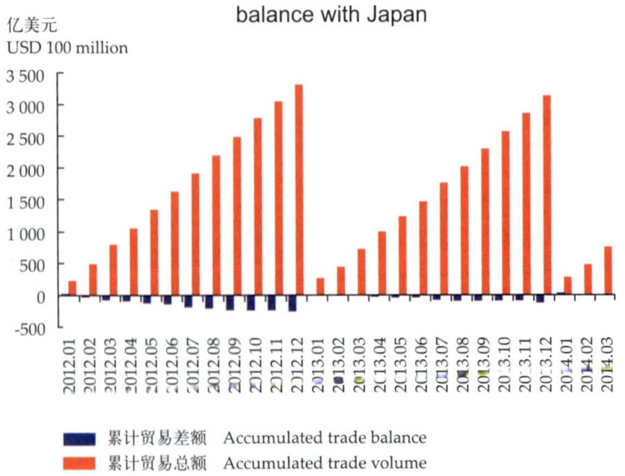

中国大陆对东盟进出口及其增长趋势
Mainland China's imports from and exports to ASEAN and their growth

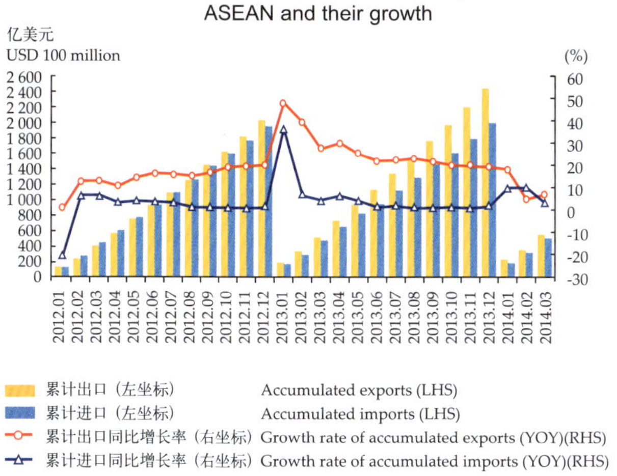

中国大陆对东盟贸易总额和贸易差额
Mainland China's trade volume and trade balance with ASEAN

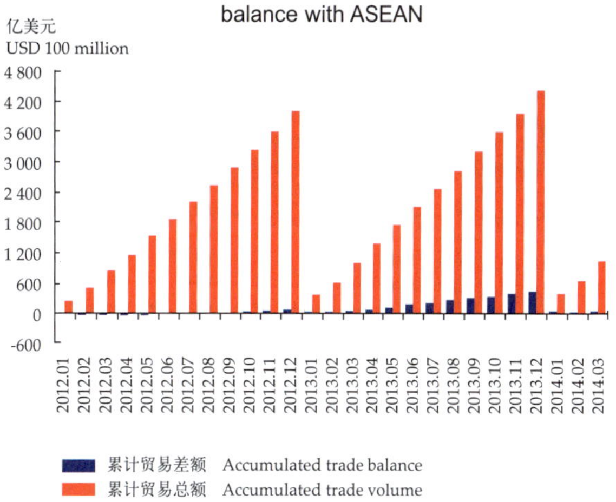

中国大陆对中国香港地区进出口及其增长趋势
Mainland China's imports from and exports to Hong Kong SAR of China and their growth

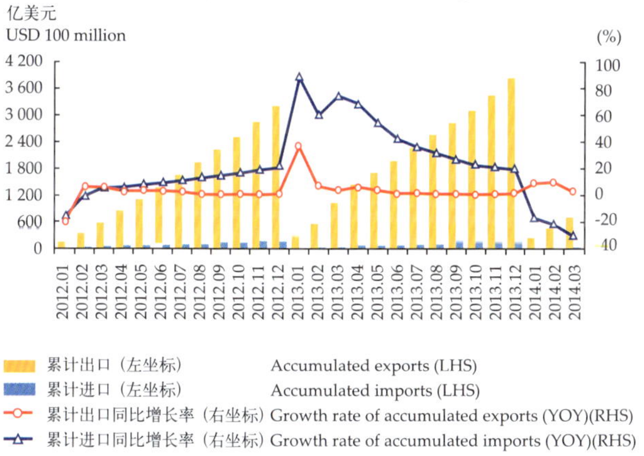

中国大陆对中国香港地区贸易总额和贸易差额
Mainland China's trade volume and trade balance with Hong Kong SAR of China

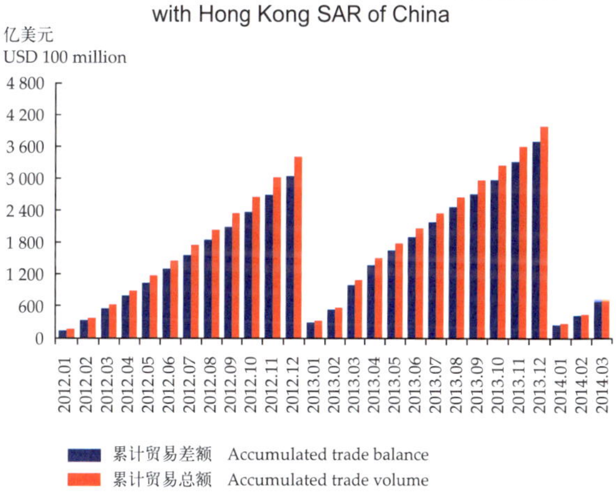

中国大陆对中国台湾地区进出口及其增长趋势
Mainland China's imports from and exports to China Taiwan and their growth

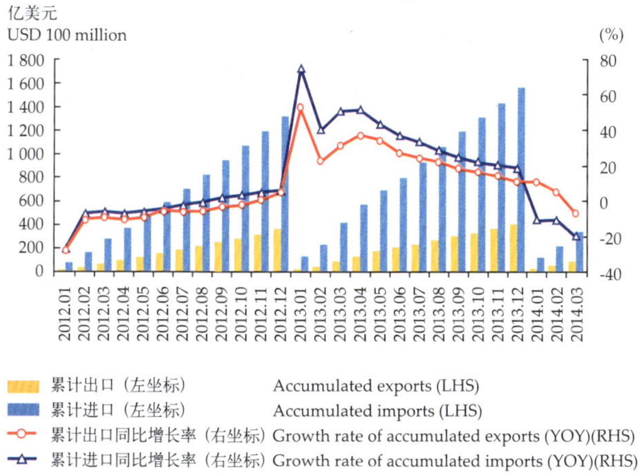

中国大陆对中国台湾地区贸易总额和贸易差额
Mainland China's trade volume and trade balance with China Taiwan

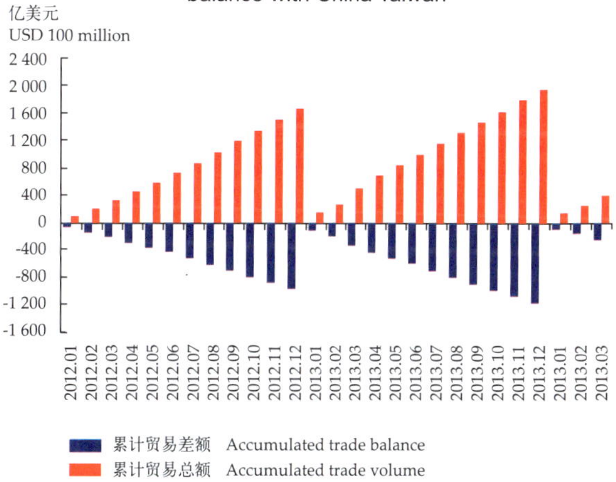

2.外资
(2) Foreign investment

据联合国贸易与发展会议2013年6月发布的《2013年世界投资报告》，中国以1 210亿美元流入量成为2012年全球发展中国家中第一大外国直接投资接受国，报告指出：2012年全球外国直接投资流入量为1.35万亿美元，较上年下降18%。

另据商务部统计，2013年，新批设立外商投资企业22 773家，实际使用外资金额1 175.9亿美元。

According to the UNCTAD's *World Investment Report 2013* published in June 2013, China became the world's No.1 recipient of foreign direct investment (FDI) among developing countries in 2012, with capital inflows of USD121 billion. It is pointed out in the report that global FDI inflows decreased by 18% to USD1.35 trillion in 2012.

According to statistics of the Ministry of Commerce, in 2013, 22,773 foreign-invested enterprises were approved for incorporation in China, with actual utilized FDI reaching USD117.59 billion.

实际利用外商直接投资及其增长趋势

Actual utilized foreign direct investments and growth rates

单位：亿美元
Unit: USD 100 million

年 Year	绝对值 Absolute value	增长率(%) Growth rates (%)
1991	43.7	28.7
1992	110.1	152.1
1993	275.2	150.0
1994	337.7	22.7
1995	375.2	11.1
1996	417.3	11.2
1997	452.6	8.5
1998	454.6	0.5
1999	403.2	-11.3
2000	407.2	1.0
2001	468.5	14.9
2002	527.4	12.6
2003	535.1	1.4
2004	606.3	13.3
2005	603.3	-0.5
2006	630.2	4.5
2007	747.7	13.6
2008	924.0	23.6
2009	900.3	-2.6
2010	1 057.0	17.4
2011	1 160.1	9.7
2012	1 117.2	-3.7
2013	1 175.9	5.3

实际利用外商直接投资及其增长率

Actual utilized foreign direct investments and growth rates

月度累计实际外商直接投资
Accumulated utilized FDI on a monthly basis

单位：亿美元
Unit: USD 100 million

年/月 Year/Month	实际外商直接投资累计金额 Accumulated utilized FDI	实际外商直接投资累计同比增长率(%) Growth rate of accumulated utilized FDI (%)
2012.07	667	-3.6
2012.08	750	-3.4
2012.09	834	-3.7
2012.10	918	-3.4
2012.11	1 001	-3.6
2012.12	1 117	-3.7
2013.01	93	-7.3
2013.02	175	-1.4
2013.03	299	1.4
2013.04	383	1.2
2013.05	476	1.0
2013.06	620	4.9
2013.07	714	7.0
2013.08	798	6.3
2013.09	886	6.2
2013.10	970	5.7
2013.11	1 055	5.4
2013.12	1 176	5.3
2014.01	108	16.1
2014.02	193	10.4
2014.03	315	5.5

月度累计实际外商直接投资
Accumulated utilized FDI on a monthly basis

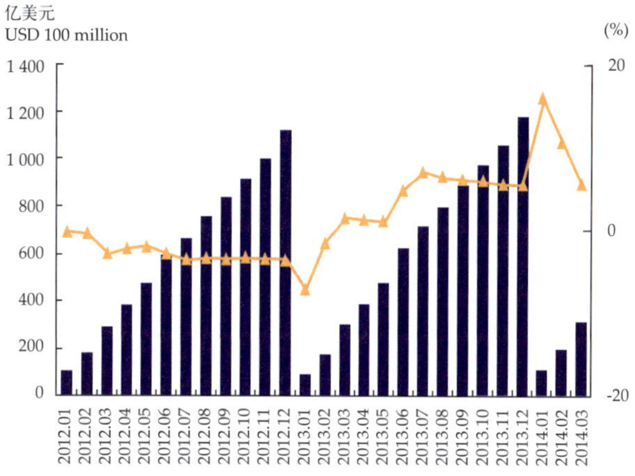

3.国际收支
(3) Balance of payments (BOP)

中国国际收支变化趋势
Movement of China's balance of payments

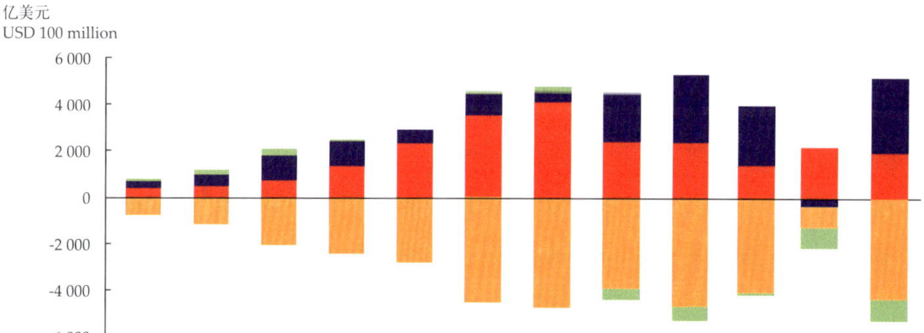

	2002	2003	2004	2005	2006	2007	2008	2009	2010	2011	2012	2013
净误差与遗漏差额 Balance of errors and omissions (net)	78	184	270	155	37	133	188	-434	-530	-138	-870	-776
储备资产差额 Balance of reserve assets	-755	-1 170	-2 064	-2 506	-2 848	-4 607	-4 795	-3 984	-4 717	-3 878	-966	-4 314
资本和金融项目差额 Balance of capital and financial accounts	323	527	1 107	1 010	493	942	401	1 985	2 869	2 655	-318	3 262
经常项目差额 Balance of current account	354	459	687	1 341	2 318	3 532	4 206	2 433	2 378	1 361	2 154	1 828

注：1. 储备资产的增加用负值表示，储备资产的减少用正值表示。
2. 图中数据根据国家统计局最新数据修订。

Notes: 1. The increase in the reserve assets is expressed in a negative figure and the decresae in the reserve assets is expressed in a positive figure.
2. Data are revised by State Administration of Foregn Exchange.

2013年国际收支平衡表

BOP sheet in 2013

单位：亿美元
Unit: USD 100 million

项　目	Items	差额 Balance	贷方 Credit	借方 Debit
一、经常项目	**Current account**	1 828	26 637	24 809
A．货物和服务	Goods and services	2 354	24 250	21 896
a.货物	Goods	3 599	22 190	18 591
b.服务	Services	-1 245	2 060	3 305
B．收益	Yields	-438	1 855	2 293
C．经常转移	Current transfers	-87	532	619
二、资本和金融项目	**Capital and financial accounts**	3 262	17 271	14 009
A．资本项目	Capital account	31	45	14
B．金融项目	Financial account	3 232	17 226	13 995
1.直接投资	Direct investment	1 850	3 478	1 629
1.1 我国在外直接投资	FDI outflow	-732	364	1 096
1.2 外国在华直接投资	FDI inflow	2 582	3 114	532
2.证券投资	Portfolio investment	605	1 041	436
2.1 资产	Assets	-54	258	311
2.2 负债	Liabilities	659	784	125
3.其他投资	Other investment	776	12 707	11 930
三、储备资产	**Reserve assets**	-4 314	13	4 327
3.1 货币黄金	Monetary gold	0	0	0
3.2 特别提款权	SDRs	2	2	0
3.3 在国际货币基金组织的储备头寸	Reserve position in IMF	11	11	0
3.4 外汇	Foreign exchange	-4 327	0	4 327
3.5 其他债权	Other claims	0	0	0
四、净误差与遗漏	**Errors and omissions (net)**	-776	0	776

4.外汇储备

(4) Foreign exchange reserves

外汇储备及其增长率

Foreign exchange reserves and growth rates

单位：亿美元
Unit: USD 100 million

年/月 Year/Month	外汇储备 Foreign exchange reserves	同比增长(%) Growth rate (YOY)(%)
2012.07	32 400	-0.2
2012.08	32 729	0.3
2012.09	32 851	2.6
2012.10	32 874	0.1
2012.11	32 977	2.4
2012.12	33 116	4.1
2013.01	34 101	4.8
2013.02	33 954	2.6
2013.03	34 426	4.2
2013.04	35 345	7.1
2013.05	35 148	9.6
2013.06	34 967	7.9
2013.07	35 478	9.5
2013.08	35 530	8.6
2013.09	36 627	11.5
2013.10	37 366	13.7
2013.11	37 895	14.9
2013.12	38 213	15.4
2014.01	38 666	13.4
2014.02	39 137	15.3
2014.03	39 481	14.7

外汇储备及其增长率

Foreign exchange reserves and growth rates

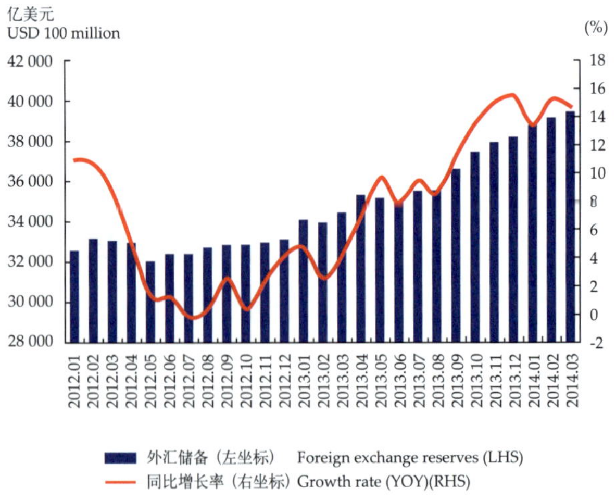

5.外债
(5) External debt

外债余额与外债债务率
Balance and ratio of external debt to foreign exchange income

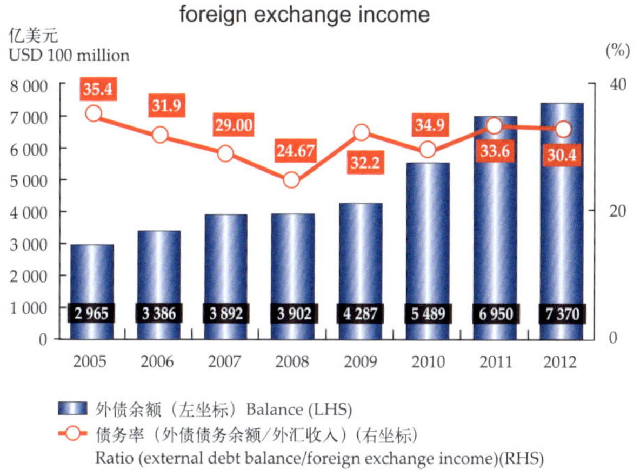

外债余额与外债负债率
Balance and ratio of external debt to GDP

注：图中数据根据国家外汇管理局最新数据修订。
Note: Data are revised by State Administration of Foreign Exchange.

2013年年末外债数据
External debt balance at the end of 2013

单位：亿美元
Unit: USD 100 million

	登记外债 Registered external debt	中资金融机构 Chinese financial institutions	外商投资企业 Foreign investment enterprises	境内外资金融机构 Domestic foreign financial institutions	贸易信贷 Trade credit	合计 Total
外债余额 Debt balance	5 266.67	2 634.03	1 585.99	642.46	3 365.00	8 631.67
比重(%) Share (%)	100	50.01	30.11	12.20	—	—

注：2013年，中国新借入中长期外债511.67亿美元，还本339.03亿美元，付息34.3亿美元。
Note: In 2013, China borrowed medium and long-term external debts totaling USD51.167 billion, repaid principal in the amount of USD33.903 billion and interest in the amount of USD3.43 billion.

2013年年末外债结构
External debt structure at the end of 2013

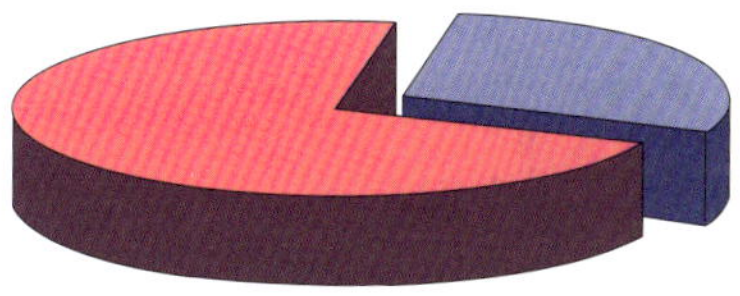

2013年年末，中国外债余额为8 631.67亿美元，其中，中长期外债余额为1 865.42亿美元，占外债余额的21.61%；短期外债余额为6 766.25亿美元，占外债余额的78.39%。

China's outstanding balance of external debt was USD863.167 billion at the end of 2013, among which USD186.542 billion or 21.61 percent was medium- and long-term debt, and USD676.625 billion or 78.39 percent was short-term debt.

六、财政收支与债务
6. Fiscal Revenue, Expenditure and Debt

年度财政收入、财政支出及其增长趋势
Annual budgetary revenue, budgetary expenditure, and their growth

单位：亿元
Unit: RMB 100 million yuan

年 Year	财政收入 Budgetary revenue	财政支出 Budgetary expenditure	财政收入同比增长率(%) Growth rate of budgetary revenue (YOY) (%)	财政支出同比增长率(%) Growth rate of budgetary expenditure (YOY)(%)
1993	4 349	4 642	24.8	24.1
1994	5 218	5 793	20.0	24.8
1995	6 242	6 824	19.6	17.8
1996	7 408	7 938	18.7	16.3
1997	8 651	9 234	16.8	16.3
1998	9 876	10 798	14.2	16.9
1999	11 444	13 188	15.9	22.1
2000	13 395	15 887	17.0	20.5
2001	16 386	18 903	22.3	19.0
2002	18 904	22 053	15.4	16.7
2003	21 715	24 650	14.9	11.8
2004	26 396	28 487	21.6	15.6
2005	31 649	33 930	19.9	19.1
2006	38 760	40 423	22.5	19.1
2007	51 322	49 781	32.4	23.2
2008	61 330	62 593	19.5	25.4
2009	68 518	76 300	11.7	21.9
2010	83 080	89 575	21.3	17.4
2011	103 740	108 930	24.8	21.2
2012	117 210	125 712	12.8	15.1
2013	129 143	139 744	10.2	11.2

注：表中数据根据财政部最新数据修订。
Note: Data are revised by Ministry of Finance People's Republic of China.

月度累计财政收支增长率与收支差额
Monthly growth rate and balance of accumulated fiscal revenue and expenditure

单位：亿元
Unit: RMB 100 million yuan

年/月 Year/Month	财政收入累计同比增长率(%) Growth rate of accumulated fiscal revenue(YOY)(%)	财政支出累计同比增长率(%) Growth rate of accumulated fiscal expenditure(YOY)(%)	累计财政收支总量差额 Balance of accumulated fiscal revenue and expenditure
2012.01	12.3	9.6	5 886
2012.02	13.1	32.8	6 994
2012.03	14.7	33.6	5 858
2012.04	12.5	26.2	8 746
2012.05	12.7	22.4	11 586
2012.06	12.2	21.3	9 902
2012.07	11.6	23.4	11 046
2012.08	10.8	21.8	9 890
2012.09	10.9	21.1	6 469
2012.10	11.2	19.6	8 296
2012.11	11.9	17.9	4 008
2012.12	13.0	15.4	-8 000
2013.01	5.8	19.1	5 289
2013.02	7.2	15.7	6 321
2013.03	6.9	12.1	4 997
2013.04	6.7	13.6	7 120
2013.05	6.6	13.2	9 603
2013.06	7.5	10.8	8 877
2013.07	8.0	8.9	11 371
2013.08	8.1	8.6	10 351
2013.09	8.6	8.8	6 857
2013.10	9.4	10.0	8 486
2013.11	9.9	9.3	4 953
2013.12	10.2	11.2	-12 000
2014.01	13.0	21.3	5 281
2014.02	11.1	6.0	7 856
2014.03	9.3	12.6	4 593

注：表中数据根据财政部最新数据修订。
Note: Data are revised by Ministry of Finance People's Republic of China.

年度财政收入、财政支出及其增长趋势
Annual budgetary revenue, budgetary expenditure, and their growth

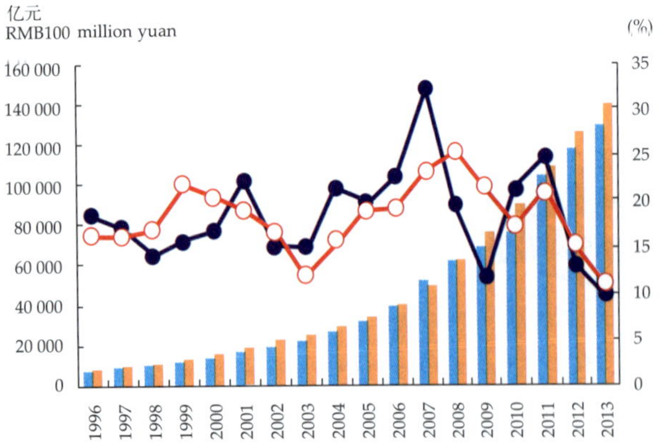

财政收入(左坐标) Budgetary revenue (LHS)
财政支出(左坐标) Budgetary expenditure (LHS)
财政收入同比增长率(右坐标) Growth rate of budgetary revenue (YOY)(RHS)
财政支出同比增长率(右坐标) Growth rate of budgetary expenditure (YOY)(RHS)

月度累计财政收支增长率与收支差额
Monthly growth rate and balance of accumulated fiscal revenue and expenditure

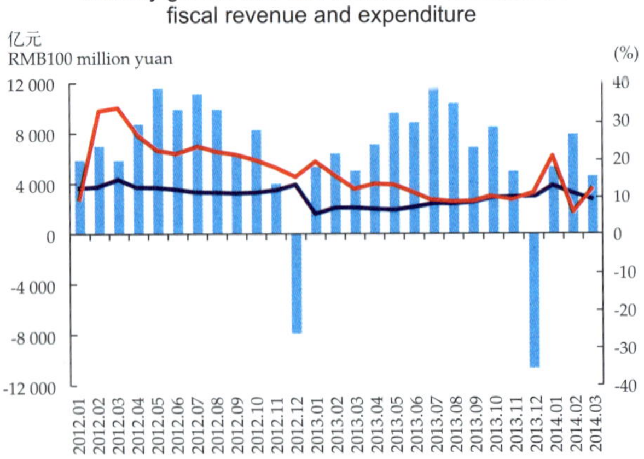

累计财政收支差额（左坐标）
Balance of accumulated fiscal revenue and expenditure (LHS)
财政收入累计同比增长率（右坐标）
Growth rate of accumulated fiscal revenue (YOY)(RHS)
财政支出累计同比增长率（右坐标）
Growth rate of accumulated fiscal expenditure (YOY)(RHS)

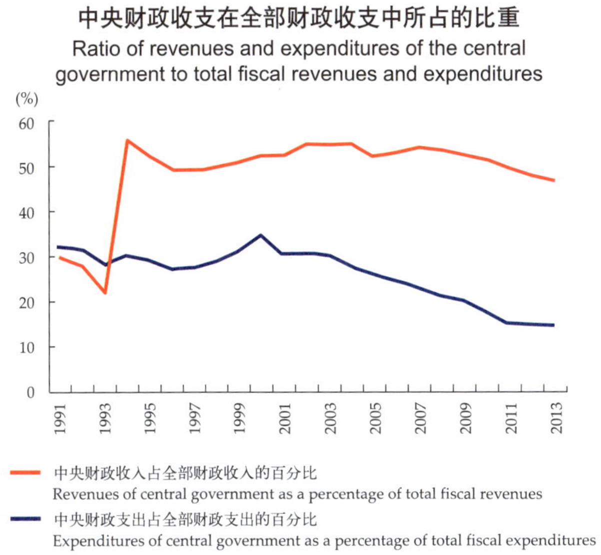

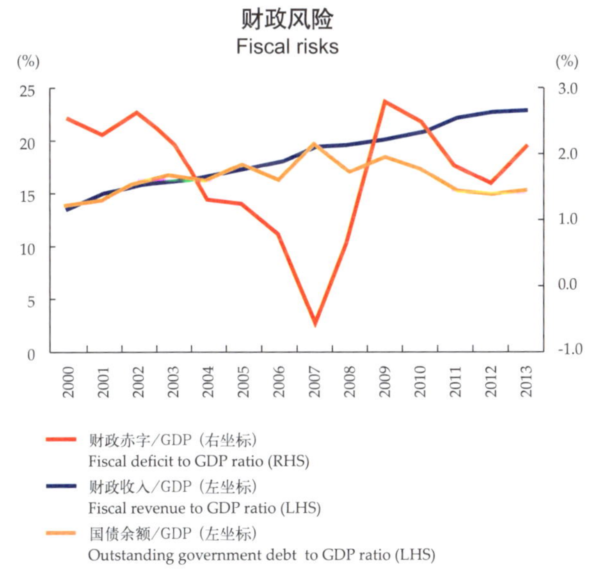

2014年主要预算指标：

2014年，中央财政预算收入为64 380亿元，比2013年执行数（下同）增长7%。从中央预算稳定调节基金中调入1 000亿元，合计收入总量为65 380亿元。中央财政预算支出总量74 880亿元，增长9%。中央财政收支总量相抵，赤字为9 500亿元，比上年预算数增加1 000亿元。中央财政国债余额限额为100 708.35亿元。

汇总中央预算和地方预算安排，2014年全国财政收入139 530亿元，增长8%，加上从中央预算稳定调节基金调入1 000亿元，可安排的收入总量为140 530亿元；全国财政支出153 037亿元，增长9.5%。全国财政收支差额13 500亿元。

Budgetary targets for 2014:

In 2014 Revenue in the central budget will reach RMB6.438 trillion yuan, 7% over the figure for 2013 (here and below). The central budget stabilization fund will contribute RMB100 billion yuan, bringing total revenue to RMB6.538 trillion yuan. Expenditures in the central budget will reach RMB7.488 trillion yuan, an increase of 9%. Expenditures in the central budget will exceed revenue, resulting in a deficit of RMB950 billion yuan, an increase of RMB100 billion yuan than previous year's budget. The limit for the outstanding balance of government bonds issued by the central government will be RMB10.070835 trillion yuan.

Total combined revenue of central and local governments is budgeted at RMB13.953 trillion yuan, an increase of 8%. Adding RMB100 billion yuan from the central budget stabilization fund, total national revenue is projected to reach RMB14.053 trillion yuan. Total national expenditures are budgeted at RMB15.3037 trillion yuan, up 9.5%. Total expenditures will exceed total revenue by RMB1.35 trillion yuan.

七、货币银行
7. Money and Banking

1. 货币供应量
(1) Money supply

年度M0、M1、M2及其变化趋势
Annual M0, M1 and M2 and their changes

单位：万亿元 Unit: RMB trillion yuan

年 Year	M0	M1	M2	M0同比增长率(%) Growth rate of M0 (YOY)(%)	M1同比增长率(%) Growth rate of M1 (YOY)(%)	M2同比增长率(%) Growth rate of M2 (YOY)(%)
1999	1.4	4.6	12.0	20.1	17.7	14.7
2000	1.5	5.3	13.5	8.9	16.0	12.3
2001	1.6	6.0	15.8	7.1	12.7	14.4
2002	1.7	7.1	18.5	10.1	16.8	16.8
2003	2.0	8.4	22.1	14.3	18.7	19.6
2004	2.2	9.6	25.4	8.7	13.6	14.7
2005	2.4	10.7	29.9	11.9	11.8	17.6
2006	2.7	12.6	34.6	12.7	17.5	16.9
2007	3.0	15.3	40.3	12.1	21.0	16.7
2008	3.4	16.6	47.5	12.7	9.1	17.8
2009	3.8	22.0	60.6	11.8	32.4	27.7
2010	4.5	26.7	72.6	16.7	21.2	19.7
2011	5.1	29.0	85.2	13.8	7.9	13.6
2012	5.5	30.9	97.4	7.7	6.5	13.8
2013	5.9	33.7	110.7	7.1	9.3	13.6

月度M0、M1、M2及其变化趋势
Monthly M0, M1 and M2 and their changes

单位：万亿元 Unit: RMB trillion yuan

年/月 Year/Month	M0	M1	M2	M0同比增长率(%) Growth rate of M0 (YOY)(%)	M1同比增长率(%) Growth rate of M1 (YOY)(%)	M2同比增长率(%) Growth rate of M2 (YOY)(%)
2012.01	6.0	27.0	85.6	3.0	3.1	12.4
2012.02	5.1	27.0	86.7	8.8	4.3	13.0
2012.03	5.0	27.8	89.6	10.6	4.4	13.4
2012.04	5.0	27.5	89.0	10.4	3.1	12.8
2012.05	4.9	27.9	90.0	10.0	3.5	13.2
2012.06	4.9	28.8	92.5	10.8	4.7	13.6
2012.07	5.0	28.3	91.9	10.0	4.6	13.9
2012.08	5.0	28.6	92.5	9.7	4.5	13.5
2012.09	5.3	28.7	94.4	13.3	7.3	14.8
2012.10	5.1	29.3	93.6	10.5	6.1	14.1
2012.11	5.2	29.7	94.5	10.7	5.5	13.9
2012.12	5.5	30.9	97.4	7.7	6.5	13.8
2013.01	6.2	31.1	99.2	4.4	15.3	15.9
2013.02	6.0	29.6	99.9	17.2	9.5	15.2
2013.03	5.5	31.1	103.6	12.4	11.9	15.7
2013.04	5.6	30.8	103.3	10.8	11.9	16.1
2013.05	5.4	31.0	104.2	10.8	11.3	15.8
2013.06	5.4	31.4	105.4	9.9	9.1	14.0
2013.07	5.4	31.1	105.2	9.5	9.7	14.5
2013.08	5.5	31.4	106.1	9.3	9.9	14.7
2013.09	5.6	31.2	107.7	5.7	8.9	14.2
2013.10	5.6	32.0	107.0	8.0	8.9	14.3
2013.11	5.6	32.5	107.9	7.7	9.4	14.2
2013.12	5.9	33.7	110.7	7.1	9.3	13.6
2014.01	7.6	31.5	112.4	22.5	1.2	13.2
2014.02	6.2	31.7	113.2	3.3	6.9	13.3
2014.03	5.8	32.8	116.1	5.2	5.4	12.1

货币供应量与货币流动性
Money supply and monetary liquidity

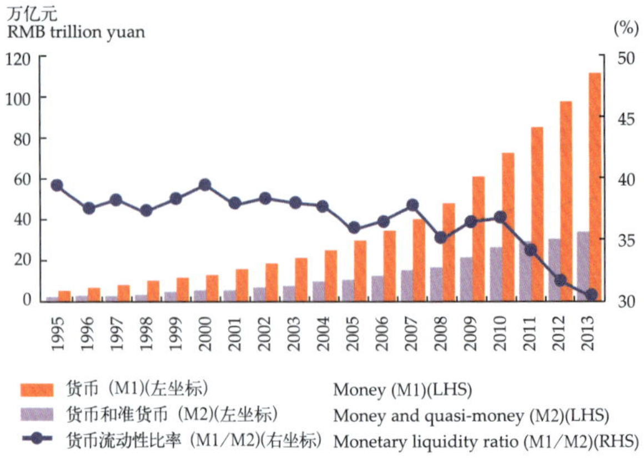

年度M0、M1、M2及其变化趋势
Annual M0, M1 and M2 and their changes

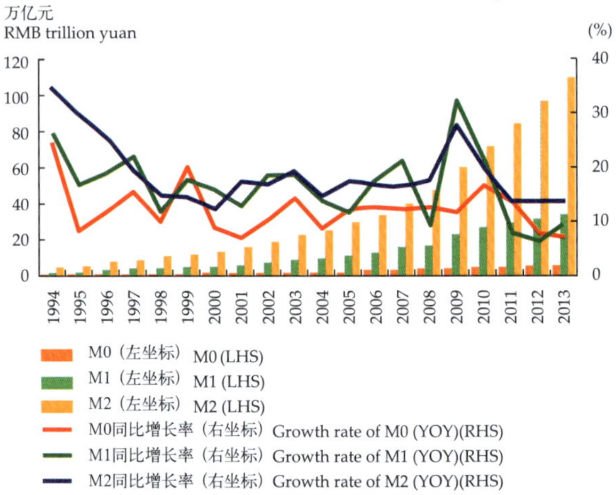

月度M0、M1、M2及其变化趋势
Monthly M0, M1 and M2 and their changes

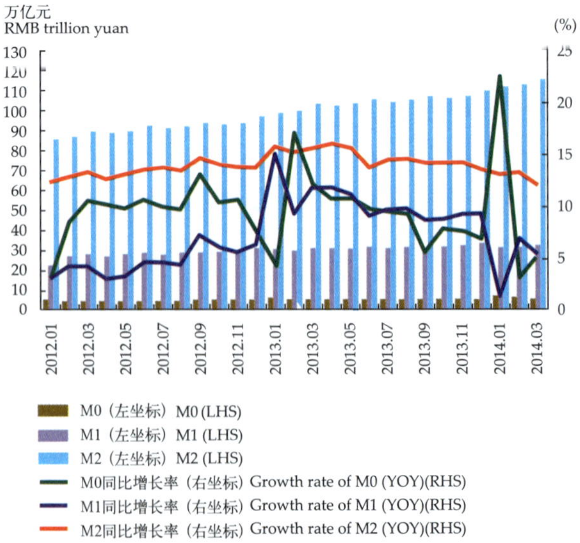

货币供应量构成
Composition of money supply

单位：亿元
Unit: RMB 100 million yuan

年/月 Year/Month	货币和准货币 Money & quasi-money M2	货币 Money M1			准货币 Quasi-money			
			流通中货币 Currency in circulation M0	单位活期存款 Coporate demand deposits		单位定期存款 Coporate time deposits	个人存款 Personal deposits	其他存款 Other deposits
2012.01	855 899	270 010	59 821	210 190	585 888	165 955	370 564	49 370
2012.02	867 171	270 312	51 449	218 863	596 859	168 851	372 271	55 737
2012.03	895 566	277 998	49 596	228 402	617 567	177 917	385 443	54 207
2012.04	889 604	274 984	50 199	224 785	614 620	179 841	378 926	55 853
2012.05	900 049	278 656	49 040	229 617	621 392	181 670	381 242	58 480
2012.06	924 991	287 526	49 285	238 242	637 465	186 606	396 300	54 560
2012.07	919 072	283 091	49 706	233 385	635 982	188 282	390 815	56 884
2012.08	924 895	285 739	50 235	235 504	639 155	190 002	391 897	57 256
2012.09	943 689	286 788	53 433	233 355	656 901	200 657	403 175	53 069
2012.10	936 404	293 310	51 468	241 842	643 094	191 727	396 448	54 920
2012.11	944 832	296 883	52 392	244 491	647 949	192 174	398 962	56 813
2012.12	974 149	308 664	54 660	254 004	665 485	195 940	411 363	58 182
2013.01	992 129	311 229	62 450	248 779	680 901	202 559	419 143	59 198
2013.02	998 601	296 103	60 314	235 790	702 498	204 965	436 912	60 621
2013.03	1 035 858	310 898	55 461	255 438	724 960	215 733	449 007	60 220
2013.04	1 032 552	307 648	55 607	252 041	724 903	223 900	439 471	61 532
2013.05	1 042 169	310 204	54 431	255 773	731 965	227 155	442 270	62 539
2013.06	1 054 404	313 500	54 064	259 436	740 904	228 029	453 411	59 464
2013.07	1 052 212	310 596	54 413	256 184	741 616	226 039	449 302	66 275
2013.08	1 061 256	314 086	54 925	259 161	747 171	229 496	450 214	67 461
2013.09	1 077 379	312 330	56 493	255 838	765 049	239 080	461 958	64 010
2013.10	1 070 242	319 509	55 596	263 914	750 733	230 221	452 907	67 605
2013.11	1 079 257	324 822	56 441	268 381	754 435	230 550	453 819	70 067
2013.12	1 106 525	337 291	58 574	278 717	769 234	232 697	467 031	69 506
2014.01	1 123 521	314 901	76 489	238 412	808 621	244 132	484 967	79 522
2014.02	1 131 761	316 625	62 321	254 304	815 136	242 009	486 056	87 071
2014.03	1 160 687	327 684	58 329	269 354	833 004	250 779	500 399	81 825

广义货币供应量M2变动
Changes in the composition of broad money M2

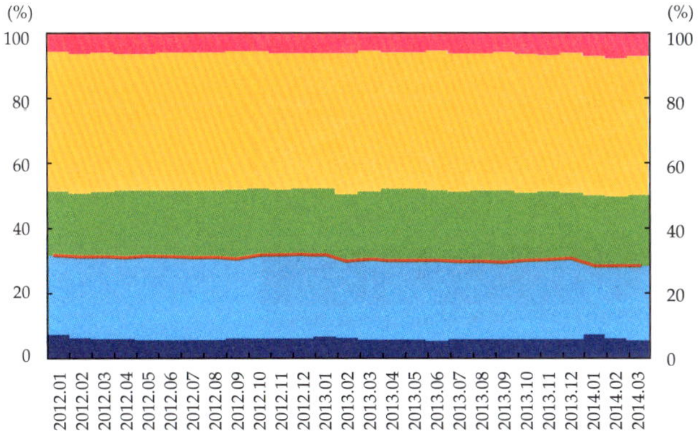

其他存款占M2的比重 Other deposits/M2
个人存款占M2的比重 Personal deposits/M2
单位定期存款占M2的比重 Coporate time deposits/M2
单位活期存款占M2的比重 Coporate demand deposits/M2
M0占M2的比重 M0/M2
M1占M2的比重 M1/M2

2014年3月末货币供应量构成
Composition of money supply at the end of March, 2014

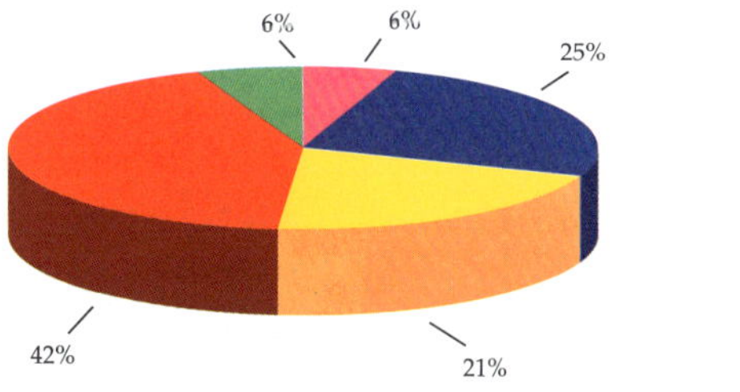

流通中货币 Currency in circulation M0
单位活期存款 Corporate demand deposits
单位定期存款 Corporate time deposits
个人存款 Personal deposits
其他存款 Other deposits

存款性公司概览
Depository corporations survey

单位：万亿元
Unit: RMB trillion yuan

年/月 Year/Month	国外净资产 Net foreign assets	国内信贷 Domestic credit	对政府债权(净) Claims on government (net)	对非金融部门债权 Claims on non-financial sectors	对其他金融部门债权 Claims on other financial sectors	其他 Others	货币和准货币 Money & quasi-money M2
2012.01	25.37	69.12	3.95	60.90	4.28	-8.90	85.59
2012.02	25.55	70.03	3.85	61.72	4.46	-8.87	86.72
2012.03	25.81	72.20	4.21	62.90	5.09	-8.45	89.56
2012.04	25.90	71.89	3.84	63.48	4.57	-8.83	88.96
2012.05	25.98	72.52	3.60	64.34	4.58	-8.49	90.00
2012.06	26.13	74.65	3.89	65.36	5.40	-8.28	92.50
2012.07	26.23	74.32	3.63	65.98	4.71	-8.64	91.91
2012.08	26.24	75.19	3.84	66.70	4.64	-8.93	92.49
2012.09	26.19	77.26	4.21	67.51	5.55	-9.08	94.37
2012.10	26.11	77.02	3.76	68.13	5.14	-9.49	93.64
2012.11	25.97	77.89	3.91	68.77	5.21	-9.38	94.48
2012.12	25.89	80.56	5.07	69.44	6.06	-9.03	97.41
2013.01	26.49	81.43	4.75	70.76	5.93	-8.71	99.21
2013.02	26.69	82.00	4.67	71.54	5.79	-8.83	99.86
2013.03	26.95	84.64	4.86	72.95	6.84	-8.01	103.59
2013.04	27.18	84.53	4.48	73.95	6.10	-8.46	103.26
2013.05	27.22	85.12	4.13	74.60	6.39	-8.13	104.22
2013.06	27.27	86.80	4.16	75.38	7.26	-8.63	105.44
2013.07	27.17	86.98	3.80	76.19	6.99	-8.93	105.22
2013.08	27.20	87.90	3.85	76.92	7.13	-8.97	106.13
2013.09	27.27	89.92	4.16	78.04	7.72	-9.46	107.74
2013.10	27.67	89.61	3.59	78.58	7.44	-10.26	107.02
2013.11	27.97	90.33	3.53	79.02	7.77	-10.37	107.93
2013.12	28.10	92.70	4.90	79.65	8.15	-10.15	110.65
2014.01	28.31	94.12	4.92	81.06	8.13	-10.08	112.35
2014.02	28.36	94.80	4.52	81.77	8.51	-9.98	113.18
2014.03	28.40	97.23	4.84	83.11	9.28	-9.57	116.07

国外净资产及国内信贷对广义货币的影响
The impact of net foreign assets and domestic credit on broad money M2

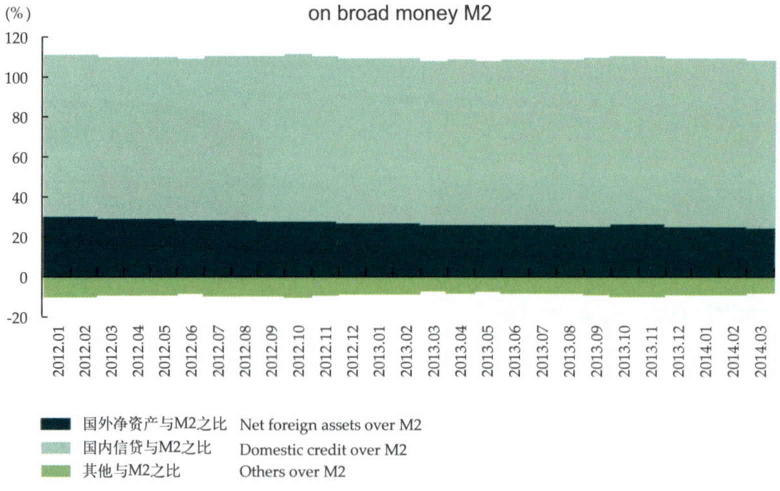

2.存贷款
(2) Deposits and loans

金融机构人民币各项存贷款余额及其增长趋势
Outstanding amounts of total deposits & loans and their growth in financial institutions

单位：万亿元
Unit: RMB trillion yuan

年/月 Year/Month	各项存款 Total deposits	各项贷款 Total loans	各项存款同比增长率(%) Growth rate of deposits (YOY)(%)	各项贷款同比增长率(%) Growth rate of loans (YOY)(%)
2012.01	80.1	55.5	12.4	15.0
2012.02	81.7	56.2	12.6	15.2
2012.03	84.7	57.2	12.5	15.7
2012.04	84.2	57.9	11.4	15.4
2012.05	85.4	58.7	11.4	15.7
2012.06	88.3	59.6	12.3	16.0
2012.07	87.8	60.2	12.6	16.0
2012.08	88.3	60.9	12.2	16.1
2012.09	90.0	61.5	13.3	16.3
2012.10	89.7	62.0	13.3	15.9
2012.11	90.2	62.5	13.4	15.7
2012.12	91.7	63.0	13.3	15.0
2013.01	92.9	64.1	16.0	15.4
2013.02	93.7	64.7	14.6	15.0
2013.03	97.9	65.8	15.6	14.9
2013.04	97.8	66.6	16.2	14.9
2013.05	99.3	67.2	16.2	14.5
2013.06	100.9	68.1	14.3	14.2
2013.07	100.7	68.8	14.6	14.3
2013.08	101.5	69.5	14.9	14.1
2013.09	103.1	70.3	14.6	14.3
2013.10	102.7	70.8	14.5	14.2
2013.11	103.2	71.4	14.5	14.2
2013.12	104.4	71.9	13.8	14.1
2014.01	103.4	73.2	11.3	14.3
2014.02	105.4	73.9	12.5	14.2
2014.03	109.1	74.9	11.4	13.9

金融机构人民币各项存贷款余额及其增长趋势
Outstanding amounts of total deposits & loans and their growth in financial institutions

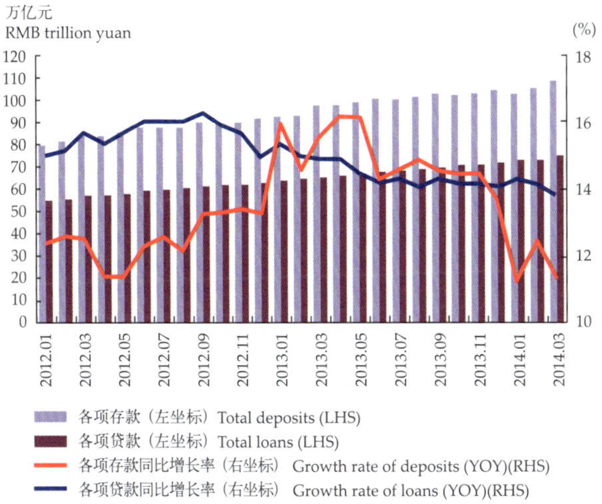

金融机构当年累计新增人民币存款
Accumulated new RMB deposits in financial institutions

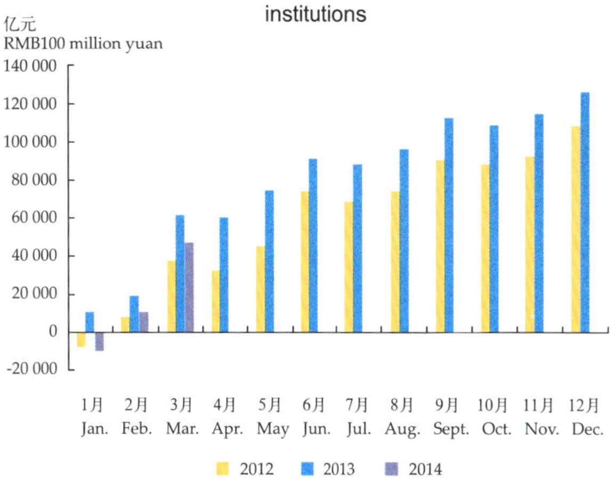

金融机构当月新增人民币存款
New RMB deposits in financial institutions by month

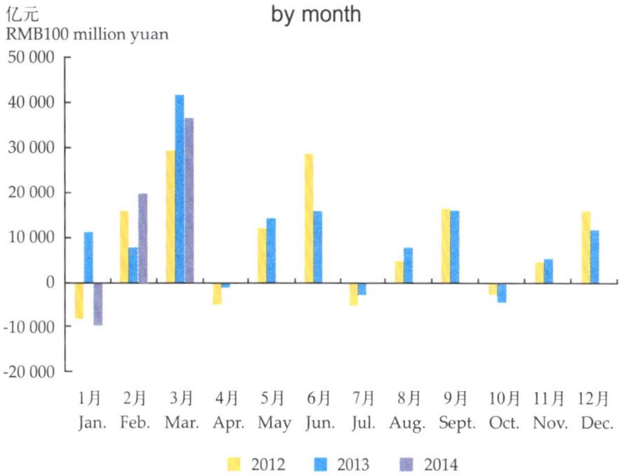

2014年3月末人民币存款余额
Outstanding amounts of RMB deposits at the end of March, 2014

单位：亿元
Unit: RMB 100 million yuan

		余额 Outstanding amount
各项存款	**Total deposits**	**1 091 022**
单位存款	Corporate deposits	531 168
个人存款	Personal deposits	499 889
财政性存款	Fiscal deposits	31 063
临时性存款	Temporary deposits	1 354
委托存款	Designated deposits	156
其他存款	Other deposits	27 392

住户存款和非金融企业存款余额
Outstanding amounts of household deposits and non-financial corporate deposits

单位：亿元
Unit: RMB 100 million yuan

年/月 Year/Month	住户存款 Deposits of households	活期及临时性存款 Demand & temporary deposits	定期及保证性存款 Time & marginal deposits	非金融企业存款 Deposits of non-financial enterprises	活期及临时性存款 Demand & temporary deposits	定期及保证性存款 Time & marginal deposits
2012.01	365 910	143 134	222 776	276 304	116 854	159 450
2012.02	367 554	139 418	228 136	285 251	121 224	164 028
2012.03	380 498	145 084	235 415	299 253	125 784	173 469
2012.04	374 119	138 798	235 321	296 285	123 413	172 872
2012.05	376 379	140 041	236 338	301 806	126 675	175 131
2012.06	391 186	148 865	242 321	311 167	130 445	180 722
2012.07	385 846	144 160	241 686	307 197	126 854	180 343
2012.08	386 878	145 937	240 941	309 161	127 474	181 687
2012.09	398 070	150 833	247 237	313 960	125 826	188 134
2012.10	391 431	147 279	244 152	312 800	131 052	181 747
2012.11	393 947	149 874	244 073	316 049	133 099	182 950
2012.12	406 181	158 265	247 916	327 445	140 900	186 544
2013.01	413 958	162 592	251 366	327 904	135 453	192 452
2013.02	431 656	167 187	264 469	318 498	127 440	191 059
2013.03	443 408	173 557	269 851	342 606	137 114	205 492
2013.04	434 067	163 516	270 551	345 752	134 317	211 435
2013.05	436 833	164 319	272 514	349 577	135 071	214 507
2013.06	447 772	169 141	278 632	349 741	135 326	214 415
2013.07	443 837	165 060	278 777	343 816	133 247	210 569
2013.08	444 717	166 378	278 338	347 263	133 646	213 618
2013.09	456 348	171 760	284 589	350 387	131 108	219 279
2013.10	447 381	167 439	279 942	348 348	136 096	212 253
2013.11	448 321	168 230	280 091	352 225	138 403	213 822
2013.12	461 370	178 050	283 320	361 555	145 522	216 033
2014.01	479 173	185 000	294 172	334 200	118 928	215 272
2014.02	480 063	180 468	299 595	343 941	127 359	216 582
2014.03	494 023	189 049	304 974	361 794	134 252	227 542

住户存款和非金融企业存款余额
Outstanding amounts of household deposits and non-financial enterprises deposits

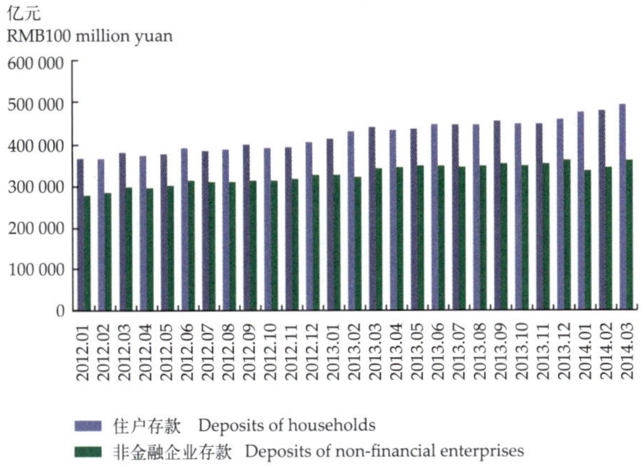

住户存款构成
Composition of households deposits

非金融企业存款构成
Composition of non-financial enterprise deposits

2014年3月末人民币存款余额构成
Outstanding amounts of RMB deposits at the end of March, 2014

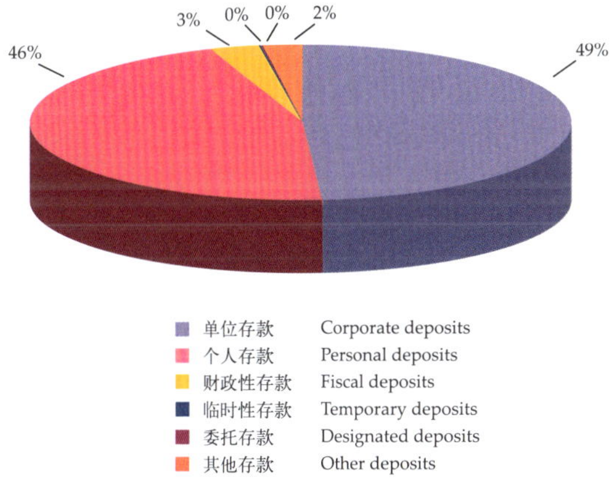

2014年3月末人民币贷款按部门分类
RMB loans issued at the end of March 2014 by sectors

单位：亿元
Unit: RMB 100 million yuan

	余额 Outstanding amounts	比年初增加 Increase over the beginning of the year
住户贷款 Loans to households	207 795	9 293
消费性贷款 Consumer loans	135 478	5 758
短期消费性贷款 Short-term consumer loans	27 285	696
中长期消费性贷款 Medium- and long-term consumer loans	108 194	5 062
经营性贷款 Business loans	72 317	3 535
短期经营性贷款 Short-term business loans	45 864	2 310
中长期经营性贷款 Medium- and long-term business loans	26 452	1 225
非金融性企业及其他部门贷款 Loans to non-financial enterprises and other sectors	539 412	20 841
短期贷款及票据融资 Short-term loans and bill financing	248 280	8 578
中长期贷款 Medium- and long-term loans	281 725	11 246
其他贷款 Other loans	9 406	1 017

金融机构当年累计新增人民币贷款
Accumulated new RMB loans in financial institutions

金融机构当月新增人民币贷款
New RMB loans in financial institutions by month

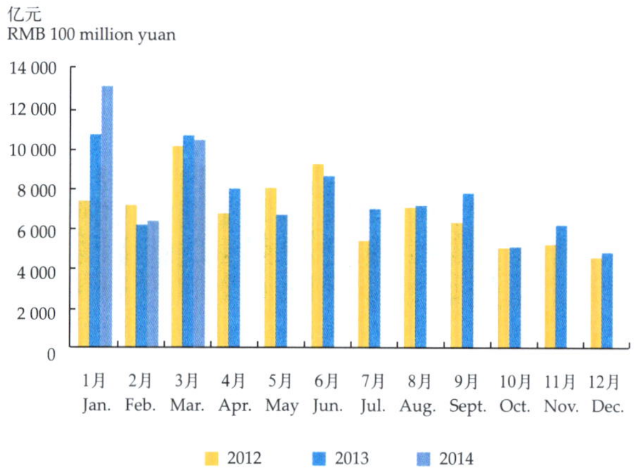

2014年第一季度金融机构新增人民币贷款构成
Composition of new RMB loans of financial institutions in the first quarter of 2014

单位：亿元
Unit: RMB 100 million yuan

		2014年第一季度 First quarter of 2014		2013年第一季度 First quarter of 2013	
		比年初增加 Increase over the beginning of the year	比重(%) Share (%)	比年初增加 Increase over the beginning of the year	比重(%) Share (%)
各项贷款	**Total loans**	**30 139**	**100**	**27 551**	**100**
短期贷款	Short-term loans	12 339	40.9	11 623	42.2
中长期贷款	Medium- and long-term loans	17 533	58.2	14 237	51.7
票据融资	Bill financing	- 756	-2.5	1 029	3.7
其他贷款	Other loans	1 022	3.4	661	2.4

当年累计新增住户贷款
Accumulated new loans to households

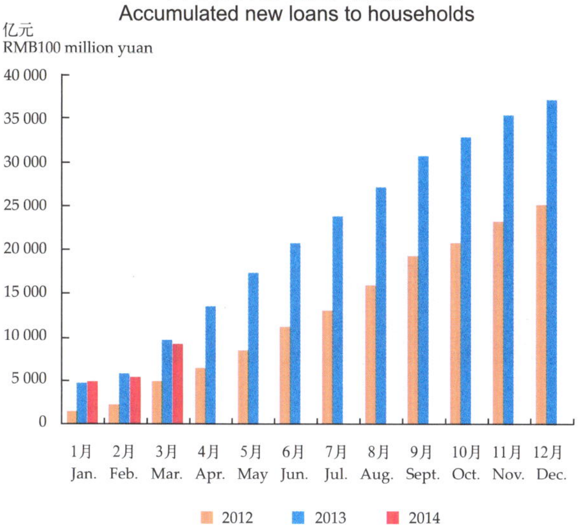

当月新增住户贷款
New loans to households by month

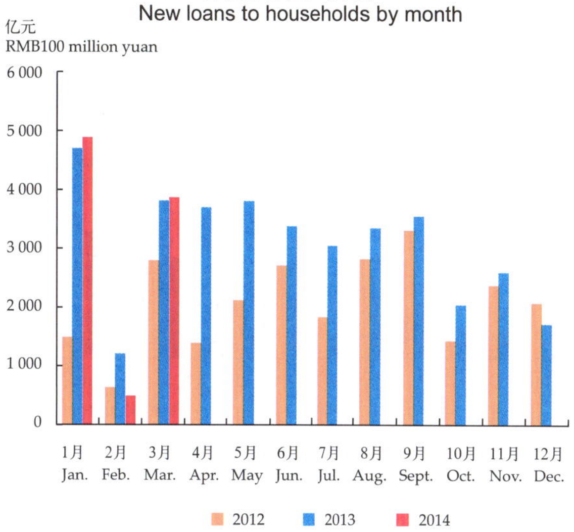

当年累计新增非金融企业及其他部门贷款
Accumulated new loans to non-financial insititutions and other sectors

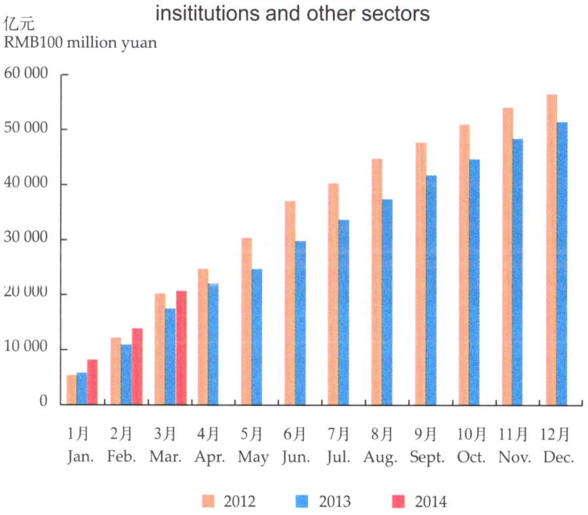

当月新增非金融企业及其他部门贷款
New loans to non-financial institutions and other sectors by month

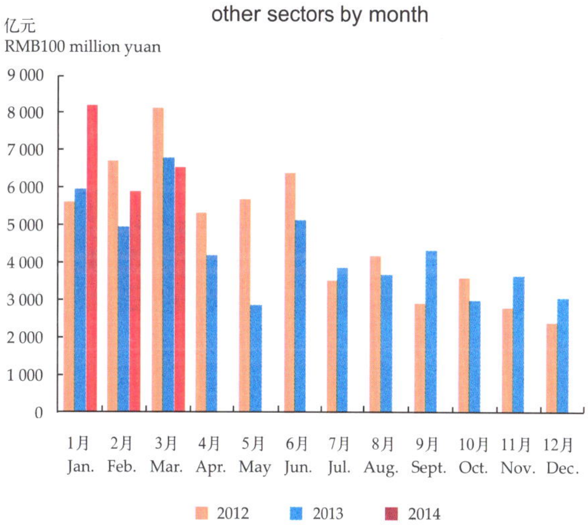

2014年3月末个人消费贷款构成
Composition of consumer loans at the end of March, 2014

单位：亿元
Unit: RMB 100 million yuan

	余额 Outstanding amounts	同比增长率(%) Growth rate (YOY)(%)	比年初增加 Increase over the beginning of the year	比上年同期 Change compared with the same period of last year
个人消费贷款 Consumer loans	**135 479**	**22.9**	**5 758**	**- 140**
个人住房贷款 Individual housing mortgage loans	94 100	20.4	4 501	339
个人汽车消费贷款 Individual auto loans	3 557	29.6	193	114
助学贷款 Student loans	541	9.4	- 12	- 1
其他贷款 Other loans	37 280	29.5	1 076	- 591

2014年3月末个人消费贷款构成
Composition of consumer loans at the end of March, 2014

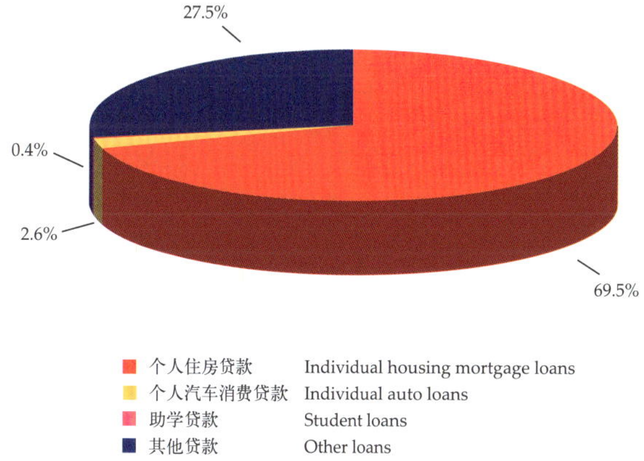

当年累计新增个人消费贷款
Accumulated new consumer loans

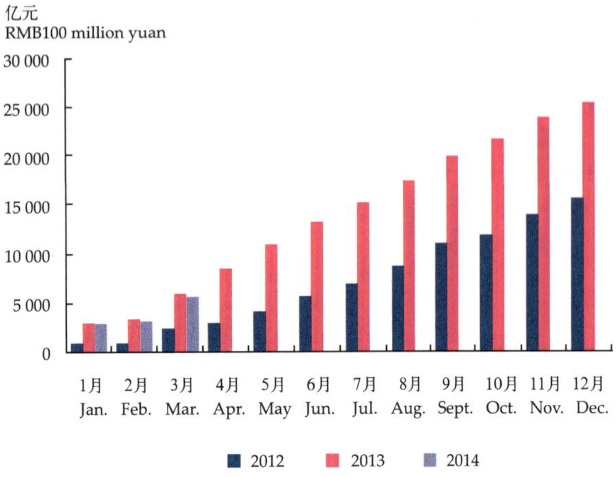

当月新增个人消费贷款
New consumer loans by month

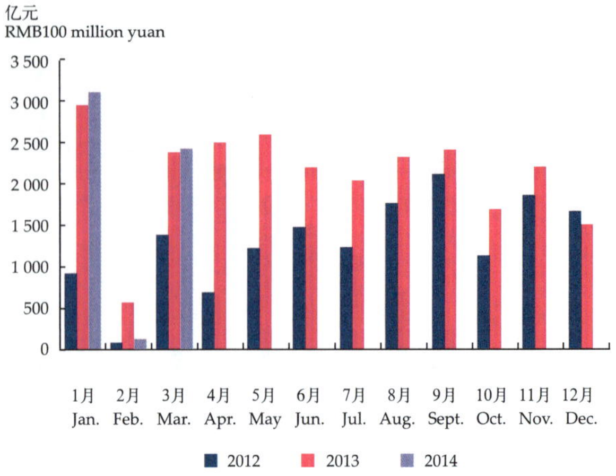

当年累计新增个人住房贷款
Accumulated new housing mortgage loans

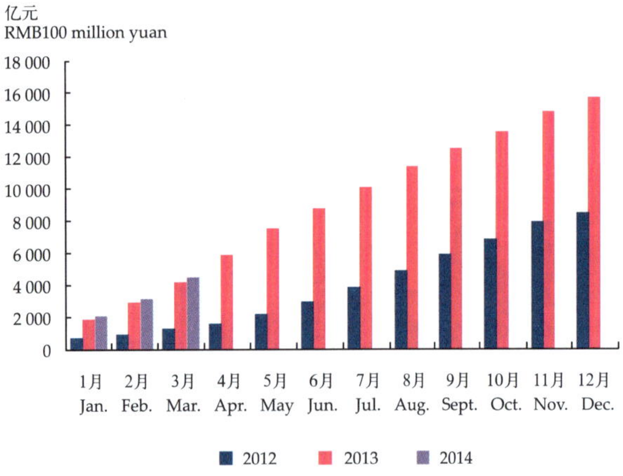

当月新增个人住房贷款
New housing mortgage loans by month

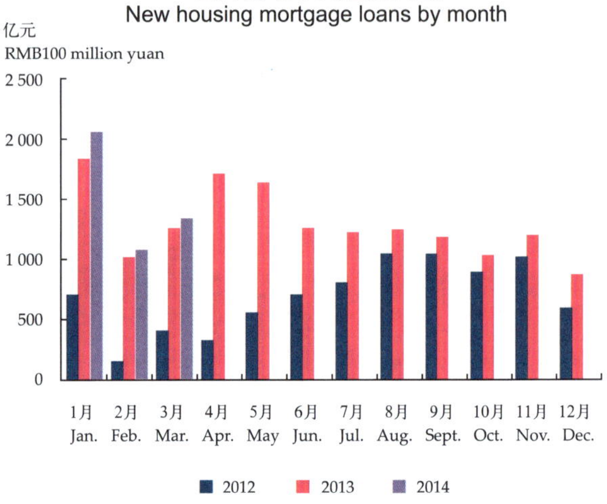

个人消费贷款余额及其增长趋势
Consumer loans and their growth

个人住房贷款余额及其增长趋势
Individual housing mortgage loans and their growth

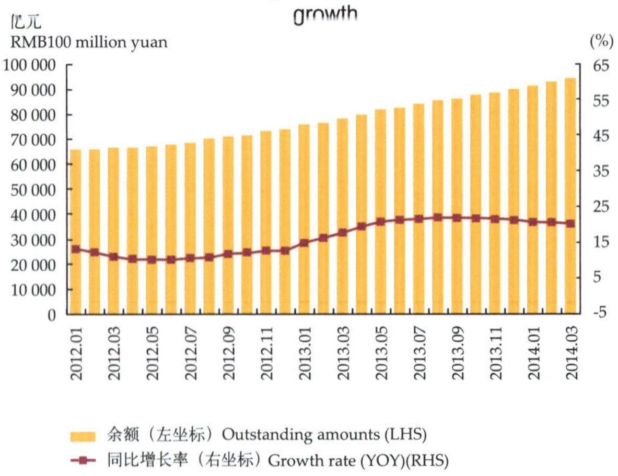

个人汽车消费贷款余额及其增长趋势
Individual auto loans and their growth

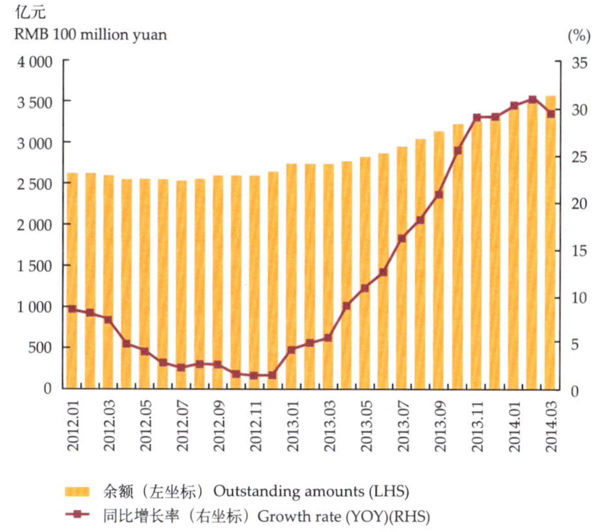

3.基础货币

(3) Monetary base

基础货币余额及其增长趋势
Monetary base and its growth

单位：万亿元
Unit: RMB trillion yuan

年/月 Year/Month	余额 Outstanding amounts	同比增长率(%) Growth rate (YOY) (%)
2012.01	23.74	22.3
2012.02	22.33	16.8
2012.03	22.67	17.7
2012.04	22.44	16.1
2012.05	22.20	13.1
2012.06	22.81	12.1
2012.07	22.55	11.4
2012.08	22.85	11.4
2012.09	23.60	11.2
2012.10	23.45	10.2
2012.11	23.49	8.4
2012.12	25.21	12.2
2013.01	25.29	6.5
2013.02	25.20	12.8
2013.03	25.37	11.9
2013.04	25.15	12.1
2013.05	24.95	12.4
2013.06	25.78	13.0
2013.07	25.44	12.8
2013.08	25.73	11.4
2013.09	26.31	11.5
2013.10	25.84	10.2
2013.11	26.01	10.7
2013.12	27.10	7.4
2014.01	28.77	13.8
2014.02	27.40	8.7
2014.03	27.47	8.3

助学贷款余额及其增长趋势
Student loans and their growth

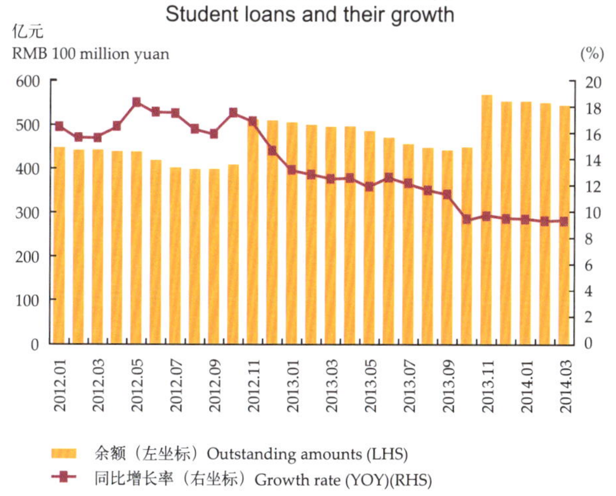

基础货币余额及其增长趋势
Monetary base and its growth

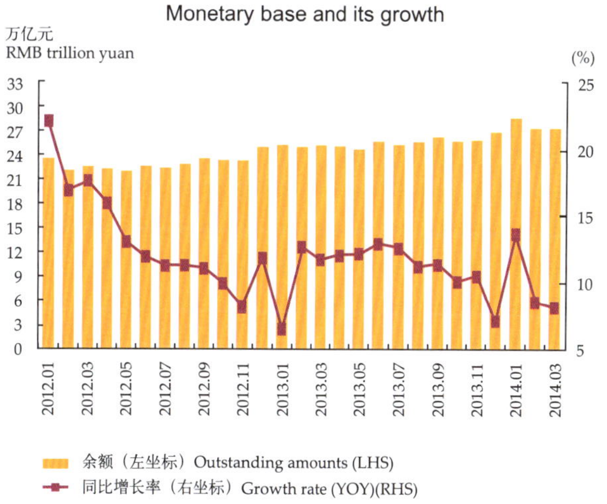

基础货币构成
Composition of monetary base

单位：亿元
Unit: RMB 100 million yuan

年/季 Year/Quarter	货币发行 Currency issue	金融性公司存款 Deposits of financial corporations	其他存款性公司存款 Deposits of other depository corporations	其他金融性公司存款 Deposits of other financial corporations
2010Q1	42 836	107 197	107 058	139
2010Q2	42 567	111 668	111 506	161
2010Q3	46 220	115 101	114 946	155
2010Q4	48 646	136 665	136 481	184
2011Q1	49 273	143 293	143 293	—
2011Q2	48 816	154 654	154 654	—
2011Q3	52 203	160 001	160 001	—
2011Q4	55 850	168 792	168 792	—
2012Q1	54 379	172 306	172 306	—
2012Q2	54 294	173 757	173 757	—
2012Q3	59 178	176 855	176 855	—
2012Q4	60 646	191 699	191 699	—
2013Q1	61 331	192 319	192 319	—
2013Q2	59 831	197 945	197 945	—
2013Q3	63 041	200 097	200 097	—
2013Q4	64 981	206 042	206 042	—
2014Q1	64 816	209 925	209 925	—

注：2011年1月起，中国人民银行采用国际货币基金组织关于储备货币的定义，不再将其他金融性公司在货币当局的存款计入储备货币。
Note: Since January 2011, the PBC used the definition of reserve money defined by IMF, deposits of other financial corporation are no longer included in reserve money.

基础货币构成
Composition of monetary base

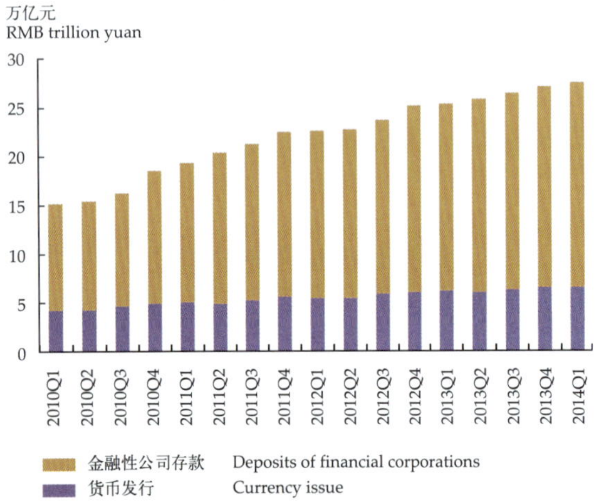

金融机构准备金和超额准备金率
Reserves and excess reserve ratio of financial institutions

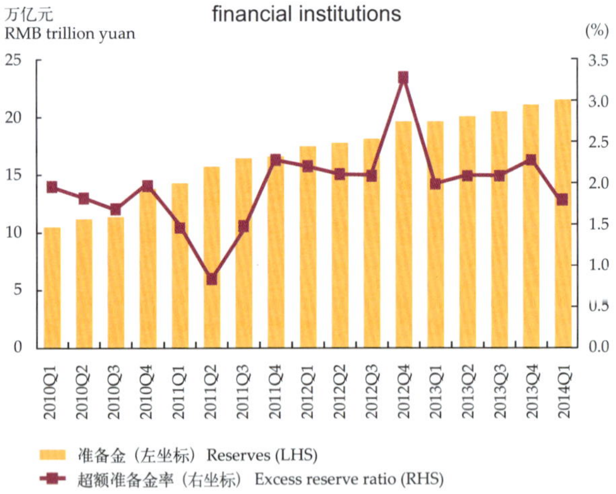

金融机构法定人民币存款准备金率
Official RMB reserve requirement ratios of financial institutions

单位：%
Unit: %

日期 Date	中资全国性大型银行① Chinese-funded large banks operating nationwide[1]	中小金融机构② Medium- and small-sized financial institutions[2]	农村合作银行 Rural cooperative banks	城市信用社 Urban credit cooperatives	农村信用社 Rural credit cooperatives
2003.09.21	7.0	7.0	—	6.0	6.0
2004.04.25	7.5	7.5	7.5	6.0	6.0
2006.07.05	8.0	8.0	7.5	6.5	6.0
2006.08.15	8.5	8.5	7.5	7.0	6.0
2006.11.15	9.0	9.0	8.0	7.5	6.5
2007.01.15	9.5	9.5	8.5	8.0	7.0
2007.02.25	10.0	10.0	9.0	8.5	7.5
2007.04.16	10.5	10.5	9.5	9.0	8.0
2007.05.15	11.0	11.0	10.0	9.5	8.5
2007.06.05	11.5	11.5	10.5	10.0	9.0
2007.08.15	12.0	12.0	11.0	10.5	9.5
2007.09.25	12.5	12.5	11.5	11.0	10.0
2007.10.25	13.0	13.0	12.0	11.5	10.5
2007.11.26	13.5	13.5	12.5	12.0	11.0
2007.12.25	14.5	14.5	13.5	13.0	12.0
2008.01.25	15.0	15.0	14.0	13.5	12.5
2008.03.25	15.5	15.5	14.5	14.0	13.0
2008.04.25	16.0	16.0	15.0	14.5	13.5
2008.05.20	16.5	16.5	15.5	15.0	14.0
2008.06.15	17.0	17.0	16.0	15.5	14.5
2008.06.25	17.5	17.5	16.5	16.0	15.0
2008.09.25	17.5	16.5	15.5	15.0	14.0
2008.10.15	17.0	16.0	15.0	14.5	13.5
2008.12.05	16.0	14.0	13.0	11.5	11.5
2008.12.25	15.5	13.5	11.0	11.0	11.0
2010.01.18	16.0	14.0	11.0	11.0	11.0
2010.02.25	16.5	14.5	11.0	11.0	11.0
2010.05.10	17.0	15.0	11.5	11.5	11.0
2010.11.16	17.5	15.5	12.0	12.0	11.5
2010.11.29	18.0	16.0	12.5	12.5	12.0
2010.12.20	18.5	16.5	13.0	13.0	12.5
2011.01.20	19.0	17.0	13.5	13.5	13.0
2011.02.24	19.5	17.5	14.0	14.0	13.5
2011.03.25	20.0	18.0	14.5	14.5	14.0
2011.04.21	20.5	18.5	15.0	15.0	14.5
2011.05.18	21.0	19.0	15.5	15.5	15.0
2011.06.20	21.5	19.5	16.0	16.0	15.5
2011.12.05	21.0	19.0	15.5	15.5	15.0
2012.02.24	20.5	18.5	15.0	15.0	14.5
2012.05.18	20.0	18.0	14.5	14.5	14.0

注：①包括中国工商银行、中国农业银行、中国银行、中国建设银行、交通银行和中国邮政储蓄银行。
②包括中国农业发展银行、股份制商业银行、城市商业银行、农村商业银行、有关外资金融机构。

Notes: 1. Including Industrial and Commercial Bank of China, Agricultural Bank of China, Bank of China, China Construction Bank, Bank of Communication, Postal Savings Bank of China.

2. Including Agricultural Development Bank of China, joint-stock commercial banks, city commercial banks, rural commercial banks and foreign-funded financial institutions.

4. 社会融资规模
(4) All-system financing aggregate

社会融资规模统计表
Statistics of all-system financing aggregate

单位：亿元人民币
Unit: RMB100 million yuan

日期 Date	社会融资规模 All-system financing aggregate	其中 Of which:						
		人民币贷款 RMB bank loans	外币贷款(折合人民币) Foreign currency bank loans (converted into RMB)	委托贷款 Entrusted loans	信托贷款 Trust loans	未贴现的银行承兑汇票 Undiscounted bankers' acceptences	企业债券 Net financing of corporate bonds	非金融企业境内股票融资 Equity financing on the domestic stock market by non-financial enterprises
2012.01	9 754	7 381	- 148	1 646	247	- 214	442	81
2012.02	10 431	7 107	526	394	522	- 284	1 544	229
2012.03	18 703	10 114	950	770	1 018	2 821	1 974	565
2012.04	9 637	6 818	96	1 015	37	279	887	190
2012.05	11 432	7 932	302	215	557	380	1 441	184
2012.06	17 802	9 198	1 040	789	988	3 113	1 982	246
2012.07	10 522	5 401	70	1 279	384	218	2 486	316
2012.08	12 475	7 039	743	1 046	1 238	- 846	2 579	208
2012.09	16 462	6 226	1 764	1 449	2 012	2 155	2 278	158
2012.10	12 906	5 054	1 290	941	1 444	729	2 992	88
2012.11	11 225	5 220	1 045	1 218	1 802	- 489	1 820	107
2012.12	16 282	4 546	1 486	2 079	2 598	2 637	2 126	135
2013.01	25 446	10 721	1 795	2 061	2 108	5 798	2 248	244
2013.02	10 704	6 200	1 149	1 426	1 825	-1 823	1 453	165
2013.03	25 502	10 625	1 509	1 748	4 312	2 731	3 869	208
2013.04	17 624	7 923	847	1 926	1 942	2 218	2 033	274
2013.05	11 860	6 694	357	1 967	971	-1 141	2 219	231
2013.06	10 375	8 605	133	1 990	1 162	-2 620	410	126
2013.07	8 189	6 997	-1 157	1 927	1 151	-1 777	474	128
2013.08	15 833	7 128	- 360	2 938	1 209	3 049	1 232	136
2013.09	14 049	7 870	891	2 217	1 116	- 82	1 415	113
2013.10	8 640	5 060	53	1 834	431	- 345	1 072	78
2013.11	12 269	6 246	122	2 704	1 006	60	1 383	147
2013.12	12 322	4 825	509	2 727	1 155	1 674	251	369
2014.01	25 977	13 190	1 588	3 943	1 059	4 902	375	454
2014.02	9 370	6 448	1 302	799	747	-1 419	1 026	169
2014.03	20 934	10 497	1 363	2 413	1 071	2 252	2 464	352

注：1. 社会融资规模是指一定时期内实体经济从金融体系获得的资金总额，是增量概念。
2. 当期数据为初步统计数。
3. 表中的人民币贷款为历史公布数。

数据来源：中国人民银行、国家发展和改革委员会、中国证券监督管理委员会、中国保险监督管理委员会、中央国债登记结算有限责任公司和银行间市场交易商协会等部门。

Notes: 1. All-system financing aggregate refers to the total value of funds provided by the financial system to the real economy in a certain period of time. It is a flow.
2. Data for the current period is preliminary.
3. Data for RMB loans in the table are the historical numbers released in the past.

Sources: The People's Bank of China, National Development and Reform Commission, China Securities Regulatory Commission, China Insurance Regulatory Commission, China Government Securities Depository Trust and Clearing Co., Ltd., National Association of Financial Market Institutional Investors, and etc..

5. 利率
(5) Interest rates

中央银行基准利率
Central bank benchmark interest rates

单位：年利率%
Unit: annual interest rate%

日期 Date	法定存款准备金 Required reserves	超额存款准备金 Excess reserves	对金融机构贷款 Lending to financial institutions				再贴现 Rediscount
			1年期 1-year	6个月以内 6-month and less	3个月以内 3-month and less	20天以内 20 days and less	
1996.05.01	8.82	8.82	10.98	10.17	10.08	9.00	*
1996.08.23	8.28	7.92	10.62	—	9.72	—	*
1997.10.23	7.56	7.02	9.36	9.09	8.82	8.55	*
1998.03.25	5.22	—	7.92	7.02	6.84	6.39	6.03
1998.07.01	3.51	—	5.67	5.58	5.49	5.22	4.32
1998.12.07	3.24	—	5.13	5.04	4.86	4.59	3.96
1999.06.10	2.07	—	3.78	3.69	3.51	3.24	2.16
2001.09.11	—	—	—	—	—	—	2.97
2002.02.21	1.89	—	3.24	3.15	2.97	2.70	2.97
2003.12.20	—	1.62	—	—	—	—	—
2004.03.25	—	—	3.87	3.78	3.60	3.33	3.24
2005.03.17	—	0.99	—	—	—	—	—
2008.01.01	—	—	4.68	4.59	4.41	4.14	4.32
2008.11.27	1.62	0.72	3.60	3.51	3.33	3.06	2.97
2008.12.23	—	—	3.33	3.24	3.06	2.79	1.80
2010.12.26	—	—	3.85	3.75	3.55	3.25	2.25

注：1. 1998年3月法定准备金和超额准备金两个账户合并为准备金账户。
2. *按同档次中央银行贷款利率下浮5%～10%。

Notes: 1. The required reserves account and excess reserves account were merged into the reserves account in March 1998.
2. *The interest rate is 5%~10% below that of the central bank lending rate of the same tranche.

法定存款准备金利率和再贴现利率
Required reserves interest rates and rediscount interest rates

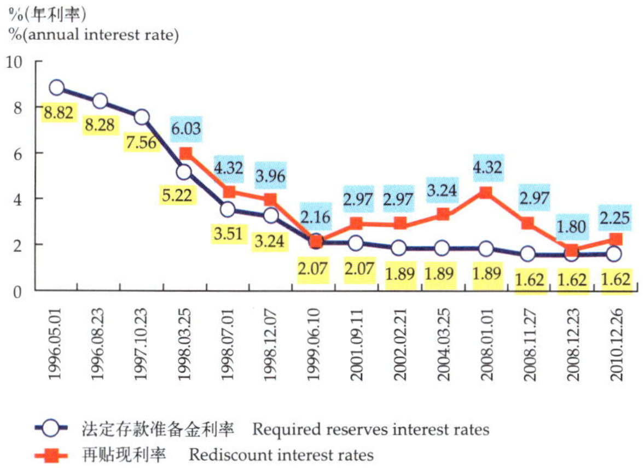

对金融机构贷款利率
Interest rates of central bank lending to financial institutions

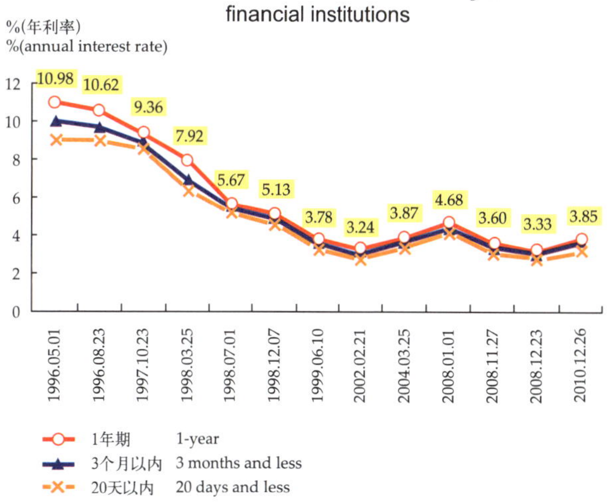

金融机构人民币存款基准利率
RMB deposit benchmark interest rates in financial institutions

单位：年利率%
Unit: annual interest rate %

日期 Date	活期 Demand deposits	定期 Time deposits					
		3个月 3-month	6个月 6-month	1年 1-year	2年 2-year	3年 3-year	5年 5-year
1990.04.15	2.88	6.30	7.74	10.08	10.98	11.88	13.68
1990.08.21	2.16	4.32	6.48	8.64	9.36	10.08	11.52
1991.04.21	1.80	3.24	5.40	7.56	7.92	8.28	9.00
1993.05.15	2.16	4.86	7.20	9.18	9.90	10.80	12.06
1993.07.11	3.15	6.66	9.00	10.98	11.70	12.24	13.86
1996.05.01	2.97	4.86	7.20	9.18	9.90	10.80	12.06
1996.08.23	1.98	3.33	5.40	7.47	7.92	8.28	9.00
1997.10.23	1.71	2.88	4.14	5.67	5.94	6.21	6.66
1998.03.25	1.71	2.88	4.14	5.22	5.58	6.21	6.66
1998.07.01	1.44	2.79	3.96	4.77	4.86	4.95	5.22
1998.12.07	1.44	2.79	3.33	3.78	3.96	4.14	4.50
1999.06.10	0.99	1.98	2.16	2.25	2.43	2.70	2.88
2002.02.21	0.72	1.71	1.89	1.98	2.25	2.52	2.79
2004.10.29	0.72	1.71	2.07	2.25	2.70	3.24	3.60
2006.08.19	0.72	1.80	2.25	2.52	3.06	3.69	4.14
2007.03.18	0.72	1.98	2.43	2.79	3.33	3.96	4.41
2007.05.19	0.72	2.07	2.61	3.06	3.69	4.41	4.95
2007.07.21	0.81	2.34	2.88	3.33	3.96	4.68	5.22
2007.08.22	0.81	2.61	3.15	3.60	4.23	4.95	5.49
2007.09.15	0.81	2.88	3.42	3.87	4.50	5.22	5.76
2007.12.21	0.72	3.33	3.78	4.14	4.68	5.40	5.85
2008.10.09	0.72	3.15	3.51	3.87	4.41	5.13	5.58
2008.10.30	0.72	2.88	3.24	3.60	4.14	4.77	5.13
2008.11.27	0.36	1.98	2.25	2.52	3.06	3.60	3.87
2008.12.23	0.36	1.71	1.98	2.25	2.79	3.33	3.60
2010.10.20	0.36	1.91	2.20	2.50	3.25	3.85	4.20
2010.12.26	0.36	2.25	2.50	2.75	3.55	4.15	4.55
2011.02.09	0.40	2.60	2.80	3.00	3.90	4.50	5.00
2011.04.06	0.50	2.85	3.05	3.25	4.15	4.75	5.25
2011.07.07	0.50	3.10	3.30	3.50	4.40	5.00	5.50
2012.06.08	0.40	2.85	3.05	3.25	4.10	4.65	5.10
2012.07.06	0.35	2.60	2.80	3.00	3.75	4.25	4.75

人民币存款基准利率
RMB deposit benchmark interest rates

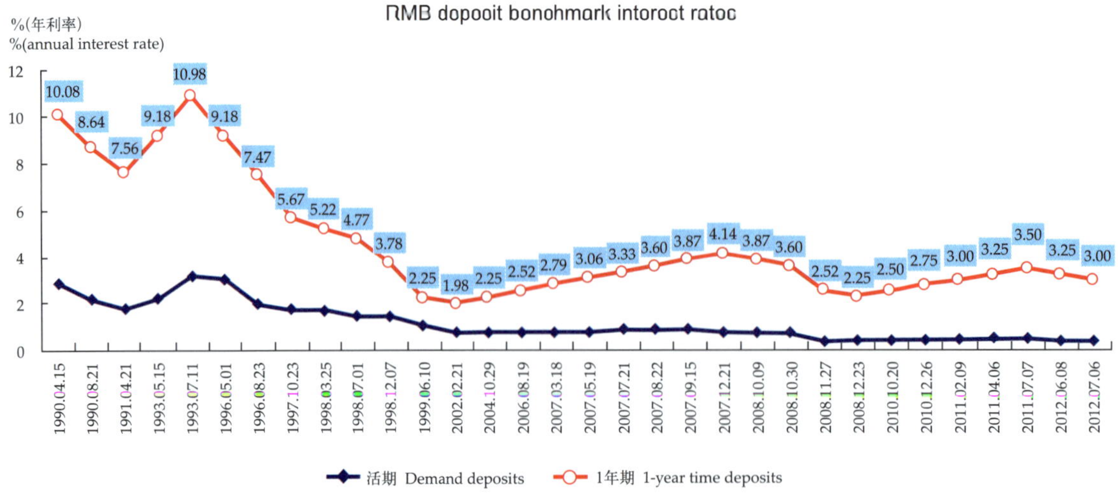

金融机构人民币贷款基准利率
RMB lending benchmark interest rates in financial institutions

单位：年利率%
Unit: annual interest rate %

日期 Date	短期贷款 Short-term loans		中长期贷款 Medium- and long-term loans		
	6个月以内(含6个月) 6-month and less (including 6-month)	6个月至1年(含1年) 6-month to 1-year (including 1-year)	1～3年(含3年) 1 to 3-year (including 3-year)	3～5年(含5年) 3 to 5-year (including 5-year)	5年以上 More than 5-year
1991.04.21	8.10	8.64	9.00	9.54	9.72
1993.05.15	8.82	9.36	10.80	12.06	12.24
1993.07.11	9.00	10.98	12.24	13.86	14.04
1995.01.01	9.00	10.98	12.96	14.58	14.76
1995.07.01	10.08	12.06	13.50	15.12	15.30
1996.05.01	9.72	10.98	13.14	14.94	15.12
1996.08.23	9.18	10.08	10.98	11.70	12.42
1997.10.23	7.65	8.64	9.36	9.90	10.53
1998.03.25	7.02	7.92	9.00	9.72	10.35
1998.07.01	6.57	6.93	7.11	7.65	8.01
1998.12.07	6.12	6.39	6.66	7.20	7.56
1999.06.10	5.58	5.85	5.94	6.03	6.21
2002.02.21	5.04	5.31	5.49	5.58	5.76
2004.10.29	5.22	5.58	5.76	5.85	6.12
2006.04.28	5.40	5.85	6.03	6.12	6.39
2006.08.19	5.58	6.12	6.30	6.48	6.84
2007.03.18	5.67	6.39	6.57	6.75	7.11
2007.05.19	5.85	6.57	6.75	6.93	7.20
2007.07.21	6.03	6.84	7.02	7.20	7.38
2007.08.22	6.21	7.02	7.20	7.38	7.56
2007.09.15	6.48	7.29	7.47	7.65	7.83
2007.12.21	6.57	7.47	7.56	7.74	7.83
2008.09.16	6.21	7.20	7.29	7.56	7.74
2008.10.09	6.12	6.93	7.02	7.29	7.47
2008.10.30	6.03	6.66	6.75	7.02	7.20
2008.11.27	5.04	5.58	5.67	5.94	6.12
2008.12.23	4.86	5.31	5.40	5.76	5.94
2010.10.20	5.10	5.56	5.60	5.96	6.14
2010.12.26	5.35	5.81	5.85	6.22	6.40
2011.02.09	5.60	6.06	6.10	6.45	6.60
2011.04.06	5.85	6.31	6.40	6.65	6.80
2011.07.07	6.10	6.56	6.65	6.90	7.05
2012.06.08	5.85	6.31	6.40	6.65	6.80
2012.07.06	5.60	6.00	6.15	6.40	6.55

人民币贷款基准利率
RMB lending benchmark interest rates

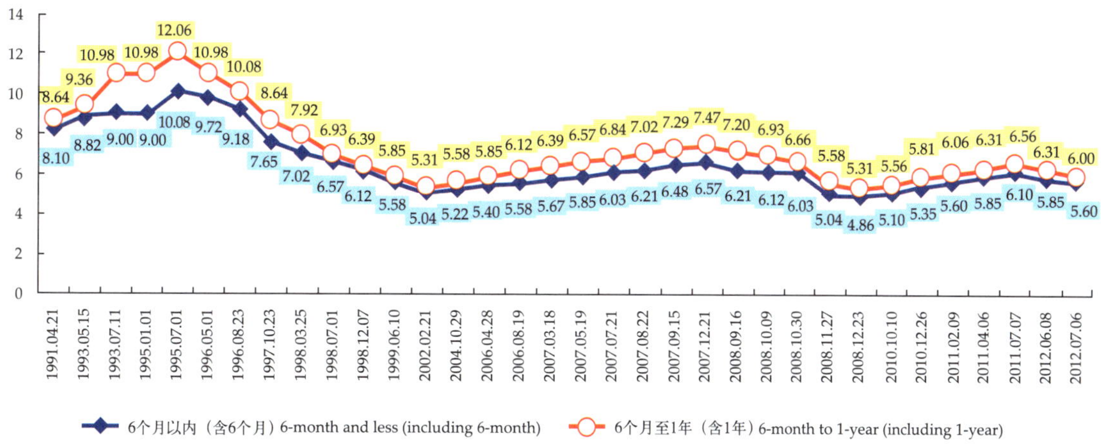

金融机构人民币贷款各利率区间占比表
Share of loans with floating rates in various ranges

单位：% Unit: %

日期 Date	下浮 Floating downward	基准 At benchmark	上浮 Floating upward					
			小计 Subtotal	(1.0, 1.1]	(1.1, 1.3]	(1.3, 1.5]	(1.5, 2.0]	2.0以上Above 2.0
2012.01	4.79	26.22	68.99	22.33	25.51	8.76	9.22	3.17
2012.02	5.53	27.59	66.88	23.12	23.76	7.98	8.61	3.40
2012.03	4.62	24.95	70.43	21.12	26.99	9.48	9.41	3.43
2012.04	5.03	23.06	71.91	20.76	28.92	10.10	8.98	3.16
2012.05	5.35	24.08	70.57	20.51	28.90	9.73	8.31	3.12
2012.06	7.92	25.08	66.99	19.94	27.87	8.90	7.66	2.63
2012.07	9.51	24.38	66.11	19.74	26.78	9.13	7.61	2.85
2012.08	11.61	22.66	65.73	19.64	26.45	8.30	8.33	3.01
2012.09	11.31	24.57	64.12	20.16	25.18	8.13	7.67	2.98
2012.10	10.88	26.80	62.32	20.15	24.30	7.28	7.53	3.06
2012.11	11.70	25.74	62.56	19.43	24.52	7.64	7.71	3.26
2012.12	14.16	26.10	59.74	18.41	22.87	7.58	7.84	3.04
2013.01	10.62	25.08	64.30	19.84	25.23	7.87	8.29	3.07
2013.02	11.69	25.05	63.26	19.57	23.96	7.88	8.83	3.02
2013.03	11.44	23.79	64.77	19.55	24.71	8.15	9.27	3.09
2013.04	10.56	23.53	65.91	18.96	25.52	8.96	9.23	3.24
2013.05	11.89	22.45	65.66	19.65	25.92	8.84	8.46	2.79
2013.06	12.55	24.52	62.93	19.47	24.95	7.95	8.04	2.52
2013.07	10.54	23.32	66.14	19.99	27.07	8.61	7.96	2.51
2013.08	10.23	21.95	67.82	19.70	27.33	9.46	8.60	2.73
2013.09	10.70	23.31	65.99	19.59	26.58	9.33	8.03	2.46
2013.10	9.81	24.23	65.96	19.85	26.26	8.86	8.41	2.58
2013.11	10.41	24.09	65.50	19.13	26.15	8.90	8.45	2.87
2013.12	12.48	24.12	63.40	17.89	24.66	9.64	8.55	2.66
2014.01	8.20	22.81	68.99	17.90	27.39	11.00	9.78	2.92
2014.02	7.56	24.96	67.48	20.61	26.09	10.13	8.05	2.60
2014.03	8.35	21.40	70.25	18.81	27.69	11.17	9.56	3.02

2014年第一季度金融机构人民币贷款各利率区间占比表
Share of loans with rates floating at various ranges in the first quarter of 2014

单位：%　Unit: %

	下浮 Floating downward	基准 At benchmark	上浮 Floating upward					
			小计 Subtotal	(1.0, 1.1]	(1.1, 1.3]	(1.3, 1.5]	(1.5, 2.0]	2.0以上 Above 2.0
四大国有商业银行 Four state-owned commercial banks	11.50	32.95	55.55	27.64	23.57	3.91	0.30	0.13
股份制商业银行 Joint-stock commercial banks	4.31	13.32	82.37	22.43	44.45	11.90	1.54	2.05
外资商业银行 Foreign commercial banks	30.32	17.29	52.39	21.25	23.93	5.90	1.21	0.10
城市商业银行 City commercial banks	2.80	16.04	81.16	13.69	35.30	17.93	11.89	2.35
城乡信用社 Urban and rural credit cooperatives	1.34	7.34	91.32	6.26	19.20	21.29	34.87	9.70
政策性银行 Policy banks	10.56	71.70	17.74	14.46	3.15	0.13	0.00	0.00
合计 Total	6.98	23.40	69.62	19.29	27.57	10.78	9.12	2.86

大额美元存款与美元贷款平均利率表
Average interest rates of large-value dollar deposits and loans

单位：%　Unit: %

日期 Date	大额存款 Large-value deposits						贷款 Loans				
	活期 Demand	3个月以内 Within 3 months	3(含)~6个月 3~6 months (including 3 months)	6(含)~12个月 6~12 months (including 6 months)	1年 1 year	1年以上 Above 1 year	3个月以内 Within 3 months	3(含)~6个月 3~6 months (including 3 months)	6(含)~12个月 6~12 months (including 6 months)	1年 1 year	1年以上 Above 1 year
2012.01	0.34	3.29	4.24	4.73	5.46	5.87	3.78	4.35	4.81	4.47	4.27
2012.02	0.29	3.16	3.93	4.34	4.64	4.50	3.51	4.08	4.35	4.28	4.29
2012.03	0.27	2.91	3.61	4.34	4.76	5.35	3.56	4.00	4.36	4.03	3.53
2012.04	0.21	2.69	3.54	3.97	4.40	3.32	3.54	3.96	4.44	4.07	3.99
2012.05	0.26	2.37	3.33	3.92	4.12	4.16	3.50	4.11	4.27	4.21	3.90
2012.06	0.26	2.07	2.93	3.39	4.07	4.36	3.38	3.74	3.72	4.02	4.10
2012.07	0.19	2.80	2.57	3.06	3.78	2.13	3.01	3.29	3.54	3.00	3.76
2012.08	0.20	0.96	2.08	2.43	3.21	1.59	2.48	2.70	3.11	2.44	4.04
2012.09	0.17	0.63	1.45	1.65	2.13	1.88	2.05	2.09	2.24	2.15	3.36
2012.10	0.14	0.71	1.30	1.50	2.14	2.17	2.01	2.01	2.05	2.00	3.60
2012.11	0.13	0.60	1.19	1.27	1.86	1.98	1.99	1.89	2.21	2.34	3.73
2012.12	0.17	0.51	1.01	1.52	1.76	1.67	2.02	1.96	1.97	2.73	3.42
2013.01	0.11	0.90	1.35	1.75	1.90	2.45	1.74	2.04	1.87	2.00	3.25
2013.02	0.12	0.84	1.42	1.75	2.04	2.12	2.18	1.91	1.82	2.14	4.08
2013.03	0.11	0.92	1.57	1.91	2.44	1.54	1.97	2.16	2.07	2.35	3.03
2013.04	0.10	0.82	1.36	2.04	2.36	1.27	1.99	2.13	2.22	2.30	3.26
2013.05	0.12	0.80	1.39	1.89	2.31	1.20	2.00	2.11	2.34	2.38	3.02
2013.06	0.12	1.07	1.69	1.86	2.50	1.14	2.23	2.34	2.40	2.78	3.33
2013.07	0.13	1.14	1.97	2.15	2.57	1.79	2.25	2.58	2.69	2.77	3.13
2013.08	0.12	1.17	1.84	2.05	2.68	2.39	2.29	2.41	2.57	2.63	3.23
2013.09	0.19	1.58	2.37	2.06	3.43	2.22	2.28	2.80	2.63	2.49	3.18
2013.10	0.22	1.63	2.38	2.65	3.18	1.58	2.46	2.60	2.83	2.75	3.36
2013.11	0.17	1.81	2.69	2.91	3.36	1.87	2.52	2.64	2.88	2.91	3.29
2013.12	0.18	1.99	3.19	2.89	2.70	1.96	2.66	2.82	2.88	2.95	3.71
2014.01	0.21	2.41	3.43	3.48	3.54	2.68	2.82	2.90	3.14	2.88	3.56
2014.02	0.20	2.50	3.54	3.68	3.66	3.08	3.08	3.13	3.46	3.10	3.08
2014.03	0.25	2.60	3.68	3.63	3.85	2.72	3.08	3.20	3.35	3.30	3.16

八、金融市场
8. Financial Market

1. 货币市场
(1) Money market

银行间市场交易量
Transaction volume in the inter-bank market

单位：万亿元
Unit: RMB trillion yuan

年 Year	债券回购 Repurchasing	同业拆借 Inter-bank borrowing	现券买卖 Outright transactions
2000	1.6	0.7	0.1
2001	4.0	0.8	0.1
2002	10.2	1.2	0.4
2003	11.7	2.4	3.1
2004	9.4	1.5	2.5
2005	15.9	1.3	6.0
2006	26.6	2.2	10.2
2007	44.8	10.6	15.6
2008	58.1	15.0	37.1
2009	70.3	19.4	47.3
2010	87.6	27.9	64.0
2011	99.5	33.4	63.6
2012	141.7	46.7	75.2
2013	158.2	35.5	41.6

银行间市场月加权平均利率
Monthly weighted average interest rates in the inter-bank market

单位：% Unit: %

年/月 Year/Month	同业拆借市场 Inter-bank borrowing market	质押式债券回购 Bond-pledged repurchasing
2012.04	3.25	3.29
2012.05	2.19	2.23
2012.06	2.72	2.81
2012.07	2.78	2.85
2012.08	2.84	2.87
2012.09	2.93	3.01
2012.10	2.87	2.82
2012.11	2.57	2.55
2012.12	2.61	2.62
2013.01	2.27	2.25
2013.02	2.77	2.89
2013.03	2.47	2.46
2013.04	2.50	2.55
2013.05	2.92	3.01
2013.06	6.58	6.82
2013.07	3.54	3.60
2013.08	3.44	3.45
2013.09	3.47	3.49
2013.10	3.83	3.86
2013.11	4.12	4.12
2013.12	4.16	4.28
2014.01	3.86	3.98
2014.02	3.01	2.99
2014.03	2.49	2.48

银行间市场交易量
Transaction volume in the inter-bank market

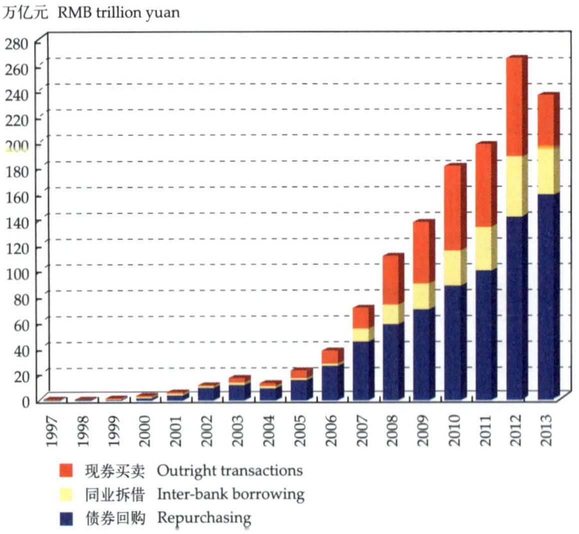

银行间市场月加权平均利率
Monthly weighted average interest rates in the inter-bank market

各品种Shibor走势图
Movements of the Shibor

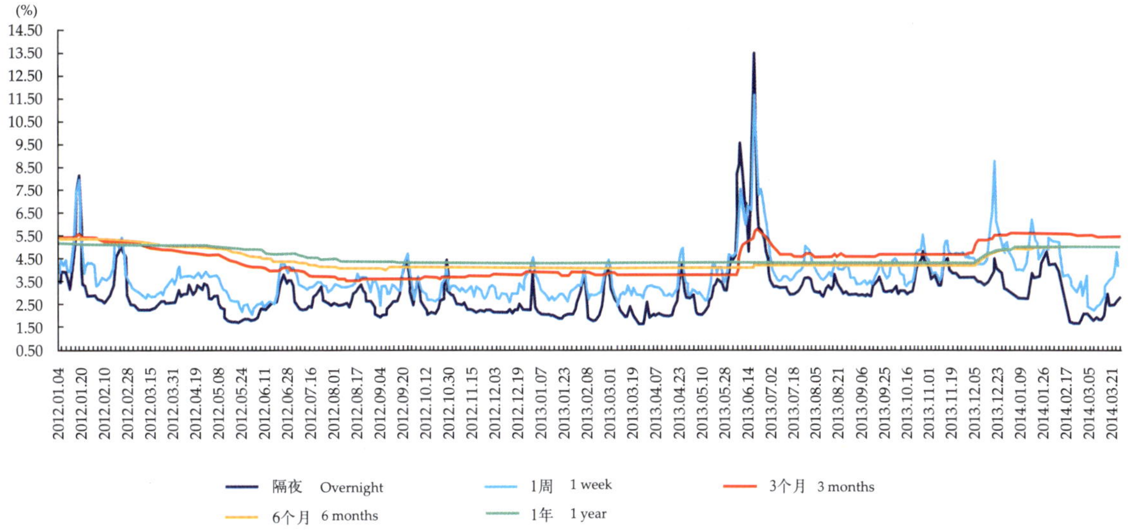

全国银行间同业拆借各期限当月交易量及月加权平均利率
Monthly transaction volume and monthly weighted average interest rates of inter-bank borrowing with different maturities

单位：亿元、%
Unit: RMB 100 million yuan, %

年/月 Year/Month	1天 1 day		7天 7 days		14天 14 days		21天 21 days		1个月 1 month		2个月 2 months		3个月 3 months		4个月 4 months		6个月 6 months		9个月 9 months		1年 1 year	
	交易量 Volume	利率 Rate	交易量 Volume	利率 Rate	交易量 Volume	利率 Rate	交易量 Volume	利率 Rate	交易量 Volume	利率 Rate	交易量 Volume	利率 Rate	交易量 Volume	利率 Rate	交易量 Volume	利率 Rate	交易量 Volume	利率 Rate	交易量 Volume	利率 Rate	交易量 Volume	利率 Rate
2012.04	37 186	3.18	2 986	3.86	563	3.89	121	4.07	448	4.05	39	4.30	24	5.70	2	5.35	23	4.67	0	—	20	4.67
2012.05	50 007	2.13	2 276	2.98	702	3.15	48	3.34	81	3.58	27	4.00	79	4.47	10	3.27	27	4.05	0	4.20	6	4.67
2012.06	36 646	2.65	3 573	3.26	591	3.14	112	3.36	305	3.15	14	3.90	40	4.76	3	4.21	17	3.68	0	4.70	5	4.45
2012.07	42 053	2.68	3 840	3.52	731	3.76	228	3.58	322	3.93	94	3.21	50	4.19	1	3.20	19	3.50	2	3.60	4	3.95
2012.08	34 303	2.72	3 631	3.54	797	3.79	152	3.78	546	3.64	158	3.67	121	3.84	0	—	6	3.78	0	—	10	4.24
2012.09	30 994	2.79	3 538	3.54	2 022	3.67	361	3.48	422	4.03	62	4.11	91	4.10	0	4.50	11	4.47	3	4.40	20	4.35
2012.10	22 345	2.73	3 658	3.17	1 362	3.59	209	3.76	546	3.88	160	3.71	249	3.78	0	—	98	4.12	0	—	1	4.60
2012.11	32 078	2.41	3 502	3.26	1 112	3.40	228	3.70	430	3.77	500	3.77	186	4.07	42	4.37	32	4.46	7	4.80	15	5.00
2012.12	31 167	2.36	3 891	3.50	1 646	3.77	592	3.99	481	4.09	279	4.27	126	4.62	20	4.20	18	4.48	5	4.25	12	5.08
2013.01	33 896	2.13	3 047	3.27	719	3.14	91	3.68	234	3.89	69	4.17	222	4.11	17	3.86	41	4.16	0	—	9	4.48
2013.02	23 010	2.59	3 102	3.44	1 140	3.67	195	4.00	337	4.16	70	3.75	34	4.03	11	4.48	1	4.40	0	—	6	4.42
2013.03	30 720	2.31	4 302	3.22	564	3.47	98	3.32	767	3.41	38	3.87	112	4.24	1	3.88	2	4.30	0	—	3	4.33
2013.04	37 911	2.38	3 160	3.37	738	3.50	345	3.32	588	3.66	53	3.52	116	3.88	2	4.20	5	4.01	0	—	1	4.00
2013.05	38 622	2.80	3 953	3.71	864	3.69	67	3.34	748	3.88	69	3.57	53	4.26	2	4.03	0	—	0	—	1	4.33
2013.06	11 324	6.43	3 125	6.98	805	7.07	32	7.13	161	6.79	57	6.44	86	5.92	3	5.00	23	5.91	0	—	11	3.97
2013.07	18 775	3.34	3 759	4.10	807	4.24	101	4.58	352	5.23	52	5.07	152	5.08	3	4.43	6	5.01	0	4.80	8	5.23
2013.08	19 592	3.23	3 911	4.10	675	4.52	97	4.83	255	4.67	55	5.27	84	5.24	2	5.80	14	4.98	0	—	15	5.49
2013.09	22 371	3.22	3 892	3.87	1 911	4.64	473	4.57	447	5.18	83	5.41	125	5.46	6	4.57	0	—	2	5.09	18	5.51
2013.10	16 880	3.62	3 311	4.39	1 158	4.24	92	5.04	440	5.26	116	5.05	225	5.32	4	4.30	7	5.78	0	—	10	5.72
2013.11	20 190	3.88	4 623	4.53	1 057	5.08	34	6.01	390	5.75	159	5.68	335	6.45	2	4.63	8	5.25	0	—	0	—
2013.12	16 345	3.71	3 839	5.17	1 143	5.63	204	5.51	352	5.82	212	6.18	205	6.10	15	5.35	12	7.00	0	—	2	6.47
2014.01	16 783	3.36	3 864	4.84	1 333	5.44	221	6.38	462	6.07	170	6.72	103	6.14	5	6.95	6	5.47	0	—	2	6.24
2014.02	12 863	2.49	3 036	4.40	675	4.50	51	4.97	220	5.15	114	5.27	194	5.84	10	5.70	11	6.32	0	—	21	6.66
2014.03	26 694	2.30	3 079	3.47	662	3.42	58	3.57	394	4.04	102	4.26	198	5.35	9	5.42	7	5.52	8	5.64	6	6.20

全国银行间同业拆借各期限月加权平均利率
Monthly weighted average interest rates of inter-bank borrowing with different maturities

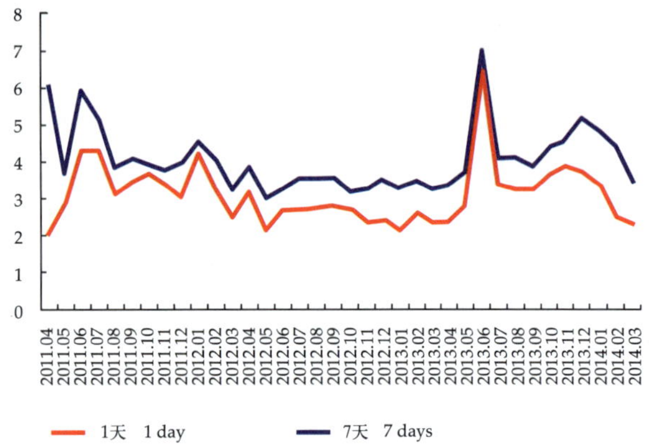

全国银行间同业拆借各期限当月交易量
Monthly transaction volume of inter-bank borrowing with different maturities

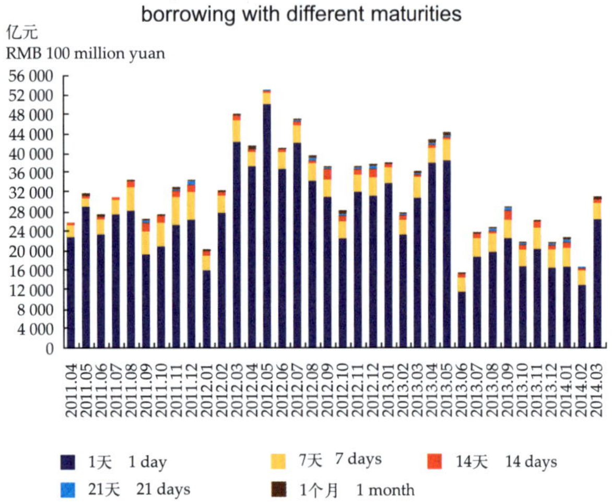

2. 债券市场
(2) Bond market

债券回购交易成交金额
Turnover of repurchasing

单位：亿元
Unit: RMB 100 million yuan

年/月 Year/Month	银行间债券市场 Inter-bank bond market	交易所 Stock exchanges
2012.04	114 046	23 840
2012.05	143 590	31 965
2012.06	137 805	32 413
2012.07	133 956	38 150
2012.08	127 722	40 642
2012.09	114 132	34 931
2012.10	100 780	34 774
2012.11	120 104	42 016
2012.12	118 454	41 144
2013.01	138 841	40 964
2013.02	101 705	30 824
2013.03	137 814	45 877
2013.04	147 431	40 396
2013.05	147 189	56 130
2013.06	122 313	50 127
2013.07	127 290	70 623
2013.08	127 709	67 660
2013.09	125 937	55 901
2013.10	115 707	56 056
2013.11	143 350	69 318
2013.12	146 351	77 148
2014.01	121 230	68 877
2014.02	101 112	54 808
2014.03	166 087	67 165

债券现券交易成交金额
Turnover of outright transactions

单位：亿元
Unit: RMB 100 million yuan

年/月 Year/Month	银行间债券市场 Inter-bank bond market	交易所* Stock exchanges *
2012.04	54 518	62
2012.05	70 698	113
2012.06	62 691	72
2012.07	69 011	90
2012.08	75 199	75
2012.09	67 099	54
2012.10	57 997	62
2012.11	72 851	74
2012.12	73 416	55
2013.01	80 027	73
2013.02	51 930	62
2013.03	84 974	70
2013.04	67 927	77
2013.05	26 892	58
2013.06	11 839	69
2013.07	12 852	82
2013.08	13 688	46
2013.09	14 058	52
2013.10	14 540	45
2013.11	17 925	73
2013.12	19 454	97
2014.01	19 145	116
2014.02	21 018	86
2014.03	30 728	90

注：*仅包含政府债券。
Note: * Only including government bonds.

债券回购交易成交金额
Turnover of repurchasing

亿元
RMB 100 million yuan

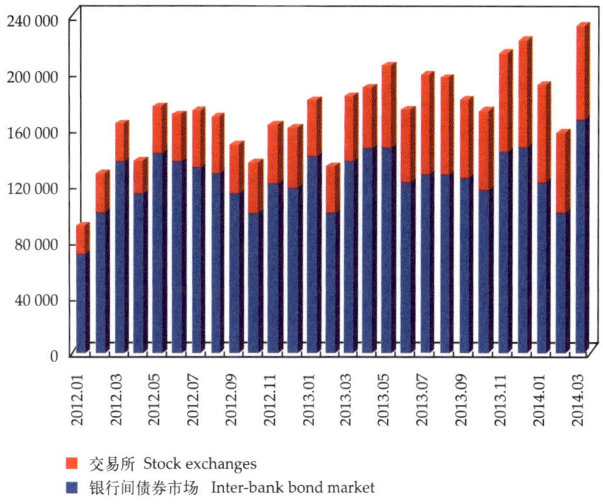

债券现券交易成交金额
Turnover of outright transactions

亿元
RMB 100 million yuan

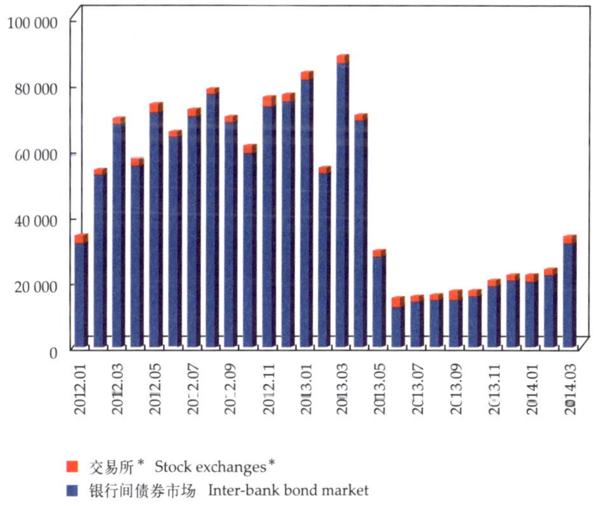

注：*仅包含政府债券。
Note: * Only including government bonds.

国债发行、兑付、期末余额
Issue and redemption values and end-period balance of government bonds

单位：亿元
Unit: RMB 100 million yuan

年/月 Year/Month	发行额 Issue value	兑付额 Redemption value	期末余额 End-period balance
2012.04	1 369	2 181	71 896
2012.05	1 414	1 620	71 689
2012.06	1 858	2 799	70 749
2012.07	2 262	1 564	71 447
2012.08	2 243	4 463	69 227
2012.09	1 992	857	70 362
2012.10	1 147	464	71 045
2012.11	1 118	676	71 487
2012.12	572	66	71 994
2013.01	1 120	881	84 253
2013.02	780	1 063	84 026
2013.03	733	726	84 262
2013.04	2 231	687	85 668
2013.05	2 310	506	87 161
2013.06	1 537	927	88 092
2013.07	2 281	432	89 697
2013.08	2 585	1 193	91 278
2013.09	2 062	830	92 601
2013.10	2 346	363	94 216
2013.11	1 280	878	94 878
2013.12	965	374	95 471
2014.01	540	753	95 235
2014.02	560	601	95 200
2014.03	1 040	1 267	95 162

国债发行与兑付
Issue and redemption values of government bonds

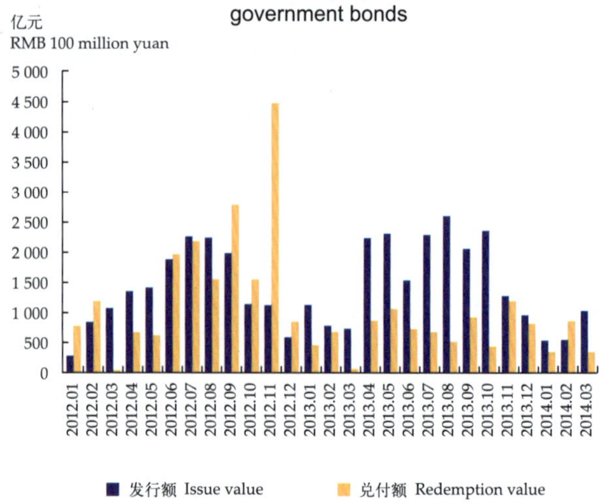

国债期末余额
Outstanding amounts of government bonds at end-period

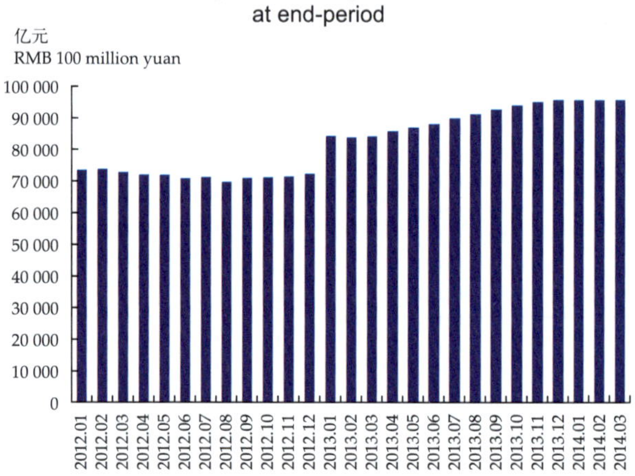

3.股票市场
(3) Stock market

股票成交、发行筹资额
Turnover of stock trading and funds raised in the stock market

年/月 Year/month		成交金额（亿元） Turnover of stock trading (RMB100 million yuan)		A股筹资（亿元） A-shares capital raised (RMB100 million yuan)					B股筹资（亿美元） B-shares capital rasied (USD100 million)	H股筹资（亿美元） H-shares capital rasied (USD100 million)	
		上海证券交易所A股 A-shares on the Shanghai stock exchange	深圳证券交易所A股 A-shares on the Shenzhen stock exchange	首次发行金额 Initial public offering	公开增发 Additional offering	定向增发（现金） Placement (Cash)	配股 Allotment	权证行权 Exercise warrant		首次发行金额 Initial public offering	再筹资金额 Refinancing
2011	1	20 198	14 365	454.1	35.1	141.7	99.7	0.0	0.0	0.0	0.0
	2	21 593	15 851	242.9	1.3	19.4	6.8	0.0	0.0	0.0	0.0
	3	36 920	26 190	342.6	25.3	208.7	6.1	0.0	0.0	0.0	0.0
	4	27 271	18 486	259.7	6.9	270.0	113.7	0.0	0.0	0.0	7.7
	5	20 431	13 530	222.9	0.0	128.4	0.0	0.0	0.0	22.5	0.0
	6	18 480	12 797	204.8	0.0	111.4	3.3	0.0	0.0	8.5	24.9
	7	22 994	19 063	113.6	14.6	145.3	175.6	0.0	0.0	0.0	12.8
	8	19 128	17 744	260.7	21.5	240.5	0.0	29.5	0.0	0.0	0.0
	9	12 099	10 155	182.2	0.0	53.5	0.0	0.0	0.0	0.0	0.0
	10	11 151	9 475	212.4	0.0	31.6	0.0	0.0	0.0	18.3	0.0
	11	16 285	16 198	163.0	27.4	68.5	9.0	0.0	0.0	0.0	0.0
	12	10 260	9 675	166.5	0.0	245.6	7.7	0.0	0.0	18.6	0.0
2012	1	9 052	7 531	63.6	0.0	17.2	0.0	0.0	0.0	0.0	0.0
	2	17 706	15 867	73.6	84.8	48.7	22.1	0.0	0.0	0.0	3.2
	3	20 278	18 239	214.3	19.9	375.4	73.0	0.0	0.0	0.0	14.4
	4	14 682	12 079	112.2	0.0	98.8	0.0	0.0	0.0	18.5	0.0
	5	19 408	15 645	135.2	0.0	60.3	6.2	0.0	0.0	0.0	0.0
	6	12 137	11 823	127.2	0.0	214.6	0.0	0.0	0.0	3.5	0.0
	7	12 167	12 723	135.0	0.0	181.5	0.0	0.0	0.0	10.9	0.0
	8	11 447	12 510	72.9	0.0	432.9	0.0	0.0	0.0	0.0	42.4
	9	11 555	11 606	68.5	0.0	122.8	6.3	0.0	0.0	0.0	0.0
	10	9 216	8 986	31.6	0.0	56.5	0.0	0.0	0.0	5.3	0.0
	11	9 193	8 276	0.4	0.0	101.1	5.7	0.0	0.0	0.0	13.4
	12	17 208	14 383	0.0	0.0	157.6	7.7	0.0	0.0	44.3	3.8
2013	1	22 552	20 394	0.0	10.3	452.1	18.5	0.0	0.0	0.0	0.0
	2	16 243	13 875	0.0	0.0	165.0	193.5	0.0	0.0	0.0	31.3
	3	20 389	18 176	0.0	0.0	159.6	48.4	0.0	0.0	0.0	5.3
	4	12 848	12 799	0.0	0.0	238.4	35.7	0.0	0.0	0.0	0.0
	5	20 915	23 965	0.0	7.8	262.4	0.0	0.0	0.0	28.9	0.0
	6	13 290	15 115	0.0	16.4	83.6	26.4	0.0	0.0	0.0	5.0
	7	18 206	23 224	0.0	7.0	112.9	7.8	0.0	0.0	0.0	0.0
	8	20 669	24 394	0.0	7.0	114.7	14.5	0.0	0.0	0.0	0.0
	9	25 377	21 378	0.0	0.0	112.9	275.3	0.0	0.0	0.0	11.8
	10	20 956	22 394	0.0	0.0	78.5	0.0	0.0	0.0	0.0	6.2
	11	19 249	20 755	0.0	0.0	146.6	0.0	0.0	0.0	18.9	0.0
	12	18 224	21 244	0.0	32.0	320.1	49.2	0.0	0.0	65.4	0.0
2014	1	13 638	22 086	188.0	0.0	407.0	8.0	0.0	0.0	0.9	9.6
	2	17 933	25 884	36.0	0.0	137.0	39.0	0.0	0.0	0.0	1.5
	3	18 671	23 472	0.0	0.0	339.0	13.0	0.0	0.0	0.0	2.3

月末加权平均市盈率
Weighted average price-earnings ratio at month-end

年/月 Year/Month	上海证券交易所A股 A-shares on the Shanghai stock exchange	上海证券交易所B股 B-shares on the Shanghai stock exchange	深圳证券交易所A股 A-shares on the Shenzhen stock exchange	深圳证券交易所B股 B-shares on the Shenzhen stock exchange
2012.04	14.7	14.2	23.1	10.3
2012.05	12.7	11.9	23.9	9.9
2012.06	11.9	11.8	22.9	9.6
2012.07	11.3	10.7	21.3	8.7
2012.08	11.0	11.3	21.0	8.8
2012.09	11.3	11.6	21.5	8.8
2012.10	11.2	11.6	21.3	9.1
2012.11	10.7	11.5	18.9	9.4
2012.12	12.3	13.2	22.2	12.2
2013.01	13.0	14.9	23.6	15.1
2013.02	12.9	14.9	24.4	13.8
2013.03	12.2	14.2	24.1	13.8
2013.04	11.9	13.7	24.1	13.9
2013.05	11.8	12.3	27.5	14.9
2013.06	10.2	11.2	23.5	13.1
2013.07	10.3	11.1	24.9	13.0
2013.08	10.8	11.3	26.3	13.6
2013.09	11.2	11.7	27.8	13.8
2013.10	11.1	11.5	26.9	13.8
2013.11	11.5	11.7	28.7	14.7
2013.12	11.0	11.6	28.0	14.5
2014.01	10.6	11.3	28.7	14.0
2014.02	10.7	10.4	28.9	13.7
2014.03	10.7	10.3	25.6	9.6

股票成交金额
Turnover of stock trading

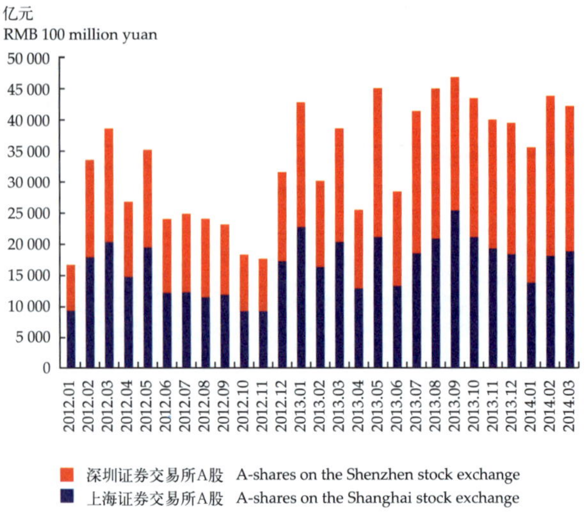

月末加权平均市盈率
Weighted average price-earnings ratio at month-end

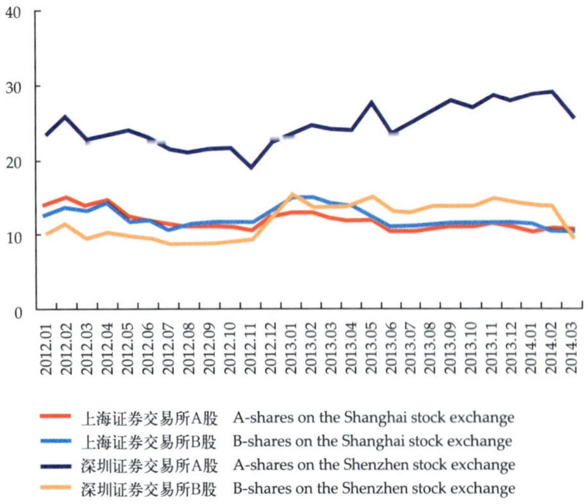

月末收盘指数
Closing index at month-end

4.票据市场
(4) Commercial paper market

票据市场交易额与期末余额
Transactions and outstanding balance of commercial paper market

单位：亿元
Unit: RMB 100 million yuan

年/月 Year/Month	商业汇票 Drafts	贴现 Discount bills	再贴现 Rediscount bills
	发生额 Transactions during the period		
2012.04	13 645	22 632	163
2012.05	26 553	29 828	198
2012.06	7 388	31 360	215
2012.07	13 270	22 458	175
2012.08	13 532	27 826	249
2012.09	16 877	33 654	233
2012.10	12 454	25 941	151
2012.11	17 084	31 292	164
2012.12	17 855	34 508	276
2013.01	22 362	31 346	217
2013.02	11 454	22 159	179
2013.03	20 506	41 691	241
2013.04	16 417	35 659	272
2013.05	18 754	55 447	261
2013.06	17 444	37 239	319
2013.07	10 751	44 562	281
2013.08	16 395	31 899	242
2013.09	17 857	46 205	34
2013.10	17 727	35 687	494
2013.11	15 719	43 037	308
2013.12	17 301	31 655	403
2014.01	21 998	34 951	286
2014.02	12 832	28 495	207
2014.03	21 947	44 792	273
	期末余额 Outstanding balance at the end of the period		
2012.04	74 868	20 107	611
2012.05	77 369	22 427	655
2012.06	81 153	22 766	702
2012.07	82 534	24 279	723
2012.08	82 936	25 599	760
2012.09	84 076	23 437	782
2012.10	82 626	22 705	785
2012.11	82 608	22 336	761
2012.12	83 452	20 426	760
2013.01	84 588	20 155	761
2013.02	87 129	20 336	746
2013.03	92 425	21 520	813
2013.04	94 127	23 207	865
2013.05	94 428	24 045	935
2013.06	91 557	23 283	1 034
2013.07	88 653	22 245	1 028
2013.08	95 874	22 118	1 047
2013.09	89 381	20 594	1 016
2013.10	88 632	19 887	1 007
2013.11	89 487	20 078	1 004
2013.12	90 371	19 594	1 136
2014.01	94 162	17 353	1 115
2014.02	92 671	18 432	1 072
2014.03	94 870	18 840	1 054

商业汇票交易情况
Draft transactions

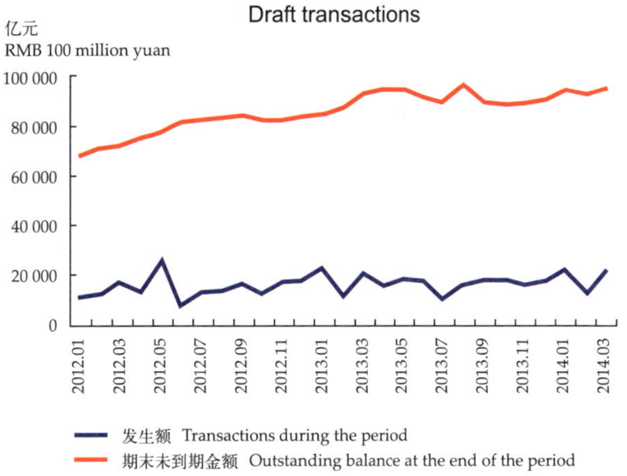

贴现情况
Discount bills

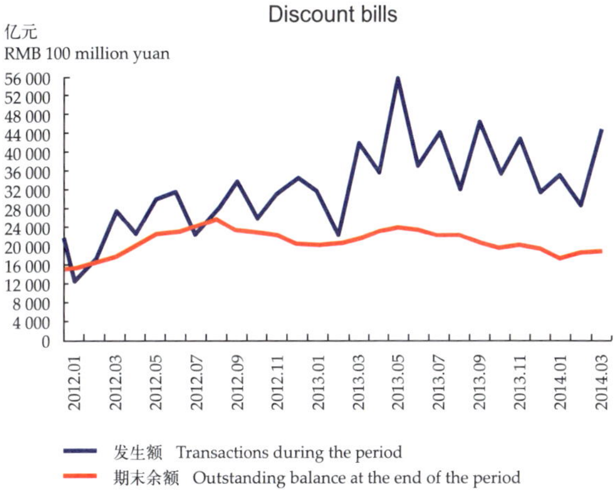

再贴现情况
Rediscount bills

5.外汇市场
(5) Foreign exchange market

世界主要货币兑人民币月平均汇率
Monthly average exchange rate of the RMB against major foreign currencies

年/月 Year/Month	人民币/美元 RMB/USD	人民币/欧元 RMB/EUR	人民币/100日元 RMB/100JPY	人民币/港元 RMB/HKD	卢布/人民币 RUB/RMB
2012.04	6.2966	8.2703	7.7408	0.8112	4.6838
2012.05	6.3062	8.0715	7.9047	0.8122	4.8841
2012.06	6.3178	7.9210	7.9733	0.8142	5.1825
2012.07	6.3235	7.7785	8.0038	0.8153	5.1289
2012.08	6.3404	7.8565	8.0567	0.8175	5.0339
2012.09	6.3395	8.1497	8.1083	0.8175	4.9639
2012.10	6.3144	8.1938	7.9681	0.8146	4.9520
2012.11	6.2953	8.0789	7.7618	0.8122	5.0152
2012.12	6.2900	8.2463	7.4973	0.8112	4.9137
2013.01	6.2787	8.3466	7.0278	0.8098	4.8467
2013.02	6.2842	8.3911	6.7348	0.8103	4.8375
2013.03	6.2743	8.1326	6.6062	0.8086	4.9375
2013.04	6.2471	8.1325	6.3673	0.8047	5.0441
2013.05	6.1970	8.0402	6.1261	0.7984	5.0870
2013.06	6.1718	8.1382	6.3292	0.7953	5.2555
2013.07	6.1725	8.0758	6.1831	0.7958	5.3346
2013.08	6.1708	8.2204	6.2977	0.7957	5.3765
2013.09	6.1588	8.2087	6.1972	0.7942	5.3252
2013.10	6.1393	8.3824	6.2606	0.7918	5.2426
2013.11	6.1372	8.2808	6.1333	0.7917	5.3589
2013.12	6.1160	8.3757	5.8995	0.7888	5.4018
2014.01	6.1358	8.4826	6.0057	0.7905	5.8710
2014.02	6.1043	8.3179	5.8544	0.7869	5.5453
2014.03	6.1128	8.3675	5.9641	0.7880	5.7944

世界主要货币兑人民币期末汇率
Exchange rate of the RMB against major foreign currencies at the end of the period

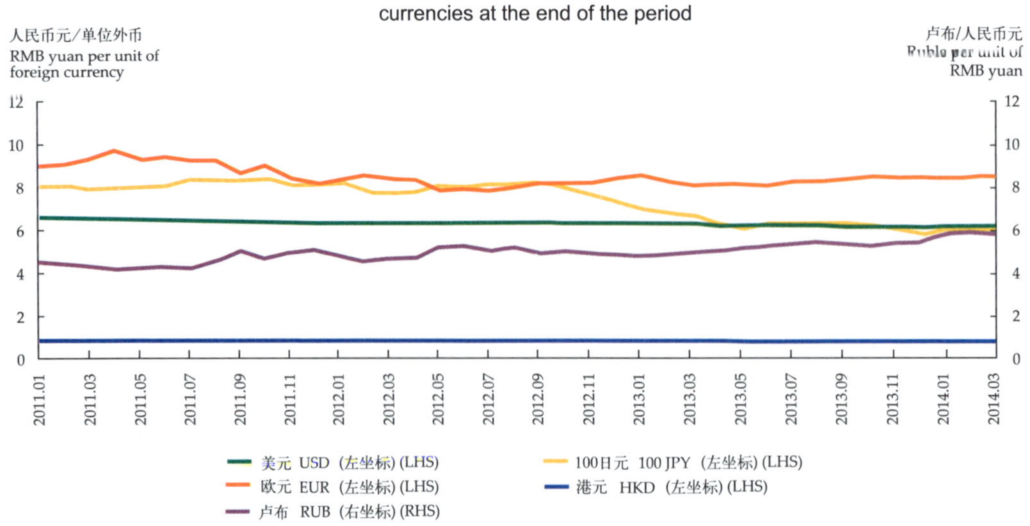

人民币/美元中间价
Central parity of the RMB against the USD
2005年7月21日至2014年3月31日
From July 21, 2005 to March 31, 2014

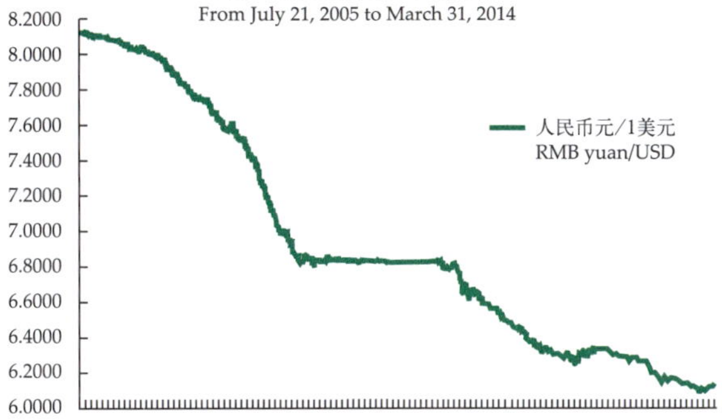

人民币/日元中间价
Central parity of the RMB against the JPY
2005年7月21日至2014年3月31日
From July 21, 2005 to March 31, 2014

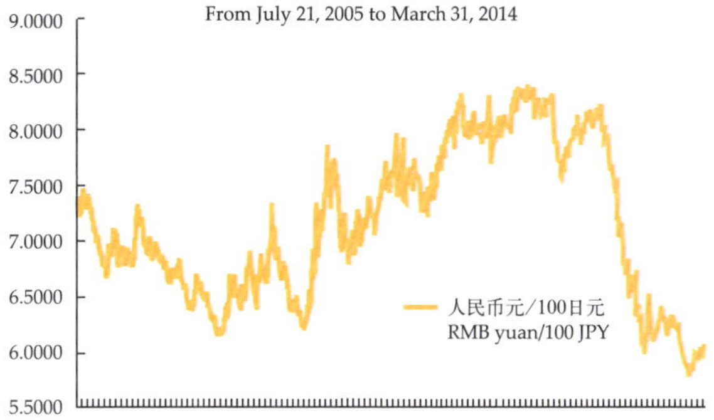

人民币/欧元中间价
Central parity of the RMB against the EUR
2005年7月21日至2014年3月31日
From July 21, 2005 to March 31, 2014

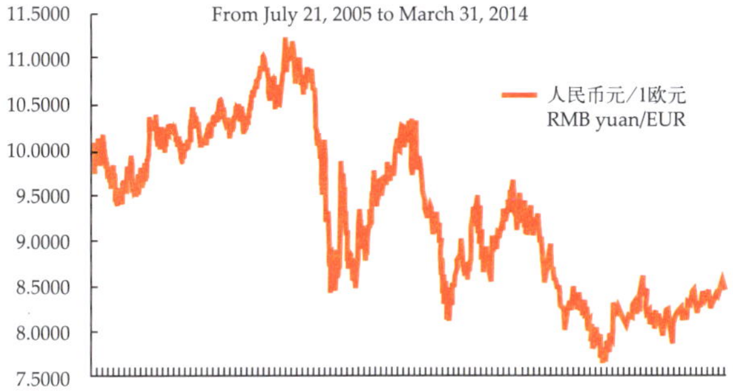

人民币/港元中间价
Central parity of the RMB against the HKD
2005年7月21日至2014年3月31日
From July 21, 2005 to March 31, 2014

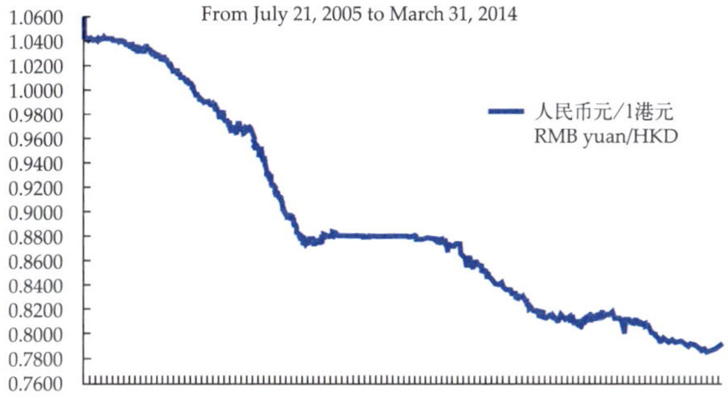

卢布/人民币中间价
Central parity of the RUB against the RMB
2010年11月22日至2014年3月31日
From November 22, 2010 to March 31, 2014

2014年1月2日以来人民币汇率中间价

Central parity of RMB against major foreign currencies
Since January 2, 2014

日期 Date	人民币/美元 RMB/USD	人民币/欧元 RMB/EUR	人民币/100日元 RMB/100JPY	人民币/港元 RMB/HKD	卢布/人民币 RUB/RMB
2014.01.02	6.0990	8.3937	5.7827	0.7866	5.4134
2014.01.03	6.1039	8.3413	5.8115	0.7872	5.4426
2014.01.06	6.1059	8.3010	5.8216	0.7874	5.4585
2014.01.07	6.1042	8.3148	5.8352	0.7872	5.4738
2014.01.08	6.1079	8.3107	5.8194	0.7877	5.4666
2014.01.09	6.1109	8.2959	5.8163	0.7881	5.4672
2014.01.10	6.1008	8.3017	5.8119	0.7868	5.4706
2014.01.13	6.0950	8.3279	5.8542	0.7860	5.4439
2014.01.14	6.0930	8.3264	5.8901	0.7858	5.4933
2014.01.15	6.1005	8.3403	5.8403	0.7867	5.4955
2014.01.16	6.1065	8.3015	5.8160	0.7875	5.5076
2014.01.17	6.1041	8.3104	5.8383	0.7872	5.5114
2014.01.20	6.1083	8.2557	5.8534	0.7876	5.5374
2014.01.21	6.1066	8.2705	5.8385	0.7873	5.5548
2014.01.22	6.1087	8.2886	5.8453	0.7875	5.5993
2014.01.23	6.1107	8.2693	5.8233	0.7877	5.5946
2014.01.24	6.1035	8.3536	5.8873	0.7866	5.6176
2014.01.27	6.1022	8.3475	5.9536	0.7859	5.6918
2014.01.28	6.1053	8.3456	5.9367	0.7862	5.7113
2014.01.29	6.1073	8.3398	5.9052	0.7867	5.7217
2014.01.30	6.1050	8.3388	5.9625	0.7863	5.7791
2014.02.07	6.1089	8.3005	5.9732	0.7873	5.7189
2014.02.10	6.1083	8.3210	5.9468	0.7873	5.6826
2014.02.11	6.1069	8.3521	5.9632	0.7873	5.6808
2014.02.12	6.1078	8.3262	5.9358	0.7875	5.7236
2014.02.13	6.1100	8.3075	5.9483	0.7878	5.7346
2014.02.14	6.1070	8.3535	5.9602	0.7874	5.7823
2014.02.17	6.1053	8.3670	5.9448	0.7872	5.7805
2014.02.18	6.1073	8.3661	5.9679	0.7876	5.8019
2014.02.19	6.1103	8.4093	5.9591	0.7879	5.8352
2014.02.20	6.1146	8.3960	5.9691	0.7884	5.8753
2014.02.21	6.1176	8.3912	5.9624	0.7888	5.8719
2014.02.24	6.1189	8.4083	5.9609	0.7889	5.8161
2014.02.25	6.1184	8.4021	5.9635	0.7886	5.8173
2014.02.26	6.1192	8.4105	5.9863	0.7885	5.8362
2014.02.27	6.1224	8.3785	5.9815	0.7889	5.8719
2014.02.28	6.1214	8.3897	6.0022	0.7888	5.8813
2014.03.03	6.1190	8.4305	6.0391	0.7884	5.8712
2014.03.04	6.1236	8.4105	6.0334	0.7891	5.9431
2014.03.05	6.1257	8.4158	5.9941	0.7893	5.8787
2014.03.06	6.1249	8.4101	5.9841	0.7892	5.8792
2014.03.07	6.1201	8.4840	5.9394	0.7886	5.9023
2014.03.10	6.1312	8.5129	5.9333	0.7900	5.9451
2014.03.11	6.1327	8.5076	5.9380	0.7902	5.9326
2014.03.12	6.1343	8.5006	5.9597	0.7903	5.9404
2014.03.13	6.1320	8.5232	5.9670	0.7898	5.9440
2014.03.14	6.1346	8.5022	6.0245	0.7900	5.9620
2014.03.17	6.1321	8.5264	6.0504	0.7895	5.9611
2014.03.18	6.1341	8.5463	6.0276	0.7899	5.8894
2014.03.19	6.1351	8.5453	6.0562	0.7900	5.8736
2014.03.20	6.1460	8.4953	6.0132	0.7914	5.8414
2014.03.21	6.1475	8.4716	6.0225	0.7918	5.8488
2014.03.24	6.1452	8.4752	6.0251	0.7921	5.8445
2014.03.25	6.1426	8.4995	6.0208	0.7918	5.8426
2014.03.26	6.1440	8.4913	6.0151	0.7921	5.7438
2014.03.27	6.1465	8.4757	6.0472	0.7922	5.7359
2014.03.28	6.1490	8.4506	6.0365	0.7926	5.7420
2014.03.31	6.1521	8.4607	5.9920	0.7931	5.7687

九、中央银行公开市场业务
9. Central Bank Open Market Operations

中央银行公开市场业务交易
Central bank open market operations

日期 Date		操作工具 Mode of transaction	招标方式 Mode of bidding	期限品种(天) Maturity (Day)	招标数量(亿元) Bidding amount (RMB 100 million yuan)	操作量/买入面额(亿元) Transaction volume/ Purchasing face value (RMB 100 million yuan)	发行价格(元)/买入金额(亿元) Issue price (RMB yuan)/ purchasing amount (RMB 100 million yuan)	中标利率/参考收益率(%) Interest rate of successful bidding/ reference yield (%)
2014.01.21	周二 Tuesday	逆回购 Repurchase	利率招标 Interest rate bidding	7天 7-day	750	750	—	4.10
2014.01.21	周二 Tuesday	逆回购 Repurchase	利率招标 Interest rate bidding	21天 21-day	1 800	1 800	—	4.70
2014.01.23	周四 Thursday	逆回购 Repurchase	利率招标 Interest rate bidding	21天 21-day	1 200	1 200	—	4.70
2014.01.28	周二 Tuesday	逆回购 Repurchase	利率招标 Interest rate bidding	14天 14-day	1 500	1 500	—	4.30
2014.02.18	周二 Tuesday	正回购 Reverse repurchase	利率招标 Interest rate bidding	14天 14-day	480	480	—	3.80
2014.02.20	周四 Thursday	正回购 Reverse repurchase	利率招标 Interest rate bidding	14天 14-day	600	600	—	3.80
2014.02.25	周二 Tuesday	正回购 Reverse repurchase	利率招标 Interest rate bidding	14天 14-day	1 000	1 000	—	3.80
2014.02.27	周四 Thursday	正回购 Reverse repurchase	利率招标 Interest rate bidding	14天 14-day	600	600	—	3.80
2014.03.04	周二 Tuesday	正回购 Reverse repurchase	利率招标 Interest rate bidding	14天 14-day	350	350	—	3.80
2014.03.04	周二 Tuesday	正回购 Reverse repurchase	利率招标 Interest rate bidding	28天 28-day	500	500	—	4.00
2014.03.06	周四 Thursday	正回购 Reverse repurchase	利率招标 Interest rate bidding	14天 14-day	430	430	—	3.80
2014.03.06	周四 Thursday	正回购 Reverse repurchase	利率招标 Interest rate bidding	28天 28-day	500	500	—	4.00
2014.03.11	周二 Tuesday	正回购 Reverse repurchase	利率招标 Interest rate bidding	28天 28-day	1 000	1 000	—	4.00
2014.03.13	周四 Thursday	正回购 Reverse repurchase	利率招标 Interest rate bidding	28天 28-day	1 000	1 000	—	4.00
2014.03.18	周二 Tuesday	正回购 Reverse repurchase	利率招标 Interest rate bidding	28天 28-day	1 000	1 000	—	4.00
2014.03.20	周四 Thursday	正回购 Reverse repurchase	利率招标 Interest rate bidding	28天 28-day	260	260	—	4.00

中央银行公开市场业务交易
Central bank open market operations

日期 Date		操作工具 Mode of transaction	招标方式 Mode of bidding	期限品种(天) Maturity (Day)	招标数量(亿元) Bidding amount (RMB 100 million yuan)	操作量/买入面额(亿元) Transaction volume/ Purchasing face value (RMB 100 million yuan)	发行价格(元)/买入金额(亿元) Issue price (RMB yuan)/ purchasing amount (RMB 100 million yuan)	中标利率/参考收益率(%) Interest rate of successful bidding/ reference yield (%)
2014.03.25	周二 Tuesday	正回购 Reverse repurchase	利率招标 Interest rate bidding	28天 28-day	460	460	—	4.00
2014.03.27	周四 Thursday	正回购 Reverse repurchase	利率招标 Interest rate bidding	14天 14-day	320	320	—	3.80
2014.03.27	周四 Thursday	正回购 Reverse repurchase	利率招标 Interest rate bidding	28天 28-day	200	200	—	4.00

附录四 世界主要经济体经济和金融指标

Appendix 4 Economic and Financial Indicators of Major Economies

一、经济增长率

1. Economic Growth Rate

世界经济增长率

World economic growth rate

单位：% Unit: %

		2011	2012	2013	2014年1月预计 Projection in January, 2014		2014年4月预计 Projection in April, 2014	
					2014	2015	2014	2015
国际货币基金组织 IMF	按购买力平价方法计算的实际GDP增长率 Real GDP growth rate based on PPP	3.9	3.2	3.1	3.7	4.0	3.6	3.9
	按市场汇率法计算的实际GDP增长率 Real GDP growth rate based on market exchange rate	2.9	2.4	2.5	3.1	3.3	3.1	3.3
世界银行 World Bank	按2005年不变价及市场汇率法计算的实际GDP增长率 Real GDP growth rate based on 2005 constant price and market exchange rate	2.8	2.5	2.4	3.2	3.4	—	—

数据来源：国际货币基金组织《世界经济展望》（2014年4月），世界银行《全球经济展望》（2014年1月）。

Source: *World Economic Outlook*, IMF, April, 2014; *Global Economic Prospects Forecast*, The World Bank, January, 2014.

世界经济增长率

World economic growth rate

单位：% Unit: %

年 Year	国际货币基金组织按购买力平价方法计算的实际GDP增长率 Real GDP growth rate based on PPP (IMF)	国际货币基金组织按市场汇率法计算的实际GDP增长率 Real GDP growth rate based on market exchange rate (IMF)
1985	3.6	3.6
1986	3.5	3.3
1987	3.7	3.5
1988	4.5	4.5
1989	3.7	3.7
1990	2.9	2.8
1991	1.5	1.0
1992	2.0	1.2
1993	2.0	1.2
1994	3.4	3.0
1995	3.3	2.9
1996	3.7	3.2
1997	4.0	3.5
1998	2.5	2.1
1999	3.5	3.1
2000	4.7	4.1
2001	2.2	1.5
2002	2.8	1.9
2003	3.6	2.6
2004	4.9	4.0
2005	4.4	3.4
2006	5.1	3.9
2007	5.2	3.7
2008	3.0	1.8
2009	-0.7	-2.3
2010	5.1	4.1
2011	3.9	2.9
2012	3.2	2.5
2013	3.0	2.4
2014*	3.6	3.1
2015*	3.9	3.3

注：＊为预测数。

Note: * Projection.

世界经济增长

World economic growth

注：＊为预测数。

Note: * Projection.

GDP年度增长率
Annual growth rate of GDP

单位：% Unit: %

年 Year	美国 U.S.	日本 Japan	欧元区 Euro Area	英国 U.K.
2002	1.6	0.3	0.9	2.1
2003	2.5	1.4	0.8	2.8
2004	3.6	2.7	2.1	3.3
2005	2.9	1.9	1.6	1.8
2006	2.8	2.4	2.8	2.8
2007	2.1	2.3	2.7	2.6
2008	0.0	-1.2	0.5	-0.1
2009	-3.5	-6.3	-4.3	-4.9
2010	2.4	4.5	2.0	1.8
2011	1.8	-0.6	1.5	1.1
2012	2.8	1.4	-0.7	0.3
2013	1.9	1.5	-0.5	1.8
2014*	2.8	1.4	1.2	2.0
2015*	3.0	1.0	1.5	2.3

注：*为预测数。
Note: *Projection.

GDP季度同比增长率
Year-on-year growth rate of GDP

单位：% Unit: %

年/季 Year/Quarter	美国 U.S.	日本 Japan	欧元区 Euro Area	英国 U.K.
2010Q2	3.9	4.4	2.0	2.0
2010Q3	2.8	6.0	2.0	2.4
2010Q4	2.8	3.3	1.9	1.8
2011Q1	-1.3	0.0	2.4	1.7
2011Q2	3.2	-1.5	1.7	0.8
2011Q3	1.4	-0.5	1.3	1.0
2011Q4	4.9	0.1	0.7	1.1
2012Q1	3.7	3.2	0.0	0.6
2012Q2	1.2	3.2	-0.4	0.1
2012Q3	2.8	-0.2	-0.6	0.3
2012Q4	0.1	-0.3	-0.9	0.2
2013Q1	1.1	0.1	-1.0	0.5
2013Q2	2.5	1.3	-0.6	1.7
2013Q3	4.1	2.4	-0.3	1.8
2013Q4	2.6	2.5	0.5	2.7
2014Q1	0.1	3.0	0.9	3.1

GDP年度增长率
Annual growth rate of GDP

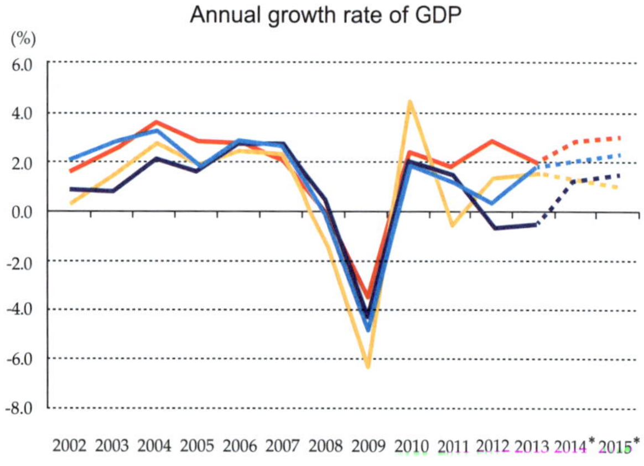

注：*为预测数。
Note: *Projection.
数据来源：国际货币基金组织《世界经济展望》(2014年4月)。
Source: *World Economic Outlook*, IMF, April, 2014.

GDP季度同比增长率
Year-on-year growth rate of GDP

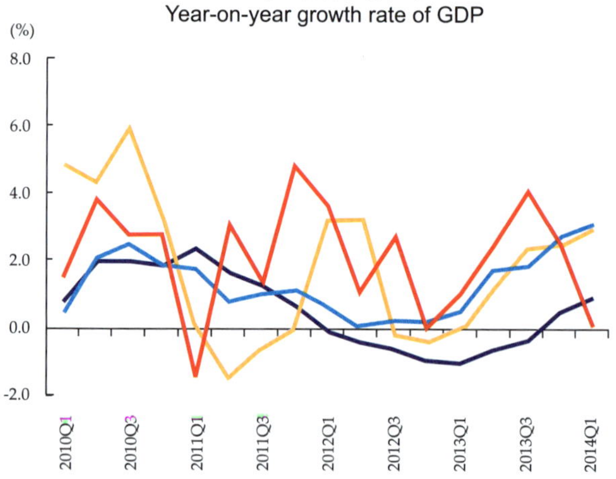

注：美国GDP增长率为环比折年率季节调整后的数据，折年率方法为$[(GDP_1/GDP_0)^4-1]\times100$。
Note: The U.S. GDP growth rate is an annualized rate after a seasonal adjustment. It can be written as $[(GDP_1/GDP_0)^4-1]\times100$.
数据来源：各经济体官方统计网站。
Source: Official Statistical Websites of the Economies.

二、消费价格指数
2. CPI

消费价格当月同比指数
Monthly CPI (YOY)

单位：% Unit: %

年/月 Year/Month	美国 U.S.	日本 Japan	欧元区 Euro Area	英国 U.K.
2013.01	1.6	-0.3	2.0	2.7
2013.02	2.0	-0.7	1.8	2.8
2013.03	1.5	-0.9	1.7	2.8
2013.04	1.1	-0.7	1.2	2.4
2013.05	1.4	-0.3	1.4	2.7
2013.06	1.8	0.2	1.6	2.9
2013.07	2.0	0.7	1.6	2.8
2013.08	1.5	0.9	1.3	2.7
2013.09	1.1	1.1	1.1	2.7
2013.10	0.9	1.1	0.7	2.2
2013.11	1.2	1.5	0.9	2.1
2013.12	1.5	1.6	0.8	2.0
2014.01	1.6	1.4	0.8	1.9
2014.02	1.1	1.5	0.7	1.7
2014.03	1.5	1.6	0.5	1.6

数据来源：各经济体官方统计网站。
Source: Official Statistical Websites of the Economies.

三、失业率
3. Unemployment Rate

失业率（季节调整后）
Unemployment rate
(after seasonal adjustment)

单位：% Unit: %

年/月 Year/Month	美国 U.S.	日本 Japan	欧元区 Euro Area	英国 U.K.
2013.01	7.9	4.2	12.0	7.8
2013.02	7.7	4.3	12.0	7.8
2013.03	7.5	4.1	12.0	7.8
2013.04	7.5	4.1	12.0	7.8
2013.05	7.5	4.1	12.0	7.8
2013.06	7.5	3.9	12.0	7.8
2013.07	7.3	3.9	12.0	7.6
2013.08	7.2	4.1	12.0	7.6
2013.09	7.2	4.0	12.0	7.6
2013.10	7.2	4.0	11.9	7.2
2013.11	7.0	3.9	11.9	7.2
2013.12	6.7	3.7	11.8	7.2
2014.01	6.6	3.7	11.8	6.8
2014.02	6.7	3.6	11.8	6.8
2014.03	6.7	3.6	11.8	6.8

数据来源：各经济体官方统计网站。
Source: Official Statistical Websites of the Economies.

消费价格当月同比指数
Monthly CPI (YOY)

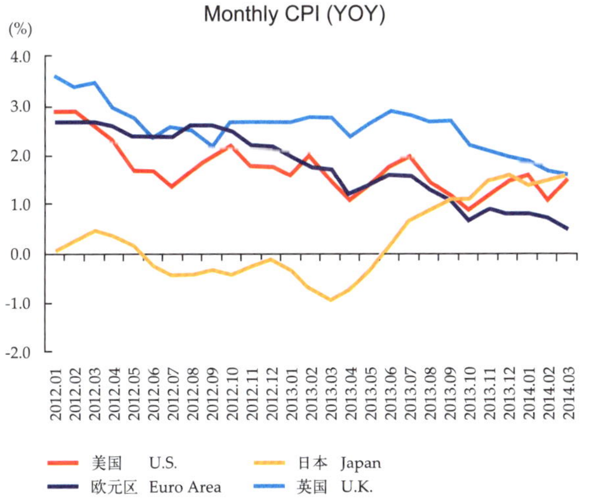

数据来源：各经济体官方统计网站。
Source: Official Statistical Websites of the Economies.

失业率（季节调整后）
Unemployment rate
(after seasonal adjustment)

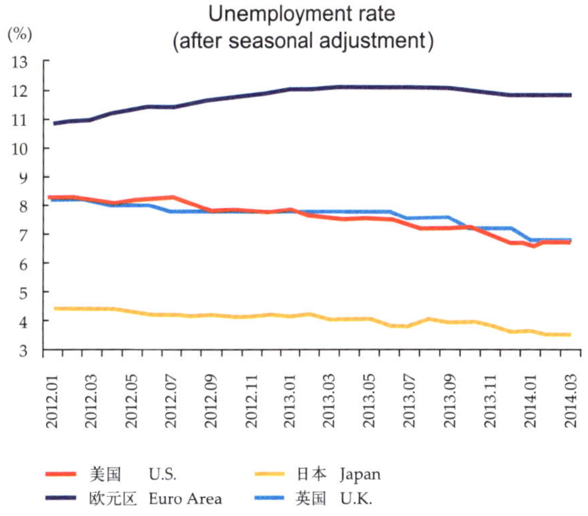

数据来源：各经济体官方统计网站。
Source: Official Statistical Websites of the Economies.

四、国际收支①
4. BOP [1]

经常项目差额
Current account balance

单位：10亿美元
Unit: USD billion

年/季 Year/Quarter	美国 U.S.	日本 Japan	欧元区 Euro Area	英国 U.K.
2008Q4	-152.17	19.07	-32.55	-11.29
2009Q1	-78.00	27.88	-34.73	-7.08
2009Q2	-90.05	34.42	-17.21	-16.78
2009Q3	-110.96	45.10	14.11	-9.73
2009Q4	-102.62	39.62	23.63	-3.46
2010Q1	-91.10	57.54	-18.49	-16.98
2010Q2	-118.56	41.52	-6.77	-15.28
2010Q3	-135.10	58.51	8.41	-22.99
2010Q4	-104.72	46.36	22.43	-19.98
2011Q1	-95.36	48.45	-24.33	-7.70
2011Q2	-124.15	18.81	-13.29	-1.50
2011Q3	-123.58	39.84	7.17	-18.05
2011Q4	-114.64	11.96	40.61	-5.51
2012Q1	-100.43	25.92	-7.00	-17.83
2012Q2	-118.34	14.19	33.55	-26.33
2012Q3	-122.48	20.62	54.40	-28.17
2012Q4	-99.18	0.13	80.29	-20.06
2013Q1	-82.06	17.15	32.47	-32.26
2013Q2	-102.14	17.51	73.34	-8.79
2013Q3	-110.05	—	64.78	-41.69

资本项目差额
Capital account balance

单位：10亿美元
Unit: USD billion

年/季 Year/Quarter	美国 U.S.	日本 Japan	欧元区 Euro Area	英国 U.K.
2008Q4	-0.01	-2.11	2.73	1.17
2009Q1	-0.02	-1.04	3.24	1.05
2009Q2	-0.03	-0.76	3.40	1.43
2009Q3	-0.04	-1.98	2.21	1.25
2009Q4	-0.06	-1.21	1.90	1.41
2010Q1	0.00	-1.34	3.24	1.74
2010Q2	0.00	-0.75	1.53	1.28
2010Q3	-0.15	-1.91	1.53	1.12
2010Q4	-0.01	-0.96	0.44	1.60
2011Q1	-0.03	-2.04	2.82	0.91
2011Q2	-0.83	-0.06	1.34	1.49
2011Q3	-0.30	-0.10	2.69	1.62
2011Q4	-0.06	2.69	8.25	1.16
2012Q1	0.00	0.76	-8.20	1.46
2012Q2	-0.24	0.28	1.56	1.53
2012Q3	-0.47	-1.51	4.69	1.58
2012Q4	7.67	-0.54	8.12	1.41
2013Q1	-0.04	-2.49	2.35	1.53
2013Q2	-0.23	-3.52	7.15	2.35
2013Q3	0.00	—	5.96	1.78

经常项目差额
Current account balance

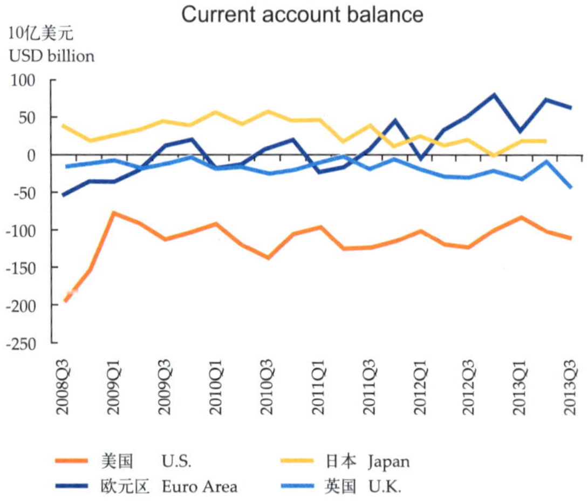

数据来源：国际货币基金组织《国际金融统计》(2014年4月)。
Source: *International Finance Statistics*, IMF, April, 2014.

资本项目差额
Capital account balance

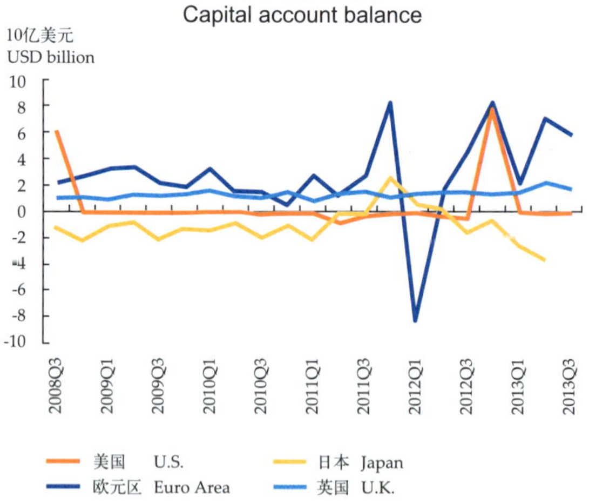

数据来源：国际货币基金组织《国际金融统计》(2014年4月)。
Source: *International Finance Statistics*, IMF, April, 2014.

①国际货币基金组织《国际金融统计》自2012年8月起，将国际收支统计规则由BPM5调整至BPM6。数据从2005年起调整。根据BPM6，金融账户由"贷方和借方"改为"金融资产净获得和负债净产生"，金融账户的总差额为净贷款/净借款。净贷款表示，考虑了金融资产的取得和处置以及负债的发生和偿还后，一个经济体向世界其他地方提供资金。

1. The IMF's International Financial Statistics (IFS) is publishing balance of payments data on BPM6 presentational basis instead of BPM5 since the August 2012.The data series stars in 2005. In BPM6, the headings of the financial account have been changed from "credit and debits" to "net acquisition of financial assets" and "net incurrence of liabilities". The overall balance on the financial account is called net lending/net borrowing. Net lending means the economy supplies funds to the rest of the world, taking into account acquisition and disposal of financial assets and incurrence and repayment of liabilities.

金融项目差额
Financial account balance

单位：10亿美元
Unit: USD billion

年/季 Year/Quarter	美国 U.S.	日本 Japan	欧元区 Euro Area	英国 U.K.
2008Q4	-215.10	40.88	-36.59	-25.59
2009Q1	-7.27	63.40	-45.42	6.83
2009Q2	-15.84	22.78	-16.12	-30.80
2009Q3	-81.20	30.91	-40.41	-44.43
2009Q4	-178.88	30.86	24.25	-2.72
2010Q1	-72.59	76.09	-16.90	-13.78
2010Q2	-24.26	32.40	-1.95	-3.70
2010Q3	-230.58	57.98	9.92	-21.76
2010Q4	-112.44	29.13	-2.45	-34.42
2011Q1	-203.55	57.32	4.17	0.29
2011Q2	-139.16	6.74	11.74	-13.95
2011Q3	-167.97	4.65	28.70	-0.78
2011Q4	-56.91	-87.51	50.27	-5.71
2012Q1	-257.96	39.81	-15.35	-5.77
2012Q2	-13.01	37.92	17.27	-43.40
2012Q3	-23.72	28.90	52.57	-22.90
2012Q4	-149.13	-4.44	129.33	-36.89
2013Q1	-33.55	-4.35	39.85	-18.35
2013Q2	-58.01	-26.88	79.83	-0.60
2013Q3	-67.20	—	75.89	-47.66

金融项目差额
Financial account balance

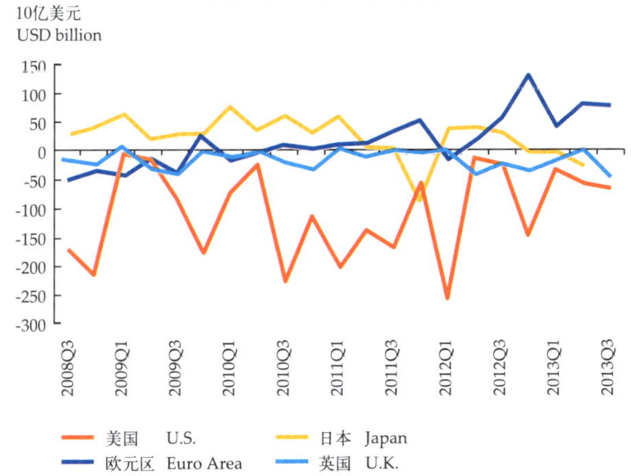

数据来源：国际货币基金组织《国际金融统计》(2014年4月)。
Source: *International Finance Statistics*, IMF, April, 2014.

五、利率
5. Interest Rates

1.中央银行目标利率
(1) Central bank base rates

中央银行目标利率
Central bank base rates

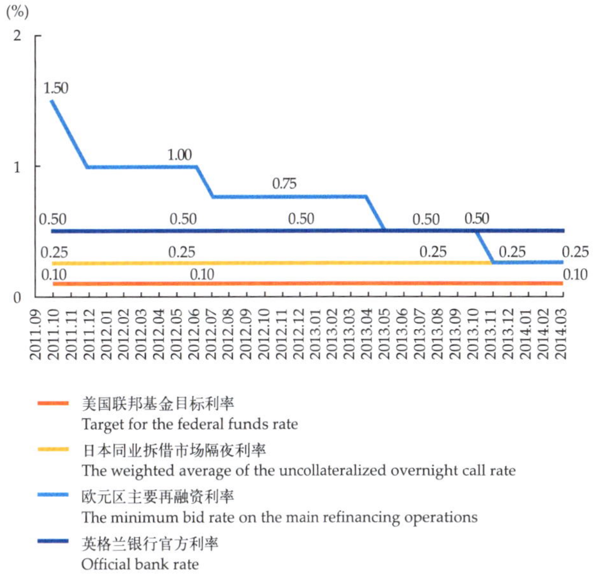

数据来源：各经济体中央银行网站。
Source: Central Bank Websites of the Economies.

2.短期利率
(2) Short-term interest rates

3个月期银行间市场拆借利率（年率，月平均）
3-month inter-bank rate (annualized, monthly average)

单位：% Unit: %

年/月 Year/Month	美元 USD	日元 JPY	欧元 EUR	英镑 GBP
2013.01	0.30	0.17	0.20	0.49
2013.02	0.29	0.16	0.22	0.49
2013.03	0.28	0.16	0.21	0.49
2013.04	0.28	0.16	0.21	0.49
2013.05	0.27	0.16	0.20	0.49
2013.06	0.27	0.15	0.21	0.49
2013.07	0.27	0.16	0.22	0.48
2013.08	0.26	0.15	0.23	0.49
2013.09	0.25	0.15	0.22	0.49
2013.10	0.24	0.15	0.23	0.50
2013.11	0.24	0.15	0.22	0.50
2013.12	0.24	0.15	0.27	0.53
2014.01	0.24	0.14	0.29	0.53
2014.02	0.24	0.14	0.29	0.53
2014.03	0.23	0.14	0.31	0.53

3.长期利率
(3) Long-term interest rates

10年期国债收益率（年率，月平均）
10-year government bond yield (annualized, monthly average)

单位：% Unit: %

年/月 Year/Month	美元 USD	日元 JPY	欧元 EUR	英镑 GBP
2013.01	1.91	0.82	2.40	2.13
2013.02	1.98	0.80	2.86	2.24
2013.03	1.96	0.64	3.03	2.04
2013.04	1.76	0.55	2.86	1.83
2013.05	1.93	0.60	2.69	2.01
2013.06	2.30	0.86	3.07	2.38
2013.07	2.58	0.88	3.10	2.55
2013.08	2.74	0.80	3.10	2.80
2013.09	2.81	0.77	3.41	2.94
2013.10	2.62	0.68	3.16	2.76
2013.11	2.72	0.61	3.17	2.85
2013.12	2.90	0.65	3.31	3.05
2014.01	2.86	0.72	3.21	2.99
2014.02	2.71	0.60	3.09	2.88
2014.03	2.72	0.60	2.89	2.86

3个月期银行间市场拆借利率（年率，月平均）
3-month inter-bank rate
(annualized, monthly average)

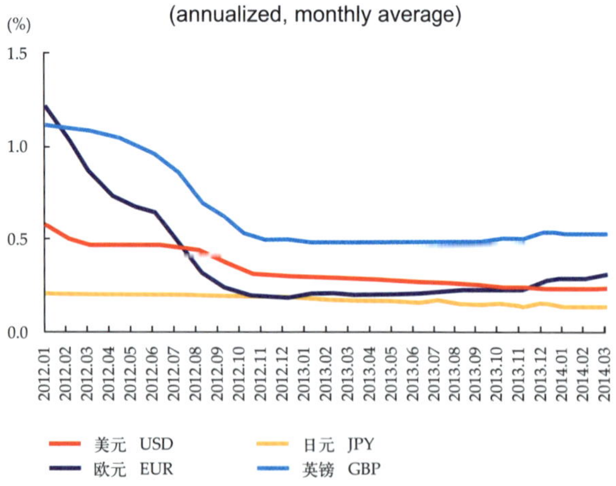

数据来源：《欧洲中央银行统计月报》及CEIC。
Source: *Monthly Bulletin of ECB*, CEIC.

10年期国债收益率（年率，月平均）
10-year government bond yield
(annualized, monthly average)

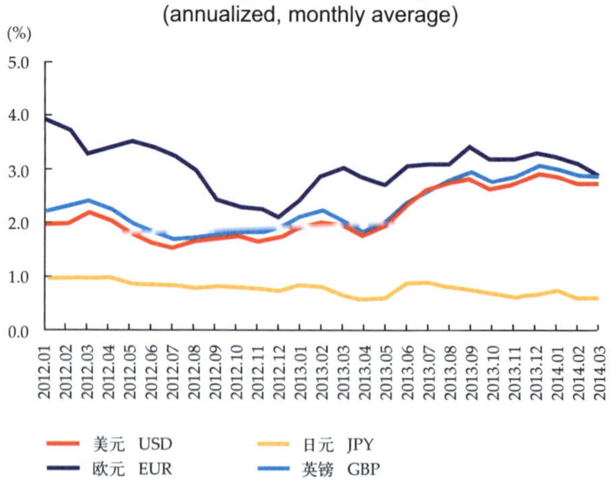

数据来源：CEIC。
Source: CEIC.

六、汇率
6. Exchange Rates

汇率（月平均）
Exchange rates (monthly average)

年/月 Year/Month	美元/欧元 USD/EUR	美元/英镑 USD/GBP	日元/美元 JPY/USD
2012.11	1.2828	1.5966	80.79
2012.12	1.3119	1.6144	83.58
2013.01	1.3288	1.5967	89.16
2013.02	1.3359	1.5482	93.17
2013.03	1.2964	1.5074	94.79
2013.04	1.3026	1.5296	97.70
2013.05	1.2982	1.5307	101.08
2013.06	1.3189	1.5503	97.33
2013.07	1.3080	1.5191	99.75
2013.08	1.3310	1.5493	97.87
2013.09	1.3348	1.5870	99.28
2013.10	1.3635	1.6100	97.82
2013.11	1.3494	1.6079	99.79
2013.12	1.3704	1.6375	103.41
2014.01	1.3610	1.6474	103.94

实际有效汇率（月平均，2005年=100）
Real effective exchange rates
(monthly average, year 2005=100)

年/月 Year/Month	美元 USD	欧元 EUR	日元 JPY	英镑 GBP
2012.11	89.4	90.7	100.1	90.5
2012.12	88.7	92.7	96.2	90.2
2013.01	89.0	93.5	89.9	89.1
2013.02	90.0	94.5	85.8	86.3
2013.03	90.9	93.2	85.0	86.1
2013.04	90.4	93.3	82.4	87.2
2013.05	90.8	93.4	79.6	87.7
2013.06	91.2	95.1	82.9	87.9
2013.07	91.8	95.1	81.2	87.0
2013.08	91.2	96.1	82.4	87.9
2013.09	91.0	95.9	81.0	90.0
2013.10	89.9	96.5	81.4	90.0
2013.11	90.6	96.2	80.5	90.8
2013.12	90.9	97.6	77.6	91.8
2014.01	91.7	97.6	77.7	93.1

汇率（月平均）
Exchange rates (monthly average)

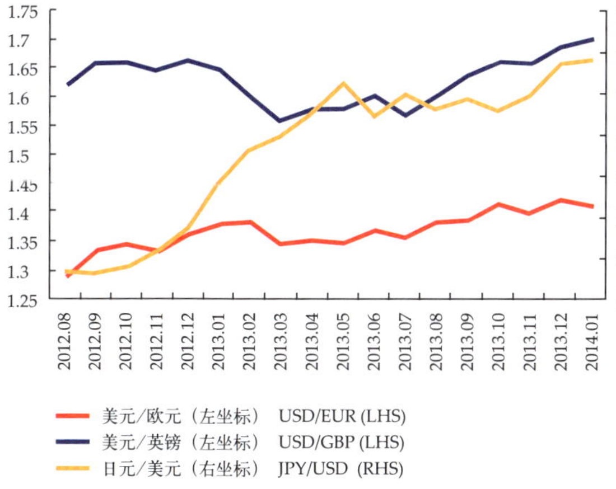

数据来源：国际货币基金组织《国际金融统计》(2014年4月)。
Source: *International Finance Statistics*, IMF, April, 2014.

实际有效汇率（月平均，2005年=100）
Real effective exchange rates
(monthly average, year 2005=100)

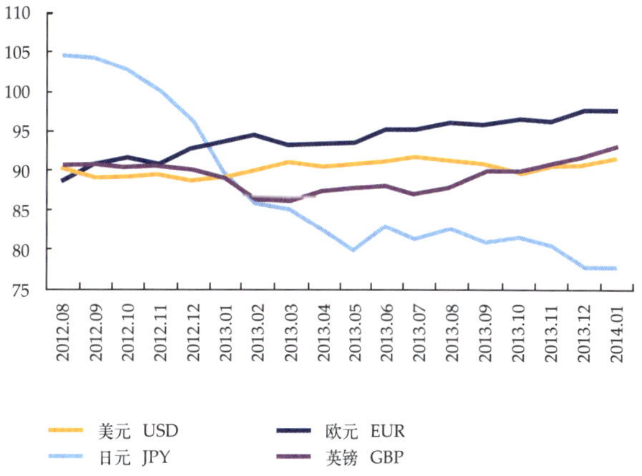

数据来源：国际货币基金组织《国际金融统计》(2014年4月)。
Source: *International Finance Statistics*, IMF, April, 2014.

七、股票市场指数
7. Stock Market Indices

主要股票市场指数（期末）
Major stock market indices (end-period)

年/月 Year/Month	美国道琼斯30种股票平均价格指数 Dow Jones 30	纳斯达克综合指数 NASDAQ	日本日经225种股票平均价格指数 Nikkei 225	道琼斯欧元区STOXX50股票指数 Dow Jones EURO STOXX 50
2013.01	13 861	3 142	11 139	2 703
2013.02	14 054	3 160	11 559	2 634
2013.03	14 579	3 268	12 398	2 624
2013.04	14 840	3 329	13 861	2 712
2013.05	15 116	3 456	13 775	2 770
2013.06	14 910	3 403	13 677	2 603
2013.07	15 500	3 626	13 668	2 768
2013.08	14 810	3 590	13 389	2 721
2013.09	15 130	3 771	14 456	2 893
2013.10	15 546	3 920	14 328	3 041
2013.11	16 086	4 060	15 662	3 087
2013.12	16 577	4 177	16 291	3 109
2014.01	15 699	4 104	14 915	3 014
2014.02	16 322	4 308	14 841	3 149
2014.03	16 458	4 199	14 828	3 162

主要股票市场指数（期末）
Major stock market indices (end-period)

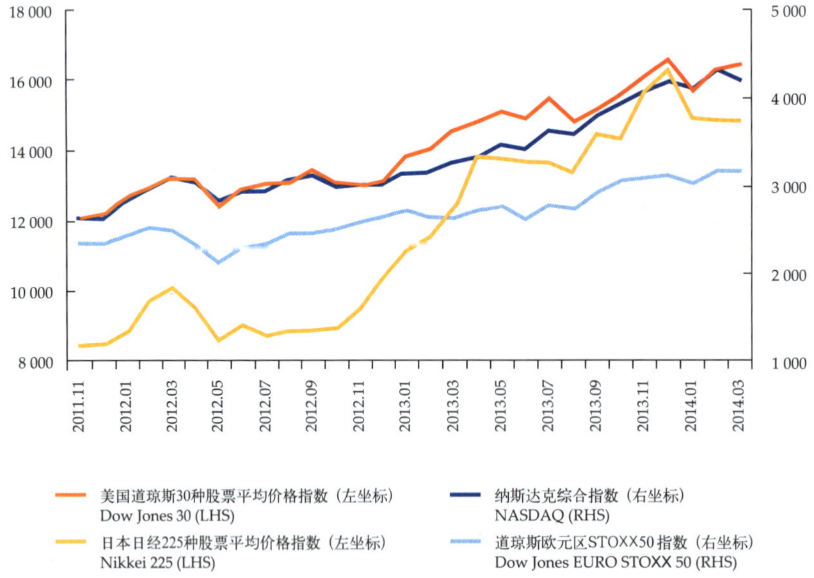